Tom Shaughnessy
325 Sorin

Shag

54 d 59 write
68-69

On with Spanish

SECOND EDITION

On with Spanish

A Concept Approach

Zenia Sacks Da Silva

HARPER & ROW, PUBLISHERS
New York, Hagerstown, San Francisco, London

We gratefully acknowledge the following for the use of their photographs:

Wide World; General Electric; General Motors; David Mangurian; WHO;
Pan American Airlines; Venezuela Government Tourist Bureau; Mexican
National Tourist Office; Lockheed; Monkmeyer: Anderson, Brown,
Shelton; United Nations; Ecuatoriana Airlines; UPI; Granger; Leonard
Covello; Winnipeg Free Press: Jack Ablett; Neal Gechtman; King Features
Syndicate; National Gallery of Art, Washington, D.C.; Collection, The
Museum of Modern Art, New York; IBM

Sponsoring Editor: George J. Telecki
Special Projects Editor: Ellen Antoville
Project Editor: Brenda Goldberg
Designer: Gayle Jaeger
Production Supervisor: Will C. Jomarrón
Photo Researcher: Myra Schachne
Compositor: Santype International Limited
Printer and Binder: Murray Printing Company
Illustrations by Cesc

On with Spanish: A Concept Approach, second edition
Copyright © 1977 by Zenia Sacks Da Silva

Library of Congress Cataloging in Publication Data

Da Silva, Zenia Sacks.
    On with Spanish.

    Includes index.
    1. Spanish language--Grammar--1950-   2. Spanish
language--Conversation and phrase books. 1. Title.
PC4112.D33   1977   468'.2'421   76-57202
ISBN 0-06-041522-3

Contents

Para mi esposo, mi amor

Preface

Why *On With Spanish*? Because we're past the beginnings, and there's so much now within reach—a fuller, more vital command; a freedom of expression you could never know before; a chance to plunge in and to sound off on justice, survival, defiance, flesh, soul, illusion, science. The tools are ours now. Here's how they work:

The **Enfoque** (Focus) that opens each chapter starts us off. "Dime tu problema" (a problem clinic, and watch those answers!), the magic of the pyramid, the human comedy (real, live news items you won't believe!), dreams (how about yours?), law cases, ghost stories (and they swear they're true!), adventure tales, the chase of the world's most hunted man . . . are only some. And you will talk about them not just to repeat, but to interpret, project, imagine.

About fifty percent of class time will be spent on active conversation. The rest will consist of grammar review, but presented here in an entirely new way—through associations that move easily from the structures you know to the points most closely related to them. It all looks very unorthodox, and it is. But it works. Take, for example, the present subjunctive, which comes right after the present indicative, because once you know the one, the other falls automatically into place. Of course, the whole subjunctive usage is not presented at once; just the direct commands to start with, and from there, the first concept of the subjunctive—the indirect or implied command. And so on, bit by bit. It all fits together. And you'll find before long that you can control all the structures you need, so that your conversation and **Creación** (creative writing activities) can really express *you*. (Incidentally, should you still be in doubt about a word or construction you really need, just consult the extensive "What's the Difference Between . . .?" section at the back of the book or any other of the nutshell aids and glossaries. They really can help.)

That's not all. We've had the good fortune to get illustrations by the famous Spanish artist Cesc and recordings for our tape series by some of the finest Hispanic speakers available today. Most of all, the good fortune of having it all land at this moment in your hands, where I do hope it will remain. So let's go on with Spanish. We can use it to touch reality. We can brush the beyond. We can paint in today's light the hue of tomorrow. It's time to begin . . .

ZSD

¿Recuerda Ud.?

Vamos a conversar

1. ¿Cómo se llama Ud.? ¿Dónde vive? Y su familia, ¿vive allí también? A propósito (*By the way*), ¿cuántas personas hay en su familia? ¿Cómo se llaman sus padres? ¿Tiene Ud. hermanos? ¿Es Ud. el mayor (la mayor)? ¿Es Ud. el menor (la menor)?

2. ¿Qué días de la semana se reúne (*meets*) su clase de español? ¿Es una clase pequeña o grande? ¿Cuántos estudiantes hay en la clase, más o menos?... ¿Ah, sí? Pues hablando de números, vamos a repasar (*let's review*) un poco:

1	uno	11	once
2	dos	12	doce
3	tres	13	trece
4	cuatro	14	catorce
5	cinco	15	quince
6	seis	16	diez y seis (dieciséis)
7	siete	17	diez y siete (diecisiete)
8	ocho	18	diez y ocho (dieciocho)
9	nueve	19	diez y nueve (diecinueve)
10	diez	20	veinte

NOVIEMBRE

LUNES	MARTES	MIÉRCOLES	JUEVES	VIERNES	SÁBADO	DOMINGO
					1	2
3	4	5	6	7	8	9
10	11	12	13	14	15	16
17	18	19	20	21	22	23
24	25	26	27	28	29	30

21 veinte y uno (veintiuno), veinte y un (veintiún)
22 veinte y dos (veintidós)[1]

30	treinta	70	setenta
40	cuarenta	80	ochenta
50	cincuenta	90	noventa
60	sesenta	100	ciento, cien

Cien is used before any noun, including **mil** and **millones**. **Ciento** is used everywhere else.

cien años	100 years	cien mil	100,000
ciento uno	101	ciento diez	110

¿Quiere continuar?... Pues adelante.

200	doscientos	600	seiscientos
300	trescientos	700	*sete*cientos
400	cuatrocientos	800	ochocientos
500	*quini*entos	900	*nove*cientos

1000 mil   1,000,000 un millón

Ahora díganos:

1. Si hay cien años en un siglo (*century*), ¿cuántos años hay en dos siglos? ¿en tres siglos? ¿en cinco? ¿en siete? ¿en nueve?

[1] There are no combined forms after 29 (veintinueve).

2. Si cien centavos valen un dólar, ¿cuántos centavos valen diez dólares?
3. Si Pedro Calderón de la Barca nació (*was born*) en 1600 y murió en 1681, ¿cuántos años vivió?
4. Si Miguel de Cervantes nació en 1547 y murió en 1616, ¿cuántos años vivió?
5. ¿Cuántos estudiantes hay, más o menos, en esta escuela?
6. ¿En qué año estamos ahora? ¿En qué año nació Ud.? (Nací...)
7. ¿En qué año descubrió América Cristóbal Colón? ¿En qué año declararon su independencia los Estados Unidos de América?
8. Y finalmente, ¿qué hora es?... ¡No me diga! Vamos a terminar, ahora mismo.

REPASO DE ESTRUCTURA

1. The articles

A. *el* hombre   the man   *los* hombres   the men
    la mujer   the woman   *las* mujeres   the women

     El is used in place of **la** when a feminine singular noun begins with a stressed **a** or **ha**.

    el agua   the water   *el* hambre   (the) hunger

    But:
    las aguas   the waters

B. *un* hombre   a man   *unos* hombres   some (a few) men
    una mujer   a woman   *unas* mujeres   some (a few) women

     Un is generally used in place of **una** when the feminine noun begins with a stressed **a** or **ha**.

un agua purísima   *un* hambre tremenda

2. Possessives

A. Instead of a possessive noun, Spanish uses **de** + the noun.
    Remember:
Spanish has *no* apostrophe "s"!

La hija del presidente...   The President's daughter...(the daughter of the President)

Estos papeles son de Clara.   These papers are Claire's.

B. Possessive adjectives (and pronouns) replace **de** + a noun.

Su hija...   His daughter...
Estos son sus papeles.   These are her papers.

C. Here are the most commonly used possessive adjectives. Note that they always *precede* the noun.

mi(s) my	**nuestro (a, os, as)** our
tu(s) your (fam. sing.)	**vuestro (a, os, as)** your (*fam. pl.*)
su(s) his, her, your (**de Ud.** or **de Uds.**), its, their	

Like all adjectives, a possessive must agree with the noun it precedes. Notice that only **nuestro** and **vuestro** have feminine endings.

mi madre, mis padres	my mother, my parents
tu tía, tus primos	your aunt, your cousins
su hijo, sus hermanos	his (her, your, their) son, his (her, your, their) brothers
nuestra clase	our class
vuestros amigos	your friends

3. ¿*Qué hora es?* (What time is it?)

Son las doce.
Es el mediodía.
Es la medianoche.

Son las diez menos cuarto (o quince).

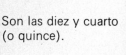

Es la una.
(*It is one o'clock.*)

Son las diez y cuarto (o quince).

Son las tres y media.

Son las ocho menos veinte y cinco (o veinticinco).

Diálogo

—Pepe, ¿a qué hora vienes?	Joe, at what time are you coming?
—A la una.	At one o'clock.
—Pero, ¿no es la una ya?	But, isn't it one o'clock already?
—No. Son las doce y media.	No. It's half past twelve.
—¡Qué va! Yo tengo casi las dos menos diez.	Go on! I have almost ten to two.
—Pues no debes mirar el reloj.	Well, you shouldn't look at your watch.
—Si no miro el reloj, siempre llego tarde.	If I don't look at my watch, I'll always be late.
—¿Tarde? ¿Temprano? ¿Qué importa? ¿No sabes que el tiempo es relativo?	Late? Early? What does it matter? Don't you know that time is relative?
—¡Hombre! ¿No sabes que estás loco?	Oh, man! Don't you know that you're mad?
—¿Loco? ¿Cuerdo? ¿Qué importa? ¿No sabes...?	Mad? Sane? What does it matter? Don't you know...?

4. ¿*Qué tiempo hace?* (How's the weather?)

Hace (mucho) frío.
It is (very) cold out.

Hace (mucho) calor.
It is (very) warm out.

Hace fresco.
It is cool out.

Nieva. Está nevando.
It is snowing.

Llueve. Está lloviendo.
It is raining.

Hace (mucho) sol.
It is (very) sunny.

Ahora díganos:

1. ¿Qué tiempo hace hoy? ¿Le gusta a Ud. cuando nieva? ¿Le gusta cuando llueve? ¿Nieva mucho donde vive Ud.? ¿Hace mucho frío en el invierno? ¿Hace muchísimo calor en el verano? ¿Qué tiempo hace en el otoño? ¿Y en la primavera? ¿En qué meses hace más frío? ¿En qué meses hace más calor? ¿Le gusta más cuando hace frío o cuando hace calor? ¿Por qué?

2. ¿A qué hora es nuestra clase de español? ¿A qué hora es su primera clase hoy? ¿A qué hora terminan sus clases hoy? ¿A qué hora se levanta Ud. normalmente? ¿A qué hora se acuesta? ¿A qué hora se acuesta normalmente los sábados? ¿A qué hora se levanta los domingos? ¿Como le gusta pasar los fines de semana (*weekends*)?

afeitadora
eléctrica

el ventilador

el televisor

lavadora

bombilla

aspiradora

el paraguas

blusa

falda

camisa

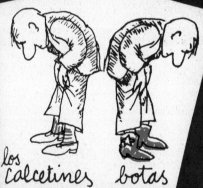
los
calcetines   botas

corbata

el suéter

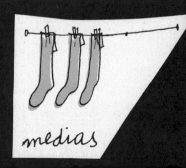
medias

los
pantalones

el vestido

el impermeable

zapatos

sombrero

el sofá

lámpara

saco

bufanda

cama

mesa

cepillo

alfombra

el jabón

crema dental

el papel higiénico

el peine

Vamos a conversar

1. De todos los artículos que vemos aquí (en las páginas 6 y 7), ¿cuáles tiene Ud. en su casa? ¿Cuáles usa Ud. más frecuentemente? ¿Cuáles asocia Ud. con la cocina? ¿con la alcoba? ¿con el baño? ¿con la sala?

2. A propósito, ¿cuántas habitaciones hay en su casa o apartamento? ¿Cuántos baños hay? ¿Tienen Uds. coche? ¿Dónde le gusta a Ud. más vivir—en el campo o en la ciudad? ¿en una casa privada o en un apartamento? ¿Por qué?

3. ¿Qué ropa lleva Ud. hoy? ¿Qué ropa usa cuando llueve? ¿y cuando hace mucho frío? ¿cuando hace calor? ¿cuando nieva?

4. ¿Le gusta a Ud. ir de compras (*go shopping*)? ¿Qué cosas le gusta más comprar? ¿Compra Ud. mucha ropa? ¿Le gusta comprar regalos (*gifts*) para otras personas? ¿Para quiénes? ¿Qué cosas ha comprado Ud. recientemente? Y una pregunta más: ¿Es Ud. más bien (*rather*) económico(a), o le gusta gastar dinero?

REPASO DE ESTRUCTURA

1. Special expressions with *tener*

tener calor   to be (feel) warm

tener frío   to be (feel) cold

tener hambre   to be hungry

tener sed   to be thirsty

tener razón   to be right

no tener razón   to be wrong

tener sueño   to be sleepy

tener miedo   to be afraid

tener cuidado   to be careful

tener prisa   to be in a hurry

tener… años de edad   to be… years old
tener que + *infinitive*   to have to (do something)

Notice that in these expressions, **mucho, mucha** expresses the idea of "very."

¿Tienes mucha hambre?—No, pero tengo mucha sed.	Are you very hungry? —No, but I'm very thirsty.
Debes tener mucho cuidado.—Gracias. Tienes razón.	You should be very careful. —Thanks. You're right.
¿Uds. están libres esta noche?—No. Tenemos que trabajar.—¡Lástima!	Are you-all free this evening? —No. We have to work. —Too bad!

2. About adjectives

A. How they agree with their noun

An adjective is singular or plural, masculine or feminine, according to the noun it describes.

Pepe es italiano y Ada es rumana. Son viejos amigos nuestros.	Joe is Italian and Ada is Rumanian. They are old friends of ours.

Notice that when an adjective refers to both a masculine and a feminine noun, it takes the masculine plural form. When both nouns are of the same gender, the plural of that gender is used.

una blusa y una falda muy bonItas	a very pretty blouse and skirt
una camisa y un saco blancos	a white shirt and jacket

B. The feminine singular forms

◆ Adjectives ending in **-o** change the final **-o** to **-a.**

un día hermoso	a beautiful day
una tarde hermosa	a beautiful afternoon

◆ Adjectives ending in **-dor** or **-ón, -án, -ín,** and adjectives of nationality that end in a consonant add **-a.**

un hombre muy trabajador	a very hard-working man
una mujer muy trabajadora	a very hard-working woman
el gobierno francés	the French government
la poesía francesa	French poetry

◆ All other adjectives have the same form for both masculine and feminine.

un libro fácil	an easy book	una canción fácil	an easy song
un chico cortés	a polite boy	una persona cortés	a polite person

◆ Most adjectives may be converted into adverbs by adding **-mente** (*-ly*) to the feminine singular form.

rápido	rápidamente	quickly

| claro | claramente | clearly |
| dulce | dulcemente | sweetly |

C. Plural forms

The plural of adjectives is formed exactly like that of nouns: we add -s if the singular form ends in a vowel, -es if it ends in a consonant. A final -z changes to -c before -es.

mi tía rica (my rich aunt)	→	mis tías ricas
un actor joven (a young actor)	→	unos actores jóvenes
un día feliz (a happy day)	→	unos días felices

D. Shortening

◆ A few adjectives lose their final -o before a masculine singular noun. These include **bueno, malo, primero, tercero, alguno** and **ninguno.**

un buen ejemplo	a good example	el primer libro	the first book
algún día	some day	ningún dinero	no money
But:			
un ejemplo bueno		el libro primero	
alguna tarde		ninguna idea	

Notice the written accent on the shortened forms **algún** and **ningún.**

◆ **Grande** (large, great) becomes **gran** before any singular noun.

| un gran escritor | a great writer |
| una gran oportunidad | a great opportunity |

◆ **Santo** (Saint) becomes **San** before all masculine names except **Domingo** and **Tomás.**

San Francisco, San Pedro, San Antonio
  But:
Santo Domingo, Santa Anita

3. Demonstratives: *this, that, these,* and *those*

A. Adjectives

Singular

M	F	
este	esta	this (near me)
ese	esa	that (near you)
aquel	aquella	that (over there)

Plural

M	F	
estos	estas	these
esos	esas	those
aquellos	aquellas	those

These adjectives always go *before* the noun.

B. Pronouns

éste, ésta, éstos, éstas	this one, these
ése, ésa, ésos, ésas	that one, those (near you)
aquél, aquélla, aquéllos, aquéllas	that one, those (over there)

These forms usually stand alone. At times they may follow the noun, but they never precede it.

Me gustan más esta camisa y esos pantalones. —Sí, pero aquéllos son menos costosos.	I like this shirt and those pants best. —Yes, but those (over there) are less expensive.
¿Estás muy ocupado este semestre? —Sí, sobre todo en estas últimas semanas.	Are you very busy this semester? —Yes, especially these last few weeks.

C. The neuters: *this, that* (in general)

Esto, eso and **aquello** refer to a whole idea, not to a specific person or thing.

Esto me preocupa. —Ah, no. No es nada.	This (whole matter) worries me. —Oh, no. It's nothing at all.
¡Eso es! ¡Estupendo! —Gracias.	That's it! Great! —Thanks.

Díganos otra vez (¡y no tenga miedo de usar la imaginación!):

1. Ud. quiere comprar un coche, ¿verdad? Pues éste es un Cádillac viejo. No está en perfecta condición, pero funciona y cuesta sólo mil dólares. Ese otro es un coche europeo. Es un poco más nuevo y cuesta dos mil quinientos. Y aquél es un modelo nuevo. Es un coche muy pequeño, de marca (*make*) japonesa, y le cuesta cuatro mil. Ahora bien, ¿cuál de estos coches compra Ud.? ¿Por qué?

2. Ud. va a una fiesta grande esta noche y no sabe qué llevar (*what to wear*). Todos sus amigos, y sus profesores también, van a estar presentes, y Ud. quiere crear una buena impresión. ¿Qué ropa va a usar?: ¿estos pantalones blancos con aquella camisa (o blusa) azul? ¿esos pantalones verdes con esta camisa (o blusa) amarilla? ¿aquellos Levis desteñidos (*faded jeans*) con este jersey (*knit shirt*) viejo? O posiblemente, si es Ud. muchacha, ¿esta falda (*skirt*) corta o aquélla larga «de noche»? (A propósito, en su opinión, ¿cuáles son más bonitas, las faldas largas o las cortas? ¿las faldas o los pantalones?)

Hablando de otra cosa, conteste una vez más:

1. ¿Cuántos años de edad tiene Ud.? ¿Cuántos años tienen sus padres? ¿y sus hermanos? ¿Cuántos años cree Ud. que tiene su profesor(a)? (¡No tiene que decir la verdad!)

2. ¿A qué horas come Ud. usualmente? ¿Tiene Ud. hambre en este momento? ¿A qué hora empieza a tener hambre por la tarde? ¿Qué le gusta tomar cuando tiene hambre?

3. ¿Qué bebida le refresca (*refreshes you*) más cuando tiene sed? ¿Cuál le gusta más? ¿Toma Ud. mucho vino? ¿o cerveza?

4. ¿Qué tiene Ud. que hacer esta tarde? ¿y esta noche? ¿y este fin de semana? ¿Tiene mucho que hacer?

5. ¿Prefiere Ud. tener mucho frío o mucho calor? ¿Por qué?

6. ¿Tiene Ud. miedo de los perros? ¿de los insectos? ¿de las serpientes (*snakes*)? ¿de los aviones? ¿Tiene Ud. miedo de los exámenes? ¿Tiene miedo de la muerte? ¿Por qué?

7. La verdad, ¿tiene Ud. razón siempre? ¿casi siempre? ¿Tienen razón casi siempre sus padres?

8. ¿Tiene Ud. mucho cuidado cuando maneja (*you drive*) su coche? ¿Tiene cuidado con su dieta?

9. ¿Tiene Ud. sueño en este momento? ¿Tiene Ud. prisa para terminar este ejercicio?... Vamos a pasar a otra cosa, ¿está bien?

Vamos a conversar

1. ¿Le gustan a Ud. los deportes? ¿Cuál le gusta más? ¿Le gusta más participar activamente en los deportes o sólo verlos? ¿Es Ud. buen(a) atleta? ¿Juega Ud. al tenis?

2. ¿Le gustan más a Ud. los deportes de verano o los de invierno? ¿Sabe Ud. nadar (*swim*)? ¿Le gusta la planeación acuática (*surfing*)? ¿la esquiación (*skiing*) acuática? ¿Sabe Ud. esquiar? ¿Sabe Ud. patinar (*skate*)?

3. ¿Quiénes son sus «héroes» deportivos (*sports heroes*)? ¿Conoce Ud. personalmente a algún deportista famoso? ¿o a alguna deportista? ¿A quién admira Ud. más en el campo de los deportes?

4. ¿Cree Ud. que hay demasiada violencia en el fútbol norteamericano? ¿Le interesa más el fútbol universitario o el profesional? ¿el béisbol universitario o el profesional? ¿y el básquetbol?

5. ¿Qué piensa Ud. del boxeo (*boxing*)? ¿Qué piensa de la corrida de toros (*bullfight*)? En su opinión, ¿debe introducirse en nuestro país la corrida? ¿Por qué?

6. Hablando de violencia, ¿cree Ud. que hay demasiada violencia en el cine? ¿Hay demasiada sensualidad (*sex*)? ¿Y en la televisión? En su opinión, ¿debe haber censura (*should there be censorship*) en el cine? ¿en el teatro? ¿en la televisión?

7. A propósito, ¿ha visto Ud. alguna de las películas anunciadas (*movies advertised*) aquí (en las páginas 14–15). Según los anuncios (*ads*), ¿cuál le interesa más a Ud.? ¿Por qué?

8. ¿Quiénes son sus artistas preferidos de cine? ¿y de televisión? ¿Los ha visto alguna vez (*Have you ever seen them*) en persona? ¿Conoce Ud. personalmente a alguno de ellos? ¿A quién le gustaría conocer más en este mundo? ¿Es posible que Ud. también sea famoso(a) algún día? ... ¡Ojalá!

Lección primera

Tablas de repaso

THE PRESENT INDICATIVE

A. REGULAR VERBS

hablar (*I speak, am speaking*)	comer (*I eat, am eating*)	vivir (*I live, am living*)
hablo	como	vivo
hablas	comes	vives
habla	come	vive
hablamos	comemos	vivimos
habláis	coméis	vivís
hablan	comen	viven

B. STEM-(RADICAL-) CHANGING VERBS

e > ie		o > ue	
pensar	**perder**	**contar**	**morir**
pienso	pierdo	cuento	muero
piensas	pierdes	cuentas	mueres
piensa	pierde	cuenta	muere
pensamos	perdemos	contamos	morimos
pensáis	perdéis	contáis	morís
piensan	pierden	cuentan	mueren

A few -**ir** verbs change **e** > **i** :

servir sirvo, sirves, sirve; servimos, servís, sirven
pedir pido, pides, pide; pedimos, pedís, piden

C. COMMON IRREGULAR VERBS

estar estoy, estás, está ; estamos, estáis, están
ir   voy, vas, va ; vamos, vais, van
dar   doy, das, da ; damos, dais, dan
tener tengo, tienes, tiene ; tenemos, tenéis, tienen
venir vengo, vienes, viene ; venimos, venís, vienen
ser   soy, eres, es ; somos, sois, son

    Certain verbs have irregular first person singular forms :

hacer	hago	**caer**	caigo	**saber**	sé
poner	pongo	**traer**	traigo	**ver**	veo
salir	salgo	**conocer**	conozco	**caber** (*to fit*)	quepo
valer	valgo	**producir**	produzco		

AFFIRMATIVE COMMANDS: *TÚ* AND *VOSOTROS*

A. *TÚ*

    Use the third person singular, present indicative (**habla, come, escribe**, etc.) for all verbs except :

tener	→ **ten**	salir	→ **sal**
venir	→ **ven**	saber	→ **sé**
poner	→ **pon**	decir	→ **di**
hacer	→ **haz**	ir	→ **ve**

B. *VOSOTROS*

The final **r** of the infinitive becomes **d**: **hablad, comed, escribid**. When the reflexive **os** is attached, the **-d** drops : **sentaos, comprendeos, vestíos**. The only exception is : **irse → idos**.

He aquí algunos problemas **suministrados** por nuestros **lectores**. A ver si está Ud. de acuerdo con los **consejos** que les ofrecemos:

Here are...sent in readers...Let's see advice

1. Tengo 18 años de edad y acabo de comenzar mi **carrera universitaria**. Mi problema es que mis padres no quieren **tratarme** como a una **persona mayor**. «**Termina tus tareas** antes de salir...: **Llámanos** si vas a **tardar mucho**... **Vuelve para** las doce, ¿ está bien ?... **Oye. Acuéstate** temprano esta noche.» Y **así** siempre. Quiero vivir en el dormitorio, pero mis padres no lo permiten. ¿ Qué debo hacer ?
«*Prisionera*»

college education

treat me

adult...Finish your home-work...Call us...be out long ...Come back by Listen. Go to bed...It's like that

Querida «Prisionera»: **Haz un verdadero esfuerzo por** ser total-mente desagradable en casa. **Tira tu ropa** por todas partes. **Deja tu cama sin tender. Ocupa** constantemente el teléfono, y **toca** tus

Make a real effort to

Throw your clothes around Leave your bed unmade Stay on...play

Dime tu problema

discos día y noche. Muy pronto tus padres te van a instalar en el dormitorio.

2. Soy estudiante de tercer año de universidad y **hace dos años que tengo el mismo compañero de cuarto.** Aunque él es muy simpático, a veces hace cosas que me **molestan** un poco. Es muy **desaliñado** y nuestro cuarto está **hecho un desastre.** Su especialidad es zoología y siempre trae diferentes animales e insectos a la **pieza.** Sus animales **ensucian** el piso y **los bichos se me meten en la cama.** Fuma cigarros **malolientes. Derrama cerveza** sobre los muebles. E insiste en dormir con todas las ventanas abiertas, la radio **puesta** y las luces **encendidas.** En fin, el año que viene deseo tener otro compañero de cuarto. Pero cuando se lo digo a él, **me ruega** no dejarlo. Dice que soy su único amigo, y **me siento culpable.**

«*Confuso*»

for two years I've had the
  same roommate

annoy...

sloppy...a mess...major

room

dirty...bugs get into my

foul-smelling...He spills beer

turned on

burning

he begs me

I feel guilty

Querido «Confuso»: Con buena **razón** te sientes culpable. **Olvídate** en seguida de esos **malos pensamientos**, y **sé** más tolerante de las otras personas. Sí, amigo, **quédate** con tu buen compañero de cuarto y **aprende** a amar también a todas las criaturas de Dios. **Recuerda:** ¡Algún día tú puedes ser una de ellas! — *reason / Forget…evil thoughts…be / stay / learn / Remember*

3. Mi mejor amiga **se acaba de casar con** un hombre guapo e inteligente. El único problema es que yo también estoy enamorada de él, y **nos vemos** secretamente dos o tres veces **a la semana**. Me siento culpable porque no quiero **hacerle daño** a mi amiga, y al mismo tiempo, no quiero dejarlo a él. ¿Qué me **aconseja Ud.?** Le ruego tratar esto con la mayor **confidencia** porque no sé qué va a pasar si mi amiga **se entera**. — *has just married / we see each other / a week / hurt / do you advise / confidentiality / finds out*

«*Pecadora*» — *Sinner*

Srta. María Teresa Sánchez Orjuela
Avenida Laurel, 25A
Sacramento

Querida «Pecadora»: Mi consejo es éste: **De aquí en adelante, ten más cuidado** antes de revelar tus secretos. Yo nunca **guardo** las confidencias. — *From now on, be more careful / keep*

4. Soy un nuevo profesor de alemán y tengo que enseñar una clase de primer año este semestre. El problema es que mis estudiantes no quieren aprender alemán, sino español. Están en mi clase de alemán solamente porque las clases de español están **llenas**. (En nuestro colegio las lenguas extranjeras son obligatorias.) ¿Qué puedo hacer para motivarlos a estudiar? — *filled*

«*Frustrado*»

Querido «Frustrado»: **Habla** francamente con tus **alumnos**, y **diles** que en realidad están estudiando español. ¡**Van a tardar meses en** descubrir la verdad! — *Speak / tell them…It will take them months to*

¡AMIGOS! ¡**ESCRIBIDME** VUESTROS PROBLEMAS! — *Write me (vosotros—Spain)*
Recordad nuestro lema: — *Remember our motto*
«¡**Solucionadlos** o **aprended** a amarlos!» — *Solve them…learn*

VAMOS A CONVERSAR

1. ¿Qué piensa Ud. de estos problemas? ¿Son muy comunes o muy poco típicos (*untypical*)? ¿Cuál le interesa más? ¿Por qué?
2. Hablando en serio, ¿tiene Ud. algún problema con sus padres? ¿con un hermano o con otro miembro de su familia? ¿con algún compañero (alguna compañera) de cuarto? ¿Cuál es? ¿Prefiere Ud. vivir en casa de su familia o en el dormitorio? ¿Por qué?

3. ¿Qué problema tiene la chica que se firma (*signs herself*) «Prisionera»? ¿Cuáles son algunas de las cosas que le dicen sus padres? En su opinión, ¿tienen el derecho de decírselas? ¿Qué le parecen (*what do you think of*) los consejos que le damos aquí? ¿Qué le diría Ud.?

4. ¿Quién es la segunda persona que nos escribe? ¿Dónde vive? ¿Cuánto tiempo hace que tiene el mismo compañero de cuarto? ¿Por qué se molesta (*does he get annoyed*) a veces con él? De todas las cosas que hace aquel muchacho, ¿cuál le molestaría más a Ud.? En serio, ¿conoce Ud. a una persona como él? ¿Qué consejos le daría Ud. al pobre «Confuso»?

5. ¿Qué problema tiene María Teresa Sánchez Orjuela? ¿Simpatiza Ud. con ella? ¿Qué consejo le damos aquí? ¿Qué le diría Ud.? A propósito, ¿cree Ud. que éste puede ser un problema real? ¿Qué piensa Ud. que va a pasar si su amiga se entera?

6. Finalmente, ¿por qué se siente frustrado el joven profesor? ¿Qué solución le ofrecemos para motivar a sus alumnos? ¿Qué otras soluciones hay? Y una cosa más: ¿Le gustaría a Ud. ser profesor(a) de lenguas? ¿o de otra materia (*subject*)? ¿Por qué?

ESTUDIO DE VOCABULARIO

1. ¿Puede Ud. decirnos cuatro cosas que asocie (*you associate*) con cada una de las siguientes: dormitorio de estudiantes... casarse... vivir en casa de los padres... cerveza... fumar...?

2. ¿Puede Ud. hallar en el Grupo **B** un antónimo (*antonym*) para cada palabra del Grupo **A**?

   A. culpable, olvidarse, persona mayor, molestar, simpático, limpiar, serio, desaliñado, salir, encendido, hacer daño, enterarse

   B. menor de edad, ayudar, quedarse, apagado, desagradable, ensuciar, ignorar, frívolo, inocente, cuidadoso, gustar, recordar

3. ¿Cuántas palabras sabe Ud. que se relacionen lingüísticamente con las siguientes? (Por ejemplo: **desear** — deseo, deseoso, deseado, etc.)
   consejos... casarse ... estudio... esfuerzo...

ESTRUCTURA

1. The present tense

A. The simple present tense in Spanish describes an action that *is happening now* or that occurs as a general rule. It has three translations in English:

Comes demasiado.

Sí, como mucho.

1. You eat too much (generally).
2. You are eating too much (now).
3. Yes, I do eat a lot. (Emphatic).

◆ In questions and in negative statements, English must use an auxiliary verb (*is*, *does*, etc.). Spanish maintains the simple present. It indicates the question by placing the verb before the subject, the negative by putting **no** before the verb.

¿Trabaja Juan?	Does John work? Is John working?
¿No trabaja Juan?	Doesn't John work? Isn't John working?
Ud. no conduce, ¿verdad?[1]	You don't drive, do you?
—No, pero aprendo ahora.	—No, but I'm learning now.

B. The present tense is also used in Spanish for an action that *has been going on since* a certain date or time (and is still going on).

Está casado desde junio. —¿Ah, sí?	He has been married since June (and he still is). —Really?
La espero desde la una. —Desde que la conozco, siempre llega tarde.	I have been waiting for her since one o'clock. —Since I've known her, she always comes late.

* EJERCICIOS

I. Cambie las frases siguientes según los sujetos indicados:

1. ¿Quién limpia el cuarto hoy?
   (yo, Ud. y yo, tú, tú y Paco, Uds.)
2. No debes beber tanto.
   (Ud., yo, nosotros, Uds. su novio, vosotras)
3. ¿A qué hora cierra la tienda?
   (Ud., nosotros, tú, tu padre, vosotros, Uds.)
4. Vuelvo temprano esta noche.
   (los chicos, nosotros, Marisa, ¿Uds.?, ¿tú?)
5. Servimos la comida a las diez.
   (los españoles, la señora López, ¿Uds.?, ¿tú?, ¿vosotros?)

II. Conteste ahora en español:

1. ¿A qué hora viene Ud. a la escuela los lunes? ¿y los martes?
2. ¿Cuántas clases tiene Ud. este semestre? ¿Cuál le gusta más?
3. ¿Trabaja Ud. fuera de la universidad? ¿Trabaja en el verano?
4. ¿Conoce Ud. a muchas personas de otros países? ¿De dónde son?
5. ¿Piensa Ud. viajar algún día? ¿Qué piensa hacer este verano?
6. ¿Desde cuándo vive su familia en la casa que tiene ahora?
7. ¿Desde cuándo estudia Ud. en esta universidad? ¿Desde cuándo estudia español? ¿Desde cuándo conoce Ud. a su novio (o novia)?
8. ¿Sabe Ud. conducir? ¿Tiene Ud. su propio coche? ¿Desde cuándo lo tiene? ¿Va a comprar otro este año? ¿Piensan comprar un coche nuevo este año sus padres?

---

[1] The end question, *don't you? doesn't he? haven't they?* etc., is translated by ¿**no**? or ¿**verdad**? and *do you? does he? have they?* etc., simply by ¿**verdad**?

2. Special time expressions using the present tense

A. *Hace...que*

When something *has been going on for* a certain period of time, and *still is*, hace...que (*now it makes*) states the length of time. The following verb is also in the present.

Hace un año que vivo aquí.	I have been living here for a year. (And I still am.)
Hace seis meses que la conoce.	He has known her for six months.
¿Cuánto tiempo hace que estudias español? —¡Toda mi vida!	How long have you been studying Spanish? —All my life!

B. *Acabar de* to have just

In the present tense, acabar de + an infinitive means *to have just* (done something).

Acaban de llegar.	They have just arrived.
¿Quieren tomar algo? —Gracias, no. Acabamos de comer.	Would you like to have something? —No, thanks. We have just eaten.

EJERCICIOS

I. Cambie según los sujetos o verbos indicados:

1. Hace dos años que **tengo** el mismo compañero de cuarto. (nosotros)   2. ¿Cuánto tiempo hace que **trabajan** aquí? (vivir)   3. Hace años que los **conocemos**. (visitar)   4. Hace una hora que el niño **duerme**. (jugar fuera)   5. ¿Hace mucho tiempo que **estudias** ciencia? (enseñar)   6. Hace diez meses que Elisa **está casada**. (Elisa y yo)   7. Hace días que no **me siento** bien. (mi esposo)   8. Hace una semana que **llueve**. —¡Dios mío! (nevar)

II. Conteste ahora usando siempre *acabar de.* Por ejemplo:

¿Llegaron Uds. ayer?	*No. Acabamos de llegar.*
¿Cuándo van a anunciar los premios?	*Acaban de anunciarlos.*
	Los acaban de anunciar.

1. ¿Cuándo vas a tomar el examen?   2. ¿Ahora va a cantar Mario?   3. ¿Quieres leer este libro?   4. ¿Uds. desean algo de comer?   5. ¿Terminaron la lección la semana pasada?   6. ¿A qué hora vuelven los chicos?   7. ¿Vas a preparar la comida?   8. ¿Cuándo murió la pobre?   9. ¿Cuándo comienza el programa? 10. ¿Uds. van a visitar pronto a sus abuelos?

3. Affirmative commands: *tú* and *vosotros*

A. When to use *tú* and *vosotros*

The familiar singular tú (*you, my pal*) is used when speaking to a relative, a friend, or anyone else with whom we are on an intimate, first-name basis. The familiar plural vosotros (*you-all*) is used in Spain when speaking to two or more friends, relatives, etc. In Spanish America, Uds. normally replaces vosotros.

B. The affirmative command for *tú*

The affirmative command form of **tú** is usually the same as the third person singular of the present indicative. (Notice that the object pronoun is attached to the end of affirmative commands.)

Bésame, bésame mucho.	Kiss me,...
Canta, Paquito. Una vez más.	Sing, Frankie. One more time.
Come bien, niño, cómelo.	Eat well, my boy, eat it.
Cómprame un abrigo de visón, amor mío. —¡#$%¢!	Buy me a mink coat, darling. —¡#$%¢!

◆ Only eight verbs are irregular:

ten	have	**ven**	come	**pon**	put	**sal**	go out
haz	make, do	**sé**	be	**di**	say, tell	**ve**	go

Dímelo ahora mismo. —Ten paciencia, ¿eh?	Tell me right away. —Have patience, will you?
Ven acá. —No. Hazme un favor y vete, ¿oyes?	Come here. —No. Do me a favor and go away, you hear?

C. The affirmative command for *vosotros*

The **vosotros** affirmative command is formed by changing the final **-r** of the infinitive to **-d**.

amar → amad   poner → poned   decir → decid

◆ If the reflexive pronoun **os** is attached, the **-d** disappears. **-ir** verbs then require a written accent on the last **i**.

Amaos. —¡Cómo!	Love each other. —What!
Poneos los guantes. —No. No hace frío.	Put on your gloves. —No, it's not cold out.
Vestíos. —Ya, ya.	Get dressed. —OK, OK.

◆ **Irse** is the only verb that does not drop the final **-d**.

Idos en seguida. —Muy bien.	Go away at once. —Very well.

EJERCICIOS

I. Cambie a mandatos (*Change into commands*) usando la forma de tú. Por ejemplo:

¿Acabas ahora?   **Acaba** ahora.
¿Lo repites?   **Repítelo.**

1. Comes poco. 2. Hablas más claramente. 3. Trabajas mucho. 4. ¿Abres la puerta? 5. ¿Vienes temprano? 6. ¿Sales ahora mismo? 7. Tienes mucha paciencia con él. 8. ¿Lo compras? 9. ¿Me lo vendes? 10. ¿Vuelves en seguida? 11. ¿Lo haces así? 12. ¿Vas con ellos? 13. ¿Te vas hoy? 14. ¿Las pones sobre la mesa? 15. Eres muy bueno. 16. ¿Te sientas aquí? 17. ¿Te los pones?

II. Cambie a mandatos usando siempre vosotros:

1. ¿Habláis con el jefe? 2. ¿Cerráis la tienda a las seis? 3. Trabajáis todo el día. 4. Camináis muy rápidamente. 5. ¿Movéis las sillas? 6. ¿Lo dejáis aquí? 7. ¿Le permitís ir? 8. ¿Los abrís todos? 9. ¿Os sentáis ahora? 10. ¿Os conocéis? 11. ¿Os ayudáis? 12. ¿Os vestís? 13. ¿Os ponéis los guantes? 14. ¿Os casáis pronto? 15. ¿Os comprendéis? 16. ¿Os vais esta tarde?

III. Diga ahora en español usando el imperativo singular:

1. Talk to me. 2. Give it to them. 3. Sit down. 4. Get up. 5. Go away. 6. Come here. 7. Do it right away. 8. Do us a favor. 9. Put it on. 10. Take it off.

Ahora exprese los mismos mandatos empleando el imperativo plural.

Creación   Clínica de problemas

¿Le gusta oír diferentes problemas? ¿Le gusta ayudar a las personas? Pues aquí tiene cuatro problemas más. A ver (*Let's see*) cómo los soluciona. (**Importante:** Emplee solamente la forma de **tú** para expresar los mandatos, y limítese a mandatos *afirmativos.* ¿Entiende? Pues vamos a comenzar.)

1. Soy una mujer de treinta y dos años de edad. Hace siete años que salgo con el mismo hombre, pero él no quiere pensar todavía en casarse. Dice que me ama, pero que el matrimonio puede arruinar una magnífica relación. Yo lo quiero mucho, pero no quiero esperar para siempre. Por otra parte, si insisto, tengo miedo de perderlo. ¿Qué debo hacer?

2. Acabo de descubrir un secreto importante que puede afectar el matrimonio de mi hermana. Ella tiene una fe absoluta en su esposo. Hace diez años que están casados y tienen tres hijos preciosos. Ahora acabo de aprender, y con la mayor autoridad, que mi cuñado (*brother-in-law*) está metido en diversos negocios ilegales. Todo el mundo lo sabe, menos ella. Si yo se lo digo a mi hermana, voy a destruir su felicidad. Si no se lo digo, algún día puede descubrirlo por sí sola, y el escándalo público la puede herir (*wound*) más, y hacer más daño (*harm*) a los niños. ¿Qué me aconseja Ud.?

3. Mi suegro (*father-in-law*) acaba de morir, y ahora mi esposa, que es hija única, quiere traer a su madre a vivir con nosotros. En realidad, no es mala persona mi suegra y la quiero bastante (*quite a lot*). Pero no está bien de salud, y necesita mucha atención. Además, nuestra casa es pequeña, y no hay dinero para ampliarla (*enlarge it*). Sin embargo (*Nevertheless*), mi esposa dice que no puede mandar a su mamá a una institución pública, que su conciencia no se lo permite. ¿Cómo puedo resolver este dilema?

4. Soy el mayor de nueve hijos de una familia pobre. Mi padre ya no puede trabajar mucho y mi madre está difunta (*dead*). Acabo de recibir la oferta (*offer*) de un empleo excelente en otra ciudad. El sueldo (*salary*) no es muy grande para empezar, pero puede ser el comienzo (*beginning*) de una carrera muy buena. Quiero aceptarlo, pero si dejo a mi familia, les van a hacer mucha falta (*they will miss very badly*) mi presencia y mi contribución. ¿Qué debo hacer?

Lección dos

THE PRESENT SUBJUNCTIVE

A. REGULAR VERBS

hablar	comer	vivir
hable	coma	viva
hables	comas	vivas
hable	coma	viva
hablemos	comamos	vivamos
habléis	comáis	viváis
hablen	coman	vivan

B. STEM- (RADICAL-) CHANGING VERBS

◆ **-ar** and **-er** radical-changing verbs maintain the same stem pattern as in the indicative. Only the endings change:

cerrar   c**ie**rre, c**ie**rres, c**ie**rre, cerremos, cerréis, c**ie**rren
mover   m**ue**va, m**ue**vas, m**ue**va, movamos, mováis, m**ue**van

◆ **-ir** radical-changing verbs change in addition the **e** to **i**, **o** to **u** of the stem in the first and second persons plural.

sentir	pedir	morir
sienta	pida	muera
sientas	pidas	mueras
sienta	pida	muera
sintamos	pidamos	muramos
sintáis	pidáis	muráis
sientan	pidan	mueran

C. IRREGULAR VERBS

1. Most irregular verbs base the present subjunctive on the first person singular of the present indicative.

tener—tengo   tenga, tengas, tenga, tengamos, tengáis, tengan

Here are other common irregular forms:

venir	venga	**hacer**	haga	**traer**	traiga
salir	salga	**decir**	diga	**oír**	oiga
valer	valga	**caer**	caiga	**caber**	quepa
poner	ponga				

conducir (as all verbs ending in **-ducir**)   **conduzca**
conocer (as most verbs ending in a vowel + **-cer**)   **conozca**
seguir (as all verbs ending **-guir**)   **siga**

2. The following forms do not stem from the first person singular of the present indicative:

ser   sea, seas, sea, seamos, seáis, sean
saber   sepa, sepas, sepa, sepamos, sepáis, sepan
ir   vaya, vayas, vaya, vayamos, vayáis, vayan
haber   haya, hayas, haya, hayamos, hayáis, hayan

Dar bears a written accent which disappears, however, when a single object pronoun is attached: dé, des, dé, demos, deis, den.

But:

Deme la mano.   Give me your hand.

REVIEW OF DIRECT COMMANDS

The direct commands are formed as follows:

	Affirmative	**Negative**
tú	Third person singular present indicative (except **ten, ven, pon, haz, sal, sé, di, ve**)	Present Subjunctive
vosotros	infinitive: final r > d	Present Subjunctive
Ud. **Uds.**	Present Subjunctive	Present Subjunctive
nosotros	Present Subjunctive or **Vamos a** + infinitive	Present Subjunctive

Remember:

Object pronouns must be attached to the end of a direct affirmative command. They go *before* the verb when the command is negative.

THE FIRST CONCEPT OF THE SUBJUNCTIVE: INDIRECT OR IMPLIED COMMAND

When the main clause expresses one person's will that someone else do something, the subordinate clause must use the subjunctive.

Quiero que lo hagas.   I want you to do it.
Insisten en que vayamos.   They insist that we go.

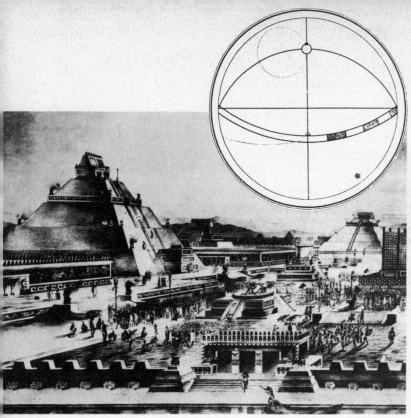

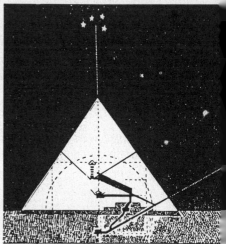

Enfoque

Es algo misterioso, pero todo lo que tiene forma de pirámide está lleno de **poderes** mágicos. Los antiguos egipcios los conocían, y les eran familiares a los aztecas y mayas también. Pero hasta ahora no hay nadie que lo pueda explicar. **Lo cierto es que** los experimentos realizados confirman que la forma de pirámide parece poseer cualidades especiales. Las flores, por ejemplo, se deshidratan pero **no se marchitan**. La leche se mantiene fresca mucho más tiempo, y los **peces** muertos **se secan** pero **no se pudren**. En efecto, los **fabricantes** de ciertas **navajitas de afeitar** recomiendan que **se conserven** bajo una pirámide de madera después de **cada afeitada**. De esa manera, dicen, **se afilan** aun las navajitas más usadas y mantienen su **filo** casi indefinidamente.

    En la actualidad aumenta por días el culto a la pirámide que, para miles de personas, se convierte casi en una religión. Hay personas que duermen bajo una pirámide para curar el insomnio.

powers

For sure

they don't wither
fish...dry up...don't rot
...manufacturers
razor blades...they be kept
each shave

get sharp...sharp edge

At present, day by day the
cult of the pyramid is
growing

La magia de la pirámide

Otras, como el actor de cine, James Coburn, meditan **dentro de ella. Se da el caso** de un artista argentino que afirma que desde que duerme bajo una pirámide de metal suspendida sobre su cama, sus poderes creativos han aumentado considerablemente. Y **el de** un atleta que **incluye en su entrenamiento** una hora de meditación **diaria** dentro de su pirámide metálica. ¿Resultado? **Ha batido** ya varios «records» de distancias largas. Los ejemplos son interminables, pero **por aquello de «ver es creer»**, vamos a comprobarlo **nosotros mismos.**

    Construya una pirámide de **cualquier** material—**cartón**, madera, plástico, etc. **Tenga cuidado de que** su base no sea **menor de seis pulgadas.** Entonces **oriéntela hacia** el Norte y **haga** algunos de los siguientes experimentos:

1. Para **mejorar el sabor** de las frutas, **métalas** dentro de la pirámide por una hora o dos. Si son frutas de **corteza dura**, déjelas allí toda

inside of one.
There is the case

the case of...who includes in his training

daily...He has broken

because "seeing is believing," let's prove it ourselves
Build...any...cardboard

Take care that...less than 6 inches...face it toward...do

improve the flavor...put them
hard skin

la noche. Después **comprobemos** si no son más **sabrosas**. Si quiere **que tenga más sabor el vino, coloque** un vaso del vino más **corriente** durante cinco minutos en la pirámide, o una botella, por una hora o dos. **En cuanto al café, recoja las sobras que se vuelven amargas** y déjelas por cinco minutos bajo la pirámide. Bébalas y **vea** por sí mismo cómo **recuperan** su sabor original.

2. Ponga un **recipiente** no metálico de agua durante tres o cuatro horas bajo la pirámide. Entonces **sugerimos** que use aquella agua para **regar sus plantas del hogar.** Sus plantas van a **crecer** más pronto y van a vivir más tiempo que las plantas regadas con agua corriente. En efecto, los **amantes** de los **alimentos** naturales aconsejan que dejemos el agua por un día o dos bajo la pirámide. **Según** ellos, esa agua **adquiere sorprendentes** poderes nutritivos, más que cualquier **fertilizante químico u orgánico.**

    Sea magia o fenómeno físico el extraño poder de la pirámide, es cierto que los constructores de las pirámides de Egipto siete mil años antes de Jesucristo fueron **genios** en astronomía y matemáticas. Por ejemplo, **multipliquemos la altura** de la Gran Pirámide de Egipto **por mil millones,** ¿y qué **obtenemos**? ¡Casi exactamente la distancia que existe entre el Sol y la Tierra! Hay algo más: la circunferencia de esa base, de 36,254 **pulgadas,** parece representar los 365.24 días que **tarda la Tierra en dar la vuelta alrededor del Sol!** Hay personas que creen que sus constructores fueron **visitantes** de otros mundos y que usaron las pirámides como **faros** para sus **naves espaciales.** Y hay **científicos** que insisten en que **busquemos** allí los orígenes de la raza humana. Las teorías son numerosas, pero el misterio **sigue todavía sin solucionar.**

(Adaptado de **Vanidades**, 29 septiembre de 1975.)

Glosas: let's test...tasty; wine to have more flavor, place; ordinary; As for...take the leftovers that are turning bitter; see...they regain; receptacle; we suggest; water your houseplants... grow; lovers...foods; According to...acquires surprising; chemical or organic fertilizer; Be it; geniuses; let's multiply the height; by one billion; do we get; inches; earth takes to turn around the sun; visitors; guidelights...space ships; scientists...we seek; remains unsolved

VAMOS A CONVERSAR

1. ¿Cree Ud. en la magia? ¿O cree Ud. que hay una explicación científica para todos los fenómenos del universo? ¿Cree Ud. en los milagros (*miracles*)? ¿Por qué?
2. ¿De qué objeto «mágico» se habla en este artículo? ¿Qué pueblos antiguos conocían los poderes mágicos de la pirámide? A propósito, ¿sabe Ud. quiénes eran los aztecas? ¿y los mayas?
3. ¿Qué les ocurre a las flores bajo la pirámide? ¿y a la leche? ¿y a los peces muertos? ¿Qué recomiendan los fabricantes de ciertas navajitas de afeitar? ¿Qué dicen que ocurre entonces?
4. ¿En qué se convierte para muchas personas el culto a la pirámide? ¿Qué hacen numerosas personas, como el actor James Coburn? ¿Qué afirma cierto artista argentino? ¿Qué experiencia nos cuenta un famoso atleta? ¿Está Ud. convencido de sus explicaciones? ¿Por qué? ¿Conoce Ud. algún caso parecido?

5. Según este artículo, ¿qué efecto tiene la pirámide sobre las frutas? ¿Qué otras cosas pueden ser afectadas por ella? ¿Qué cualidades adquiere el agua debajo de una pirámide? ¿Ha comprobado Ud. alguno de estos experimentos?

6. Finalmente, ¿qué teoría existe sobre los constructores de las pirámides originales de tiempos antiguos? Según esa teoría, ¿con qué propósito (*purpose*) se construyeron? ¿En qué insisten otras personas? ¿Qué piensa Ud. de todo esto?

ESTUDIO DE VOCABULARIO

1. ¿Puede Ud. encontrar en este artículo por lo menos cinco palabras relacionadas con las matemáticas? ¿tres palabras referentes a diferentes materiales?

2. ¿Cómo relaciona Ud. las palabras del Grupo **A** con las del Grupo **B**? (Observe que puede haber más de una asociación para cada una.)

A	B
botella	sueño... crecer... vino... deportes... filo... entrenamiento...
plantas	antigüedad... Méjico... leche... forma triangular... fertilizante
aztecas y mayas	...afeitarse... regar... poderes mágicos... noche...
atleta	
insomnio	
pirámide	
navaja	

(handwritten annotations: bottle, plants, to grow, edge, training, to shave, to spray, razor)

3. Ahora busque en el Grupo **B** lo opuesto de cada palabra del Grupo **A**:

   A. genio, amargo, lleno, menor, norte, meter, recuperar, crecer, multiplicar *(handwritten: bitter)*

   B. dulce, marchitarse, perder, vacío, mayor, tonto, sur, dividir, sacar

ESTRUCTURA

4. How to form the present subjunctive

A. Regular verbs

Take the present indicative and change the main vowel of the endings as follows:

-**ar** verbs → **e**   -**er** and -**ir** verbs → **a**

comprar (*to buy*)	vender (*to sell*)	abrir (*to open*)
compre	venda	abra
compres	vendas	abras
compre	venda	abra
compremos	vendamos	abramos
compréis	vendáis	abráis
compren	vendan	abran

B. Stem- (Radical-) changing verbs

◆ **-ar** and **-er** verbs keep the same pattern as in the present indicative. Only the ending vowel changes.

pensar (*to think*)	entender (*to understand*)
piense	entienda
pienses	entiendas
piense	entienda
pensemos	entendamos
penséis	entendáis
piensen	entiendan

◆ **-ir** verbs have an additional change in the stem of the **nosotros** and **vosotros** forms: **e** becomes **i**, **o** becomes **u**. The ending vowel reverses as usual.

mentir (*to lie*)	servir (*to serve*)	dormir (*to sleep*)
mienta	sirva	duerma
mientas	sirvas	duermas
mienta	sirva	duerma
mintamos	sirvamos	durmamos
mintáis	sirváis	durmáis
mientan	sirvan	duerman

C. Irregular verbs

◆ Almost all irregular verbs base the present subjunctive on the first person singular of the present indicative. For example:

tener—tengo   **tenga, tengas, tenga, tengamos, tengáis, tengan**

Now you supply the rest:

venir—vengo **venga,** _____, _____, _____, _____, _____,

poner—pongo _____	caer—caigo _____
salir—salgo _____	traer—traigo _____
valer—valgo _____	oír—oigo _____
hacer—hago _____	coger—cojo _____
decir—digo _____	conocer—conozco _____[1]
seguir—sigo _____	conducir—conduzco _____[1]
caber—quepo _____	construir—construyo _____[1]

[1] All verbs ending in a vowel + **cer**, except **hacer**, **mecer**, and **cocer**, are conjugated just like **conocer**. All verbs ending in -**ducir** are conjugated exactly like **conducir**. All verbs ending in -**uir** are like **construir**.

◆ The only exceptions are **ser, saber, ir,** and **haber.**[2]

ser   sea, seas, sea, seamos, seáis sean
saber   sepa, sepas, sepa, sepamos, sepáis, sepan

ir   vaya, vayas, vaya, vayamos, vayáis, vayan
haber   haya, hayas, haya, hayamos, hayáis, hayan

EJERCICIOS

I. Indique la forma correspondiente del presente del subjuntivo:
1. **yo**   trabajar, meter, escribir; contar, mover, sentir; poner, hacer, seguir
2. **tú**   preparar, romper, permitir; pensar, perder, dormir; salir, valer, construir
3. **José**   estudiar, comprender, insistir; probar, entender, mentir; decir, caer, traer
4. **Luisa y yo**   afirmar, secar, colocar; comprobar, mover, volver, encender; sentir, pedir, dormir, morir; conocer, conducir, venir, tener
5. **tú y Paquita**   llamar, comer, beber; servir, repetir, dormir; coger, saber, caber
6. **Uds.**   regresar, bajar, subir; encontrar, comenzar, seguir, vestir; ser, saber, ir, haber

II. Ahora cambie según las indicaciones:
1. Quieren que **vuelvas** en seguida.
   (salir, venir, hacerlo)
2. ¿Tú crees que **quepan** todos?
   (ir, saberlo, conocerla)
3. ¡Ojalá que no se lo **diga**!
   (poner, devolver, traer)
4. Es imposible que **paguemos** tanto dinero.
   (encontrar, tener, gastar)
5. No quiero que **muráis** allí.
   (dormir, caer, meterlos)
6. Papá insiste en que yo **vaya** con éi.
   (trabajar, salir, seguir)

⑤ Using the present subjunctive in commands

All direct commands, except for the affirmative **tú** and **vosotros,** use the present subjunctive.
Remember:
Object pronouns MUST BE ATTACHED to the end of a direct *affirmative* command. They go *before* the verb when the command is negative.

---

[2] **Dar** has a written accent on the first and third person in singular forms, in order to distinguish them from the preposition **de**: **dé, des, dé, demos, deis, den.** The accent marked is no longer needed when a single object pronoun is attached: **Deme la mano.** Give me your hand.
   Estar is perfectly regular in the present subjunctive: **esté, estés, esté,** etc.

A. The polite commands: *Ud.* and *Uds.*

All polite commands (orders given to **Ud.** or **Uds.**) use the present subjunctive.

Póngalo bajo la pirámide. —No. No lo ponga allí.	Put it under the pyramid. —No. Don't put it there.
Por favor, vuelvan temprano. —No se preocupen Uds.	Please, come back early. —Don't you worry.

B. The negative commands of *tú* and *vosotros*

Negative commands given to **tú** and **vosotros** also use the present subjunctive.

Recall:

Habla.	Talk!
But:	
No hables.	Don't talk!
Escríbeme.	Write to me.
No me escribas.	Don't write to me.
Póntelo.	Put it on.
No te lo pongas.	Don't put it on.
Vete, chico.	Go away, kid.
No te vayas.	Don't go away.
Idos.	Go away, you guys.
No os vayáis.	Don't go away.

C. "Let's..."

Let's... is actually a direct command that involves *you* and *me*. Spanish expresses it in two ways.

1. The first person plural of the present subjunctive

Comamos ahora. —¿Tan temprano?	Let's eat now. —So early?
Pongámoslo aquí. —¡Cómo no!	Let's put it here. —Of course!
No vayamos con ellos. —¿Por qué no?	Let's not go with them. —Why not?

◆ Exception: **Vamos** is used for the affirmative *Let's go.*

Vamos al parque. —Hoy no.	Let's go to the park. —Not today.

◆ When **nos** or **se** is attached to the affirmative command, the **-s** of the verb ending disappears, and the normally stressed syllable then requires a written accent.

Sentémonos por un momento. —No hay tiempo. Démonos prisa.	Let's sit down for a moment. —There's no time. Let's hurry up.
Digámoselo, ¿está bien? —Más tarde.	Let's tell it to him, all right? —Later.

2. **Vamos a** + infinitive (only in affirmative commands!)

Vamos a comer, vamos a beber y vamos a disfrutar. —¿Sabe? ¡Ud. acaba de «acuñar» una expresión!	Let's eat, let's drink, and let's be merry. —You know? You have just coined an expression!
Vamos a continuar...	Let's go on...

EJERCICIOS

I. Repita, y después haga negativas las frases siguientes:

1. Hábleme. Abralas. Ciérrelo. Cómprelos. Dénosla. Dígaselo.
2. Pónganlo ahí. Déjenle en paz. Pónganse los guantes. Pregúntenselo. Háganme un favor. Vístanse ahora. Sírvanse. Devuélvanmela.
3. Sentémonos aquí. Traigámoselo. Vamos con ellos. Llamémosla. Leámoslo. Mandémoselos. Acostémonos. Démoselo. Pidámoselo.

II. Haga afirmativas las frases siguientes:

1. No lo haga. No se lo digan. No le escuchen. No la olvide. No nos llame. No se lo quiten. No se siente.
2. No vengas hoy. No lo rompas. No te sientes. No me lo digas. No te pongas ese vestido. No se lo quites.

III. Diga de otra manera: Por ejemplo...

Hagámoslo.	***Vamos a hacerlo.***
Vamos a dejárselos.	***Dejémoselos.***
Vamos a sentarnos.	***Sentémonos.***

1. Cantemos. 2. Invitémoslos. 3. Coloquémoslo allí. 4. Digámosle la verdad. 5. Enseñémosela. 6. Vamos a devolvérselo. 7. Ofrezcámoselas. 8. Hagamos una pirámide. 9. Vamos a construirla de madera. 10. Vamos a recogerlas. 11. Sigámoslos. 12. Levantémonos temprano. 13. Ayudémonos uno a otro. 14. Vamos a mandárselas.

6. From direct commands to indirect commands—
the first concept of the subjunctive

There are three basic concepts that call for the use of the subjunctive. The first is that of the indirect or implied command.

A. When one person, speaking directly to another, gives him an order, that is a direct command.

Venga hoy.	Come today.
Siéntense, por favor.	Sit down, please.

B. When one does not give a direct order but merely expresses his desire that someone else do something, that is an *in*direct command. The force of that command, no matter how weak or how strong, will produce the subjunctive in the following clause.

Le ruego que venga hoy. —Muy bien.	I beg you to come today. (I beg you: "Come!") —All right.
Les diré que se sienten. —Sí, por favor.	I'll tell them to sit down. ("Sit down," I'll say.) —Yes, please do.
El jefe quiere que lo hagas.	The boss wants you to do it. ("Do it!" he says.)

| No permitas que te engañe.[3] —¿Yo? ¡Nunca! | Don't allow him to fool you. —Me? Never! |
| Mandaremos que lo construyan aquí.[3] —Bien pensado. | We'll order them to build it here. —Good thinking. |

C. English sometimes uses "Let..." in place of "I want...." For example: "Let *George* do it!" Spanish simply uses "**Que**..." plus the present subjunctive.

Que vayan ellos, no tú.	Let *them* go, not *you*. (I want them to...)
¡Que cante Juanito!	(Let) Johnny sing!
Que bailen todos ahora. Uno, dos y...	(Let) everyone dance now. —One, two and...

Remember:

If there is no change of subject, there can be no implied command. Spanish, like English, simply uses the infinitive then.

| Quiero irme. | I want to go away. |
| Quiero que te vayas. | I want *you* to go away. |

EJERCICIOS

I. Cambie las frases siguientes según las indicaciones:

1. **Quiero que** lo termine Jorge.
   (Insistiré en que, Aconsejan que, ¿Pides que...?, Dirán que)
2. **Insisten en** que ella la lea también.
   (Prefiero que, ¿Decís que...?, Sugerimos que, No quiero que)
3. **Les** dirá que no se preocupen.
   (Me, Te, a Juan, a Ud., Nos, Os)
4. ¿Nos aconsejan que lo **compremos**?
   (Te, Os, Me, a mi padre, a sus vecinos)
5. **Mándemelo** en seguida.
   (Quiero que, Le ruego que, Insisto en que, Les pido que, Te pido que)

II. Termine de una manera original las frases siguientes:

1. Por favor, señor(a), le ruego que...
2. ¿Quiere Ud. que nosotros...?
3. Le escribiré a mi novio (novia) que...
4. Te pido que no...
5. ¿Me aconseja Ud. que...?
6. Mi familia insiste en que yo...

III. Diga ahora en español:

1. Let's write him that we have bought the house. 2. Let's write him to buy the house. 3. They want to see the play. 4. They want us to see the play. 5. He prefers

---

[3] Verbs of ordering, permitting, or forbidding may also be followed by the infinitive: No le permitas engañarte. Les mandaremos construirlo aquí.

to sell it right away.   6. He suggests that you sell it right away.   7. Tell him to have it ready.   8. Tell him that I have it ready.   9. We insist on going with you.   10. But I don't want you to go.   11. Allow me to help you. —With pleasure.   12. Our lawyer recommends that we don't do it. —Why not?   13. Ask him (**pedir**) to send us the money.   14. Ask him (**preguntar**) whether he has sent us the money.

Creación   Recetas, pociones y otras instrucciones

Seguramente Ud. sabe hacer algo especial— un plato favorito, una obra de carpintería, cualquier cosa. Vamos a ver si puede darnos algunas instrucciones fáciles para que nosotros aprendamos a hacerlo también. Y si resulta que realmente no sabe hacer nada, por lo menos denos instrucciones para llegar a su casa, o a otro lugar de interés. Bueno, ¿cómo empezamos?

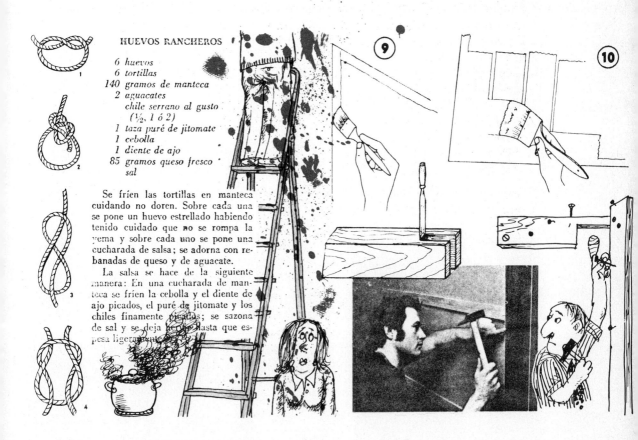

HUEVOS RANCHEROS

6 *huevos*
6 *tortillas*
140 *gramos de manteca*
2 *aguacates*
chile serrano al gusto
(½, 1 ó 2)
1 *taza puré de jitomate*
1 *cebolla*
1 *diente de ajo*
85 *gramos queso fresco*
sal

Se fríen las tortillas en manteca cuidando no doren. Sobre cada una se pone un huevo estrellado habiendo tenido cuidado que no se rompa la yema y sobre cada uno se pone una cucharada de salsa; se adorna con rebanadas de queso y de aguacate.

La salsa se hace de la siguiente manera: En una cucharada de manteca se fríen la cebolla y el diente de ajo picados, el puré de jitomate y los chiles finamente picados; se sazona de sal y se deja hervir hasta que espesa ligeramente.

Lección tres

PERSONAL PRONOUNS

person		subject of verb	
sing.	1	yo	I
	2	tú	you
	3	él	he
		ella	she
		usted (Ud.)	you
pl.	1	nosotros(as)	we
	2	vosotros(as)	you
	3	ellos	they
		ellas	they (*f.*)
		ustedes (Uds.)	you

person		direct object of verb	
sing.	1	me	me
	2	te	you
	3	le, lo	him, it
		la	her, it
		le, lo, la	you (**Ud.**)
pl.	1	nos	us
	2	os	you
	3	los, (les)	them
		las	them (*f.*)
		los, (les), las	you (**Uds.**)

THE POSITION OF OBJECT PRONOUNS

A. WITH RELATION TO EACH OTHER

INDIRECT BEFORE DIRECT
REFLEXIVE FIRST OF ALL

B. WITH RELATION TO THE VERB

1.· Immediately before any conjugated verb form (except a direct affirmative command) : **Lo he visto. No se lo dirán.**

2. Attached to the end of :

a. a direct affirmative command : **Cómalo.**

b. an infinitive or a present participle unaccompanied by another verb :
Al verla... Leyéndolo...

object of preposition		reflexive object of preposition		
(para) mí*	(for) me	(para) mí*	(for) myself	
(para) ti*	(for) you	(para) ti*	(for) yourself	
él	him ⎫	sí	himself, herself,	
ella	her ⎬		yourself, itself	
usted (Ud.)	you ⎭			
nosotros(as)	us	nosotros(as)	ourselves	
vosotros(as)	you	vosotros(as)	yourselves	
ellos	them ⎫	sí	themselves	
ellas	them ⎬		yourselves	
ustedes (Uds.)	you ⎭			

* After the preposition **con, mí, ti,** and **sí** become **-migo, -tigo, -sigo.**

indirect object of verb		reflexive object of verb	
me	to me	**me**	(to) myself
te	to you	**te**	(to) yourself
le	to him, to her, ⎫ to you, to it ⎭	**se**	(to) himself, herself, yourself, itself
nos	to us	**nos**	(to) ourselves
os	to you	**os**	(to) yourselves
les	to them, to ⎫ you ⎭	**se**	(to) themselves, yourselves

3. Optional placement
Either:
    a. attached to the end of an infinitive or a present participle that follows
       another verb: **Voy a llamarla. Estamos preparándolos.**
Or:
    b. immediately before the verb that precedes an infinitive or present parti-
       ciple: **La voy a llamar. Los estamos preparando.**

Baño de color

Aunque cayera el cielo...

Dedicatoria.

Enfoque
La comedia humana

Se Vende...

Nueva York. Un agente de **bienes raíces** está vendiendo **lotes de una hectárea** en la Luna. Por el mínimo precio de dos dólares, el **comprador** recibe un hermoso certificado que le **garantiza el derecho** de visitar sus propiedades **siempre y cuando se le presente** la oportunidad. ¡**Se han vendido** más de diez mil lotes ya!

París. Llevar una **prenda de vestir** de una **estrella de la canción** es una nueva moda en Francia, sobre todo entre los jóvenes para quienes **incluso** un botón o un **trozo** de camisa del artista es una nueva **reliquia. Para conseguir esa mercancía**, los comerciantes especializados van a visitar a los «grandes» y **les compran las ropas** que éstos no usan más. En efecto, las prendas más deseadas son aquellas que **huelen al sudor** de la estrella preferida. Por otra parte, **dándole** al público la oportunidad de comprar esas reliquias, **se espera poner fin a los asaltos** que se han hecho repetidamente a los ídolos, **despedazándoles la ropa** al terminar su **actuación en escena**, y dejándolos a veces totalmente **desnudos**.

(Adaptado de *El Universal,* Caracas, 21 de noviembre de 1975)

¡A la cárcel!

San Francisco, California. Un joven se encuentra **entre barrotes** hoy porque **se le olvidó** dónde puso una **llave**. El delincuente entró ayer en una tienda y obligó al propietario a cerrar la puerta **por dentro** y **entregarle** la llave. Entonces **recogió** el dinero que había en la **caja** y varias cosas de las **estanterías**. Cuando **se disponía** a salir, descubrió que no encontraba la llave, y **por más que** buscó, no la pudo hallar. **Mientras tanto, un transeúnte**, dándose cuenta de que algo **extraño** ocurría dentro, llamó a la policía. Por fin, cuando el ladrón **dio con** la llave en un **bolsillo de su pantalón** y abrió la puerta, ahí estaba la policía esperándole.

Glossary (right column):

For Sale
real estate
1¾-acre lots
buyer...guarantees the right
whenever he gets
There have been sold
article of clothing...
  singing star

even...piece
"holy relic." To get that
  merchandise
buy from them the
  garments
smell of the sweat...
  by giving
it is hoped to end the
  attacks
ripping to shreds their
  clothing...performance

naked

behind bars
he forgot...key
from the inside
hand him...he took...cash
  box
shelves...he was preparing
no matter how hard
Meanwhile, a passerby...
  strange
came upon
pocket of his pants

Sydney, Australia. Un habitante de una **población** cerca de   town
Sydney fue condenado a siete días de cárcel por insultar a su perro.
Según el Tribunal, el acusado comenzó a **gritar** a su perro cuando   shout
salía de un hotel. A los gritos de su **amo**, el perro **se puso a ladrar**   owner...began to bark with
asustado. Gritos y **ladridos** fueron **oídos** por varios vecinos, que   fright
denunciaron al hombre a la policía, y el magistrado lo condenó a siete   barks...heard
días de cárcel por crueldad a un animal.

(Adaptado de *ABC*, 25 de noviembre de 1975)

Rarezas inglesas

Londres. ¿**Qué le parece la idea de irse de paseo** por un fin de   How do you like the idea
semana, y descubrir al volver que otra familia está ocupando su casa?   of going away
Ello es que este problema ha tomado graves proporciones hoy en   The fact is
Inglaterra, donde numerosas personas se instalan diariamente en
casas **desocupadas**, cambiando los **cerrojos** de la puerta para que el   unoccupied...locks
dueño legítimo no pueda entrar. **Ya que la ley inglesa** prohibe la   Since English law
entrada forzada en cualquier casa, **aunque sea de uno mismo**, los   even if it is one's own...
dueños tienen que **acudir a la justicia para desalojar a los intrusos**,   go to court to throw out
proceso civil que puede tardar semanas. La **epidemia de usurpaciones**   the squatters
comenzó hace unos años cuando colonias de «hippies» **se fueron**   a civil suit...squatting
apoderando de mansiones abandonadas en las **afueras** de las ciudades.   epidemic
Rápidamente **la boga** se extendió a las ciudades, hasta incluir casas   kept taking over...outskirts
cuyos dueños se habían marchado por sólo un par de días. (A   vogue
propósito, amigo, si Ud. piensa irse pronto de vacaciones, ¿me hace   whose owners had gone
el favor de darme la **dirección** de su casa?...Gracias.)   away
                                                                              address

Africa. Un ex-**comisario distrital**, graduado en la Universidad de   district deputy
Cambridge, vive hoy la vida fácil de un **cacique** africano, **rodeado de**   chief...surrounded by
pompa y dignidad. Se llama James Moxon y es nativo de Shrewes-
bury, pero su nombre africano es Nana Kofi Onyaase Primero. ¿Cómo
llegó a serlo? Nana Kofi dice que desde niño sintió inclinación por
las cosas africanas y ya en Inglaterra le gustaba **andar en canoa**.   ride in a canoe
Durante la guerra, fue enviado al Africa en el servicio colonial, y allí se
convenció de que era la **encarnación** de un antiguo **Aqwapim, cuya**   reincarnation...(name of a
alma entró al cuerpo del niño nacido en Shrewesbury. Dos periodistas   tribesman), whose soul
italianos hallaron a Nana Kofi convertido en Su Majestad, rodeado de
dignatarios **esplendorosamente vestidos**. El **regordete** y rubio James   splendidly dressed...pudgy
llevaba una large túnica **llena de colorido**, y en la cabeza una **especie**   very colorful...kind of crown
de corona bordada de oro. Gran aficionado de la música popular,   embroidered with
le gusta pasar su tiempo escuchando discos del año 1930, cantados
por Bing Crosby.

(Adaptado de *Vanidades*, 21 de agosto de 1975)

Aviso a las mujeres

Según la publicación oficial de la Asociación Médica Americana, si el hombre que **Ud. acaba de conocer estornuda** (y no tiene catarro), mírelo bien y decida rápidamente si le interesa. Porque **lo que _sí_ es cierto** es que él siente por Ud. una fuerte atracción sexual. Esto, que **parece chiste**, es un fenómeno **respaldado** definitivamente por la ciencia. (¡ **Salud** !)

Notice

have just met sneezes…
  a cold

what _is_ certain

seems like a joke,…
  supported

Bless you!

VAMOS A CONVERSAR

1. ¿Ha comprado Ud. alguna vez una cosa ridícula? ¿Cuál es la compra (_purchase_) más innecesaria que haya hecho Ud.? ¿Ha visto Ud. anunciado alguna vez un artículo completamente inútil (_useless_)? ¿Cuál fue? ¿Se vendieron muchos de ellos?

2. Según este artículo, ¿qué está vendiendo un agente de bienes raíces en Nueva York? ¿Le compraría Ud. uno? ¿Por qué?

3. ¿Cuál es la nueva moda entre los jóvenes franceses? ¿Le gustaría a Ud. llevar una prenda usada por una estrella de cine o de la canción? ¿Por qué? ¿Y si huele todavía a su sudor?

4. ¿Por qué se encuentra hoy entre barrotes el joven sanfranciscano? ¿Qué hizo cuando entró en la tienda? ¿Qué descubrió cuando estaba dispuesto ya a salir? ¿Quiénes lo esperaban cuando abrió por fin la puerta?

5. ¿Por qué fue mandado a la cárcel el buen australiano? ¿Qué piensa Ud. de la decisión del juez? A propósito, ¿le gustan a Ud. los perros? ¿Qué protegidos (_pets_) ha tenido Ud.?

6. ¿Qué problema ha surgido recientemente en Londres? ¿Por qué no puede forzar la entrada a su propia casa el dueño? ¿Cómo empezó la «epidemia» de usurpaciones? ¿Puede Ud. ofrecernos alguna solución para el problema?

7. ¿Ha soñado Ud. alguna vez (_Have you ever dreamed_) con ser monarca de un país remoto? ¿Le gustaría ser rey, o reina, de Inglaterra? ¿dictador(a) de un país latinoamericano? ¿Qué piensa Ud. de James Moxon?

8. ¿Qué piensa Ud. también del «Aviso a las mujeres»? ¿Está Ud. de acuerdo, según su propia experiencia? (¡Salud!)

ESTUDIO DE VOCABULARIO

1. ¿Qué es lo primero que se le ocurre (_the first thing that occurs to you_) al oír las palabras siguientes: precio… bienes raíces… protegido… estrella… ropa… cárcel… llave… bolsillo… estanterías… hotel… «hippie»… botón… corona… ladrón… estornudar…?

2. ¿Cuántas palabras sabe Ud. relacionadas con el comercio o los negocios? (vender, tienda, etc.) Trate de encontrar por lo menos ocho.

3. Ahora, ¿cuántas palabras sabe relacionadas con la ropa? ¿Cuáles de esas prendas usan botones o cremalleras (_zippers_)? ¿Cuáles cuestan más? ¿Cuáles considera Ud. las más indispensables?

ESTRUCTURA

7. Subject pronouns

A. Forms and meaning

Person	Singular		Plural	
1	yo	I	nosotros(as)	we
2	tú	you	vosotros(as)	you
3	él	he	ellos	they
	ella	she	ellas	they (f.)
	usted (Ud.)	you	ustedes (Uds.)	you

B. When to use them

◆ Subject pronouns are usually omitted when the verb is expressed.

Salimos para México el lunes. —Si quieren, los llevo al aeropuerto.

We're leaving for Mexico Monday. —If you wish, I'll take you to the airport.

◆ They are used primarily for emphasis or clarification.

Tú puedes quedarte. Yo me voy.
Siempre que él decía que sí, ella decía que no. —Estupendo.

You can stay. *I'm* going.
Whenever *he* said yes, *she* said no. —Great!

    Remember:
When you raise your voice to stress the subject pronoun in English, insert the pronoun in Spanish.

◆ And they are used after the verb **ser**, or to stand alone.

¿El jefe? Soy yo. —¡Qué va! Es él.
¿Quiénes ganaron? —Ellos, como siempre.

The boss? That's me. —Go on. It's he.
Who won? —They (did), as usual.

C. The neuter pronoun *ello*

The neuter pronoun **ello** refers to a whole idea, situation, or statement. As subject, it often appears in the expression **Ello es que...** *The fact is that...*

Ello es que nunca ha hecho mal a nadie. —Tienes razón.

The fact is that he has never harmed anyone. —You're right.

EJERCICIOS

I. Lea en voz alta, y después cambie según los modelos:

¿Quién perdió la llave? (El ladrón)...**El.**
¿Quiénes se apoderaron de la casa? (Los «hippies»)...**Ellos.**

1. ¿Quién le vendió el lote? (La agente de bienes raíces)
2. ¿Quiénes trajeron esas cosas ridículas? (Miguel y yo)

3. ¿Quién los esperaba al salir de la tienda? (El policía)
4. ¿Quién quiere ser monarca de ese país? (*I do!*)
5. ¿Quiénes ocupan la casa vecina? (Las hermanas Salinas)
6. ¿Quién es el «número uno» de esta clase? (*You, my pal*)
7. ¿Quiénes deben preparar mejor estas lecciones? (*You guys!*)
8. ¿Quién insiste en que trabajes siempre? (Nuestro profesor)

II. ¿Puede Ud. hallar en el Grupo **B** una respuesta lógica para cada comentario del Grupo **A**?

A	B
¿Puede Ud. describírmela un poco?	Ellos, y después nosotros.
Yo sé que vas a salir bien.	Entonces yo se lo puedo prestar.
¿Quiénes llegaron primero?	Gracias. Espero que sí.
¿Me van a esperar?	Sí, pero no tanto como nosotras.
Ello es que no tienen dinero para comprarlo.	Lo siento. Ello es que nunca la he visto en persona.
Ella no está, pero él puede darles la informacion.	¡Ay, qué suerte! El es mi cantante favorito.
Sin duda están cansados.	Sí, pero sólo hasta la una.
¿Sabes que esta camisa era de Elvis?	Lástima. Ella sabe mucho más que él.

8. Pronouns that follow a preposition

A. Forms and meaning

◆ These pronouns have the same form as the subject pronouns, except in the first and second person singular.

Person	Singular			Plural		
1	(para) **mí**	(for)	me	(para) **nosotros(as)**		us
2	**ti**		you	**vosotros(as)**		you
3	**él**		him, it	**ellos**		them
	ella		her, it	**ellas**		them (*f.*)
	Ud.		you	**Uds.**		you

◆ Conmigo and contigo

After the preposition **con** (*with*), the first and second person singular forms become **conmigo, contigo**. All the other forms remain unaltered: **con él, con ella, con Uds.,** etc.

¿Vienes conmigo? —Prefiero ir contigo, pero tengo que ir con él. — Lástima.	Are you coming with me? —I prefer to go with you, but I have to go with him. —Too bad.

◆ The neuter **ello** often appears after a preposition.

| No sé nada de ello. —Nosotros tampoco. | I don't know anything about it (the whole thing). —Neither do we. |
| En ello me va la vida. —Por favor, no exageres. | My life is at stake in it. —Please, don't exaggerate. |

B. Special uses

◆ After verbs of motion

Verbs of motion are usually followed by **a mí, a ti, a él,** etc., instead of an indirect object pronoun.

| Corrió a ella. | He ran to her. |
| Ven a mí, Pepito. —No. Voy a ellas. | Come to me, Joey. —No, I'm going to them. |

◆ For emphasis or clarification

Spanish uses **a mí, a ti, a él,** etc., IN ADDITION to the object pronoun for emphasis or clarification. At times clarification is necessary in the third person, unless the individual referred to is perfectly obvious.

Le vi a él, no a Ud.	I saw *him*, not *you*.
Me lo dio a mí; no se lo dio a ella.	He gave it to *me*; he did not give it to *her*.
A nosotros sí nos gustó. —A ellos no.	*We* did like it. —*They* didn't.

EJERCICIOS

I. Substitúyanse las palabras indicadas por el pronombre apropiado (*proper pronoun*):

1. ¿Por qué no se lo pregunta a **sus hermanas**?   2. No quiero que salgas con **esos chicos**.   3. El dinero es para **mí y para Alonso**.   4. No me hables más de **esa idea**. 5. Hazlo por **tu madre y por mí**.   6. Es importante que se lo expliquen a **sus profesores**, no sólo a nosotros.   7. Te ruego que trabajes con **tus tíos**.   8. Vaya al **jefe**, y él te ayudará.   9. No lo podemos hacer sin **ti y sin Carlitos**.   10. ¿Se ríen de mí? —No. De **Luisa**.

II. Conteste de una manera espontánea, según los ejemplos:

Dicen que Ana se casa contigo.   —¿ *Conmigo? No. Con Juan, etc.*
La casa es para Uds., ¿no?   —¿ *Para nosotros? No. Es para ellos, los García, etc.*

1. Van a viajar con **Ud.**, ¿no?   2. Es para **nosotros**, ¿verdad?   3. ¿Me llevas a **mí** esta noche?   4. Quieren que vayas a **Marisa**, ¿verdad?   5. Dicen que el Rector está descontento con **nosotros**.   6. La chica ama más a **su padre**, ¿no?   7. No me gustan. Siempre hablan mal de **mí**.   8. Lo hizo por **vosotros** ¿verdad?   9. Es buen amigo de **Ud.** y de **su familia**, ¿no?   10. Lo vi hablando **contigo**.

9. Object pronouns

Object pronouns receive the action of the verb.

A. First and second person

ME   me, to me, myself, to myself
TE   you, to you, yourself, to yourself (*familiar*)

NOS   us, to us, ourselves, to ourselves
OS   you (all), to you, yourselves, to yourselves (*Spain, familiar*)

¿Me quieres? —Te adoro. —Pues dame un beso. —¿Sólo uno?	Do you love me? —I adore you. —Then give me a kiss. —Only one?
Decidnos la verdad. —¿Os diríamos una mentira?	Tell us the truth. —Would we tell you a lie?

B. Third person

Direct		*Indirect*		*Reflexive*	
lo	him, it, you (**Ud.**)		to him		(to) himself
la	her, it, you (**Ud.**)	**LE**	to her	**SE**	(to) herself
			to it		(to) itself
			to you (**Ud.**)		(to) yourself (**Ud.**)
(le)	him, you (*mostly Spain*)				
los	them, you (**Uds.**)	**LES**	to them	**SE**	(to) themselves
las	them, you (**Uds.**)		to you (**Uds.**)		(to) yourselves
(les)	them, you (*only persons —Spain*)				(**Uds.**)

Ud. conoce a la pobre Laurita, ¿no? —Sí, *la* conozco un poco. ¿Qué *le* pasó?	You know poor Laurie, don't you? —Yes, I know her slightly. What happened to her?
¿*Los* ha llamado Ud. esta semana? —No, pero *les* escribí dos veces.	Have you called them this week? —No, but I wrote to them twice.
Diviértase. —Gracias.	Enjoy yourself. —Thanks.

C. Special use of *se*

When the indirect and the direct object pronouns are both in the third person, the indirect becomes **se**. Thus:

Indirect	*Direct*			
LE +	lo	= SE	lo	
LES	la		la	
	los		los	
	las		las	

Le dimos el disco.	We gave the record to him.
Se lo dimos.	We gave it to him.
¿Les mostrarás la casa?	Will you show them the house?
¿*Se la* mostrarás?	Will you show it to them?

Les he enseñado los verbos.	I have taught them the verbs.
Se los he enseñado.	I have taught them to them.
¿Le trajiste las flores?	Did you bring her the flowers?
¿*Se las* trajiste?	Did you bring them to her?

D. Special use of *lo*

Lo supplies the missing object for verbs that usually require an object in Spanish. Such verbs include **saber, decir, preguntar,** and **pedir.**

Amor mío, eres adorable, encantadora, hermosísima. —Sí, lo sé.	Darling, you are lovely, charming, beautiful. —Yes, I know.
Pregúnteselo a Mariano. —Muy bien, pero no se lo digamos a nadie.	Ask Mariano. —All right, but let's not tell anyone.
No quiero que se lo pidan a ella. Prefiero que me lo pidan a mí.	I don't want them to ask *her* (for it). I prefer that they ask *me*.

EJERCICIOS

I. Cambie a pronombres las palabras indicadas:

1. No uses **el ascensor** ahora.   2. Ocuparon **la casa** cuando nos fuimos de paseo. 3. Tomemos **el tren** en Santiago.   4. Uds. conocen a **los Sánchez,** ¿no?[1]   5. ¿Cogieron **al ladrón**?   6. ¿Dónde tienen **los perros**?   7. ¿Has perdido **el botón**? 8. No coloques **las sillas** allí.   9. ¿Nos cantas **la canción**?   10. ¿No dicen la verdad **a sus padres**?   11. No prometas nada **a esa chica**.   12. Ofrezcamos algo **a los pobres niños**.   13. Recomiendo que devuelva el dinero **a su dueño legítimo**. 14. Pida ayuda **al jefe**.

II. Ahora cambie según los modelos.

Mandan el cheque a José.	*Mostró las fotos a los alumnos.*
Le mandan el cheque.	*Les mostró las fotos.*
Se lo mandan.	*Se las mostró.*

1. Dimos los papeles a Ramón.   2. Escribí la carta a mi ídolo.   3. Entregó las llaves al ladrón.   4. Compramos los discos al señor Gutiérrez.[2]   5. Pidamos más tiempo al profesor.   6. Te aconsejo que expliques el episodio a la policía.   7. Ofrecemos un premio al mejor estudiante.   8. Vende lotes de tierra a sus clientes.

III. Conteste afirmativa o negativamente, siguiendo los modelos.

¿*Me lo vende Ud.?*	*Sí, se lo vendo. No, no...*
¿*Nos la piden Uds.?*	*Sí, se la pedimos. No, ...*

1. ¿Me lo pregunta Ud.?   2. ¿Nos lo explica Ud.?   3. ¿Me lo compran Uds.? 4. ¿Nos la leen Uds.?   5. ¿Me lo trae Ud.?   6. ¿No me lo dijo Ud. antes? 7. ¿Nos lo recomiendan Uds.?   8. ¿Nos la devuelven Uds. en seguida?   9. ¿No me lo promete Ud.?   10. ¿No nos los dan Uds.?

[1] Notice the "personal a" that we use (except after **tener**) when the direct object is a person.
[2] In Spanish we use **a**, not **de**, when we buy something *from* or *for* someone.

10. Where to place object pronouns

A. In relation to the verb

1. Object pronouns normally go BEFORE the entire verb form (e.g., before **haber** in a compound tense).[3] *Nothing* may come between the object pronoun and its verb!

Me perdonarás? —Siempre.	Will you forgive me? —Always.
Ya lo han hecho. —Me alegro.	They've already done it. —I'm glad.

2. Object pronouns MUST BE ATTACHED to the end of:
◆ direct affirmative commands

Cómalo.[4] **—No puedo ahora.**	Eat it. —I can't now.
Dámelos. —No quiero.	Give them to me. —I don't want to.

◆ infinitives or present participles that are not accompanied by another verb

Al leerlo, se puso pálida. —¿Por qué?	Upon reading it, she turned pale. —Why?
Viéndolos tan cerca, tuve miedo. —¿Tú también?	Seeing them so close, I got scared. —You too?

3. They MAY BE ATTACHED to infinitives or present participles that follow another verb, or they may precede the first verb.

Voy a verla mañana.	
La voy a ver mañana.	I'm going to see her tomorrow.
Estamos estudiándolo.	
Lo estamos estudiando.	We are studying it.

B. In relation to each other

The rule for the placement of two object pronouns with respect to each other has no exceptions:

INDIRECT BEFORE DIRECT; REFLEXIVE FIRST OF ALL

Devuélvamelo. —Ya se lo devolví.	Give it back to me. —I already gave it back to you.
El niño se lo comió todo. —Está bien.	The child ate it all up. —Fine.
Se nos murió el gato. —¡Ay, pobre!	Our cat died on us. —Poor thing!

---

[3] In literary usage, you will often find the object pronoun attached to the end of a conjugated verb, especially when the verb begins the sentence:
Hallábanse entonces en Lima.   They were in Lima at the time.
This is for recognition only. Never use this form yourself.

[4] Adding an object pronoun to a command form of more than one syllable makes a written accent on the stem vowel necessary. Of course, whenever two pronouns are added, the written accent always applies.

EJERCICIOS

I. Cambie a mandatos. Por ejemplo:

¿Me lo das?   **Dámelo.**
No lo dejan ahí.   **No lo dejen ahí.**

1. ¿Los tiene Ud. listos?   2. ¿Me lo dices?   3. ¿No se lo mandan?   4. ¿No me lo trae Ud.?   5. ¿Lo dejas para más tarde?   6. Le prestas poca atención.   7. ¿La conocen Uds. bien?   8. Las repites muchas veces.   9. ¿Lo llamáis?   10. ¿No lo llamáis?

II. Ahora conteste de una manera original, según el ejemplo:

¿Has leído ya el libro?
(Have you read the book yet?)

—*No. Voy a leerlo pronto. Lo voy a leer la semana que viene, etc.*
—*Estoy leyéndolo (Lo estoy leyendo) ahora mismo, etc.*

1. ¿Has tomado ya el examen?   2. ¿Han terminado Uds. ya este capítulo? 3. ¿Han escrito Uds. las cartas?   4. ¿Han anunciado ya los premios?   5. ¿Ha comprado su padre el coche nuevo?   6. ¿Ha devuelto los papeles el profesor? 7. ¿El jefe te ha aumentado el salario?   8. ¿Han tomado Uds. ya el almuerzo? 9. ¿Se han levantado los chicos?   10. ¿Los ha llamado Ud.?

11. How to use *gustar*

☞ **Gustar** means *to be pleasing.* It does *not* mean *to like*!

A. The English *to like* is expressed by a special construction using **gustar**. The English subject (*I, you, they* like, etc.) becomes the *indirect* object in Spanish—*the one(s) to whom something is pleasing.* In other words, the English "I like it" becomes in Spanish: "It is pleasing to me."

¿Le gusta el teatro? —Sí, pero me gustan más los deportes.	Do you like the theater? (Is it pleasing to you?) —Yes, but I like sports better. (Sports please me more.)
¿Les gustó a sus padres el viaje? —Muchísimo.	Did your parents like the trip? (Was it pleasing to them?) —Very much.
Nos gustaría conocerla. —A mí también.	We would like to know her. (It would be pleasing to us.) —So would I.

B. The English *to have... left* (*remaining*) and *to lack* or *need* use a similar construction with the verbs **quedar** and **faltar**.

Me quedan sólo seis millones de dólares. —¡Pobre!	I have only six million dollars left. (Only six million are remaining to me.) —Poor thing!
Nos falta dinero para terminarlo. —¿Les falta mucho?	We lack money to finish it. (Money is lacking to us) —Are you short very much?

verbs like gustar
quedar
importar
FALTAR
parecer (le)

EJERCICIOS

I. Cambie según las personas, verbos o sujetos indicados:

1. **Me** gusta el arte moderno.
   (Nos, A Juan, ¿Te...?, ¿Les...?, ¿Os...?)
2. No nos gustó mucho **la película.**
   (sus consejos, esos muchachos, ese artista, esa idea)
3. Le **gusta** siempre nuestra compañía.
   (faltar, quedar, interesar, encantar)
4. ¿No les gusta **a Uds.** bailar?
   (a sus amigos, a María, a esos jóvenes, a ti y a Pepe)
5. Te gusta el dinero, ¿no?
   (faltar, quedar, interesar)

II. Conteste ahora en español:

1. ¿Qué estación del año le gusta más? ¿Por qué?   2. ¿Le gustan más los coches americanos o los europeos? ¿y a sus padres?   3. ¿Como le gusta pasar los fines de semana?   4. ¿Le gustaría no tener que trabajar nunca?   5. ¿Qué colores le gustan más? ¿Cuáles le gustan menos? ¿De qué color son sus ojos?   6. ¿Qué película reciente le ha gustado más? ¿Por qué?   7. ¿Cuántos créditos le faltan para graduarse?   8. ¿Cuánto dinero le queda para el resto de esta semana? ¿y para el resto del mes?   9. ¿Cuántos amigos le quedan de su niñez (*childhood*)? 10. ¿Les gustan a sus padres los amigos de Ud.? ¿Le gustan a Ud. los amigos de ellos?   11. ¿Le gustan sus parientes? ¿Quién le gusta más?   12. ¿Cuánto tiempo falta ahora para las seis? ¿Cuántas semanas faltan para la Navidad?

III. Escriba algunas frases originales sobre los temas siguientes:

1. cinco cosas que me gustan muchísimo
2. tres cosas que no me gustan nada
3. dos cosas que me faltan

Creación   La comedia continúa

Ahora busque Ud. algunos artículos o fotos interesantes en sus periódicos o revistas y venga preparado para comentarlos. A ver hasta qué punto nos pinta Ud. «la comedia humana».

JAMES MOXON
MILAGROS DE LA
REENCARNACION

Británico, graduado en Cambridge, es jefe de una tribu negra.

Lección cuatro

Tablas de repaso

THE IMPERFECT

hablar *(I was speaking,* *used to speak)*	**comer** *(I was eating,* *used to eat)*	**vivir** *(I was living,* *used to live)*
hablaba	comía	vivía
hablabas	comías	vivías
hablaba	comía	vivía
hablábamos	comíamos	vivíamos
hablabais	comíais	vivíais
hablaban	comían	vivían

There are only three irregular verbs in the imperfect tense.

ser era, eras, era ; éramos, erais, eran

ir iba, ibas, iba ; íbamos, ibais, iban

ver veía, veías, veía ; veíamos, veíais, veían

THE PRETERITE

A. REGULAR VERBS

hablar *(I spoke, did speak)*	**comer** *(I ate, did eat)*	**vivir** *(I lived, did live)*
hablé	comí	viví
hablaste	comiste	viviste
habló	comió	vivió
hablamos	comimos	vivimos
hablasteis	comisteis	vivisteis
hablaron	comieron	vivieron

B. *SER, IR,* AND *DAR*

ser fui, fuiste, fue, fuimos, fuisteis, fueron

ir fui, fuiste, fue, fuimos, fuisteis, fueron

dar di, diste, dio, dimos, disteis dieron

C. THE PATTERN OF IRREGULAR PRETERITES

Notice that the first person singular ends in *un*stressed *e*, the third person singular, in *un*stressed *o*.

tener	tuve, tuviste, tuvo ; tuvimos, tuvisteis, tuvieron				
estar	estuve, etc.	**andar**	anduve, etc.	**haber**	hube, etc.
poder	pude, etc.	**poner**	puse, etc.	**saber**	supe, etc.
caber	cupe, etc.	**querer**	quise, etc.	**venir**	vine, etc.
hacer	hice, hiciste, hizo, hicimos, hicisteis, hicieron				
decir	dije, dijiste, dijo ; dijimos, dijisteis, dijeron				
traer	traje, etc.	**producir**	produje, etc.		

D. -*IR* STEM-CHANGING VERBS CHANGE *E* TO *I*, *O* TO *U* IN THE THIRD PERSON

sentir   sentí, sentiste, s*i*ntió ; sentimos, sentisteis, s*i*ntieron
dormir   dormí, dormiste, d*u*rmió ; dormimos, dormisteis, d*u*rmieron

THE IMPERFECT (SIMPLE PAST) SUBJUNCTIVE

A. REGULAR VERBS (accompanied by alternate forms in parentheses)

hablar	**comer**	**vivir**
hablara (hablase)	comiera (comiese)	viviera (viviese)
hablaras (hablases)	comieras (comieses)	vivieras (vivieses)
hablara (hablase)	comiera (comiese)	viviera (viviese)
habláramos (hablásemos)	comiéramos (comiésemos)	viviéramos (viviésemos)
hablarais (hablaseis)	comierais (comieseis)	vivierais (vivieseis)
hablaran (hablasen)	comieran (comiesen)	vivieran (viviesen)

B. THE PATTERN OF IRREGULAR VERBS

The imperfect subjunctive of *all* irregular and **-ir** radical-changing verbs is close in form to the third person plural of the preterite. For example :

tener—tuvieron   tuviera, tuvieras, tuviera, tuviéramos, tuvierais, tuvieran tuviese, etc.

sentir—sintieron   sintiera, sintieras, sintiera, sintiéramos, sintierais, sintieran sintiese, etc.

Here are other common irregular verbs :

estar	estuviera, estuviese	**hacer**	hiciera
andar	anduviera	**venir**	viniera
haber	hubiera	**querer**	quisiera
saber	supiera	**decir**	dijera
caber	cupiera	**traer**	trajera
poner	pusiera	**oír**	oyera
poder	pudiera	**huir**	(and all other verbs ending in **-uir**, but not in **-guir** or **-quir**) huyera
conducir	(and all other verbs ending in **-ducir**) condujera		
ser	fuera	**leer**	(and all other verbs ending in **-eer**) leyera
ir	fuera		
dar	diera	**reír**	riera

Don Quijote.
El mundo de sus sueños.

Enfoque

((Y los sueños, sueños son.))[1]

El otro día les pedí a mis estudiantes **que me contaran sus sueños,** ¡y **que fueran verdaderos,** les dije! Pues he aquí algunos de los sueños que me contaron. A ver cómo los interpreta Ud.

to tell me their dreams
I wanted them to be true

1. «Este sueño lo tuve cuando tenía unos cuatro años de edad. Era un día de fiesta, y yo estaba sentado con mi familia en la sala de nuestra casa. **De repente,** uno por uno, todos los miembros de mi familia **se fueron convirtiendo en globos** de diferentes colores. Y yo **me acerqué** a ellos con una **aguja** en la mano. Uno por uno, **los reventé** y desaparecieron **ante mis ojos,** y yo **me quedé** solo en la sala. Me desperté **angustiado, bañado en sudor, llorando a más no poder,** y hasta el día de hoy, no me lo puedo **borrar de la mente.**»

Suddenly
turned into balloons
went over to them…needle
I burst them…before…I was left…all shaken, bathed in perspiration, crying hysterically…erase [it] from my mind

2. «El otro día, **mejor dicho,** la otra noche, **soñé que me estaba paseando por** el 'campus' de nuestra universidad cuando, de repente, vi a todos los profesores del departamento de inglés, todos juntos, brazo en brazo, **¡caminando hacia atrás!** ¡Qué simbolismo, eh!»

I mean…I dreamt that I was walking along

walking backwards

3. «He soñado numerosas veces que estaba caminando en un laberinto geométrico de triángulos y **cuadrados.** Y **de pronto** me di cuenta de que en cada triángulo o cuadrado estaba **enmarcado** un miembro de mi familia, incluso mi novio y yo. Y no eran fotos **las que veía,** sino las personas mismas que hablaban y se movían, pero que no salían de sus **marcos.**»

squares…suddenly
framed

that I saw
frames

4. «Soñé que mi novio y yo **acabábamos de atracar** un banco. Todo había ido bien, y ya nos encontrábamos en nuestro coche, **colmados de** dinero y de felicidad. Tan contentos íbamos, en efecto, que **no nos fijamos en** el carro de la policía que nos seguía, hasta que ya era tarde. Mi novio **apretó fuertemente** el acelerador. El coche de la policía estaba casi **encima de** nosotros. De pronto, delante de

had just held up

reveling in
we didn't notice
pressed hard on
on top of

[1] This quotation comes from Calderón de la Barca's *La vida es sueño*: «…que la vida es sueño, y los sueños, sueños son.»

nosotros, se levantó una pared. No había manera de **desviarnos**. Teníamos que **chocar** con esa pared. Ya estábamos chocando...y en ese momento me desperté.»

turning away
collide

5. «Me encontraba en un restaurante **subterráneo** cuya especialidad era comida japonesa con **salsa de chile,** y el lugar estaba lleno de personas de todas partes del mundo. No sé quién comenzó a **rodar** entonces una larga **película** de propaganda anti-imperialista. Por fin, la película interminable terminó, y alguien **puso un aparato para medir los aplausos**—a ver quiénes ganaban, los imperialistas o los anti-imperialistas. Yo pedí otro plato japonés con salsa de chile, y me desperté con indigestión.»

underground
chili sauce

show...film

set up an applause-measuring machine

6. «He tenido varias veces este mismo sueño: que yo estaba en un **ascensor**, pero el ascensor **no se detenía en mi piso**, y seguía subiendo, y pasaba el último piso y seguía subiendo y subiendo y subien...»

elevator...wouldn't stop at my floor

7. «¿Soñé que estaba corriendo. No sé por qué ni adónde, ni quién **me perseguía**. Y **cuanto más** corría yo, **tanto más** corría... ¿él? ¿ella? Y estaba a punto de **agarrarme**, y **quise gritar** y no pude, y...me desperté. A la semana siguiente, tuve el mismo sueño, y otra vez poco después, y **tantas veces más que he perdido ya la cuenta**.»

was chasing me...the more...the more grabbing me...I tried to scream

so many more times that I've lost count

8. «Yo era una de aquellas estudiantes **asiduas** que antes de los exámenes soñaba que llegaba muy tarde al **aula del examen**, y que cuando me entregaban el examen, yo no entendía ninguna de las preguntas. Y que después **me ponía a** escribir furiosamente, pero el tiempo **se me acababa** y yo me decía frenéticamente: —Nunca voy a terminar. Me van a **suspender**. ¡Nunca voy a terminar!

assiduous

examination room

I would start

was running out

flunk

Pues bien, volviendo a la... ¿realidad?, **se acababa de anunciar mi compromiso** para el verano siguiente, y mi **compañera de cuarto me regaló** un libro sobre matrimonio y vida conyugal. **Insistía en que yo lo leyera** antes de casarme, y yo le decía **que sí**, que sí, pero simplemente no hallaba tiempo. Hasta que una noche soñé.. Soñé que estaba estudiando en mi cuarto cuando de repente mi novio **apareció** en la puerta de mi cuarto. —¿No te dije **que estuvieras lista**?, me **regañó**. ..Todo el mundo te está esperando. Al momento siguiente **ahí** estaba yo vestida con **traje de novia**, caminando hacia el altar, y **llevando entre el ramillete** de flores aquel libro que no había tenido tiempo **de leer**. Y lo estaba leyendo furiosamente, y **volvía aprisa** las páginas, y me decía frenéticamente: —¡Nunca lo voy a terminar! Me van a suspender. ¡¡Nunca lo voy a terminar!!

my engagement had just been announced
roommate bought me
She insisted that I read it

I would

appeared...to be ready

he scolded

there...a bridal gown

carrying amid the bouquet

to read...I was turning hurriedly

(**P.D. No me suspendieron.**)»

P.S. I didn't flunk.

VAMOS A CONVERSAR

1. ¿Sueña Ud. frecuentemente? ¿Son por lo general agradables o desagradables sus sueños? ¿Ha tenido Ud. alguna vez un sueño como los que se relatan aquí? ¿Con cuál se identifica Ud. más? En su opinión, ¿cuál es el más interesante?

2. Hablando del sueño primero, ¿cuántos años tenía el muchacho cuando lo tuvo? ¿Puede Ud. describirnos el sueño en sus propias palabras? ¿Cómo lo interpreta Ud.?

3. ¿Qué vio en su sueño el (o la) joven estudiante de inglés? ¿Le gusta esta persona ¿Por qué? ¿Cómo se imagina Ud. su personalidad?

4. ¿Cómo interpreta Ud. el sueño del laberinto geométrico? Y la muchacha que lo ha soñado tantas veces, ¿es una persona ordenada (*orderly*) o más bien desaliñada en su vida personal? ¿Es una persona rebelde o más bien conformista? ¿Por qué piensa Ud. así?

5. En el cuarto sueño, ¿qué habían hecho la chica y su novio? En su opinión, ¿por qué se levantaba delante de ellos una pared? ¿Puede Ud hallar alguna explicación simbólica de este sueño? ¿Cree Ud. que los dos novios sienten alguna restricción en su vida personal?

6. En el sueño del restaurante subterráneo, ¿quién cree Ud. que nos lo está relatando? ¿Qué deduce Ud. sobre su vida, su personalidad y sus intereses?

7. ¿Tiene Ud. miedo de los ascensores? Según el sueño de la sexta persona, ¿qué le ocurría siempre en el ascensor? ¿Puede Ud explicarlo?

8. ¿Ha soñado Ud. alguna vez que alguien le (la) perseguía? ¿Ha soñado que no podía gritar? ¿Qué teme Ud. más en este mundo? ¿Son las mismas cosas que le dan miedo en sus sueños?

9. Finalmente, ¿puede Ud. describirnos un poco a la persona del sueño número ocho? ¿Se identifica Ud. en algún respecto con ella? ¿Le gustaría conocerla? ¿Por qué?

ESTUDIO DE VOCABULARIO

1. Busque en el Grupo B un sinónimo para cada giro (*expression*) del Grupo A.

   A. de pronto, encontrarse, contento, fijarse en, darse cuenta de, película, ascensor, detenerse, aula, ponerse a, agarrar

   B. sala de clase, notar, hallarse, pararse, coger, elevador, film, de repente, feliz, comenzar a, entender

2. Díganos por lo menos tres cosas que asocie con cada una de las palabras siguientes: sueño...miedo...felicidad...globos de diferentes colores...pasearse... ascensor...coche...

3. ¿Qué verbos conoce Ud. que se relacionen lingüísticamente con las palabras siguientes? Por ejemplo: camino...**caminar**
   cerca... paseo... esperanza... marco... borrador...sueño...persecución...asiento... anuncio... compañero... regalo... compromiso... cuenta... siguiente... grito... sudor...

ESTRUCTURA

12. The imperfect and the preterite tenses

A. General view

Spanish has two simple past tenses : the imperfect and the preterite. Their usage depends on the *concept* which the speaker is trying to communicate, and they are never interchangeable without a change in the meaning of the sentence. The difference between the imperfect and the preterite can be visualized as follows :

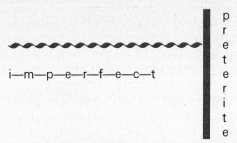

The continuous moving line of the imperfect relives an action or state as it was taking place in the past. It describes a past action in progress or paints the background of an event. The abrupt, incisive stroke of the preterite cuts into the past, recording its events as completed units in time, reporting merely the fact that they took place.

THE IMPERFECT IS THE PICTORIAL PAST.
THE PRETERITE IS THE RECORDING PAST.

B. Uses of the imperfect
◆ It tells what *was happening* at a certain time.

El coche de la policía estaba casi encima de nosotros, y no había manera de huir.	The police car was gaining on us, and there was no way of escaping.
No sé por qué estaba corriendo, ni quién me perseguía.	I don't know why I was running, nor who was chasing me.

◆ It recalls what *used to happen* over a period of time.

Cuando yo era niña, tenía miedo de los perros. —Yo también.	When I was a child, I used to be afraid of dogs. —So was I.
Nos gustaba escuchar las novelas en la radio. —¿No tenían otra cosa que hacer?	We used to like to listen to the soap operas. —Didn't you have anything else to do?

♦ It describes a physical, mental or emotional state in the past.

La casa era de madera. —Yo creía que era de ladrillos.	The house was made of wood. —I thought it was brick.
Todos lo querían.—Yo no.	Everyone liked him. —Not I.
No sabía la respuesta. —Lástima.	He didn't know the answer. —Too bad.

♦ It tells the time in the past; it sets the stage upon which another action was played.

Era la una, ¿verdad? —No, eran casi las dos.	It was one o'clock, wasn't it? —No, it was almost two.
Era la semana de exámenes, y...	It was exam week, and...
No había nadie en la calle. —¿Nadie? ¡Imposible!	There was nobody in the street. —Nobody? Impossible!

C. Uses of the preterite

♦ It records/,reports/,narrates/. It views an event or a series of events as a single completed unit in the past, no matter how long it lasted nor how many times it was repeated.

Vine, vi, vencí.	I came, I saw, I conquered.
¿A qué colegio asistió Ud.? —Asistí a muchos, pero no me gradué.	What school did you attend? —I attended many, but I didn't graduate.
Me acerqué con una aguja en la mano, y los reventé todos.	I went over with a needle in my hand, and burst them all.

Notice that both the imperfect and the preterite may appear in the same sentence. Only the meaning of each part will determine which is to be used.

Estaba a punto de agarrarme cuando me desperté.	It was about to grab me when I awoke.
Dijo que estaba herido. —¿Y qué hiciste?	He said that he was hurt. —And what did you do?

♦ With certain verbs, the preterite produces an essential difference in translation, as well as meaning.

Lo sabíamos siempre.	We always *knew* it. (Mental state).
Lo supimos ayer.	We found it out (learned it) yesterday. (Mental action—*began* to know!)
Quería llamarnos.	He *wanted* to call us. (Mental state.)
Quiso llamarnos.	He *tried* to call us. (The act of putting his will into effect.)
No quería pelear.	He *didn't want* to fight.
No quiso pelear.	He *refused* to fight.
¿La conocía Ud.?	Did you *know* her?
La conocí hace años.	I *met* her (made her acquaintance) years ago.

Podía hacerlo.

He *was able* to do it. (He was capable of doing it.)

Pudo hacerlo.

He *succeeded* in doing it. (He was able and did.)

EJERCICIOS

I. Sólo para practicar, cambie al imperfecto las oraciones siguientes:

1. **Sueño** frecuentemente que **estoy** caminando en un laberinto geométrico. Y todos mis parientes y yo **estamos** enmarcados en cuadrados y triángulos.   2. No **son** fotos, sino personas que **se mueven** y **hablan**.   3. Mis profesores **van** caminando todos juntos, ¡pero **caminan** hacia atrás!   4. No la **veo** a menudo; sólo cuando **tomamos** las mismas clases.   5. Delante de nosotros se **levanta** una pared, y no **hay** manera de escapar.   ¿Qué **vamos** a hacer?

Cambie ahora al pretérito:

1. Alguien se **acercaba** a nosotros, y nos **hacía** señales con la mano.   2. **Queríamos** apretar el acelerador, pero no **podíamos**. Todos nuestros esfuerzos **eran** en vano. 3. El ascensor **seguía** subiendo hasta que **llegaba** al techo. No sé qué le **pasaba**. 4. Papá me **daba** muchos regalos en la ocasión de mi cumpleaños. **Era** una persona tan generosa.   5. No **entendía** lo que me **decían**. —Ello es que no **escuchabas**.

II. Complete la narración siguiente usando el imperfecto o pretérito de los verbos indicados.

_____la semana de los exámenes. (ser)   En la sala de historia_____un estudiante que_____hablar consigo mismo. (haber...parecer)   También_____a cada momento su reloj. (mirar)   El profesor_____a él. (acercarse)   ¿Y qué piensa Ud. que_____? (ver)   El estudiante_____un pequeño aparato de radio en el reloj, y_____transmitiendo todas las preguntas del examen a un amigo fuera de la universidad. (tener...estar)   Pues, ¿cree Ud. que el chico_____suspendido? (ser) Al contrario. ¡Le_____una beca para continuar sus estudios de electrónica! (dar) Y dos años después,_____con honores. (graduarse)

III. Conteste en español: (¿Hay otra lengua ya?)

1. ¿En qué clase salió Ud. (*did you do*) mejor el semestre pasado? ¿En cuál salió peor?
2. ¿Conoció Ud. a mucha gente nueva el verano pasado? ¿Dónde estuvo?
3. Cuando Ud. era niño(a), ¿dónde pasaba las vacaciones de verano? ¿Se iba al campo? ¿Viajaba? ¿Se quedaba siempre en casa? ¿Le gustaba nadar? ¿Cómo le gustaba pasar el tiempo?
4. ¿A qué hora se acostaba Ud. cuando tenía diez años? ¿Y ahora? ¿A qué hora se levantaba entonces? ¿Y ahora? ¿A qué hora se levantó hoy?

IV. Finalmente, lea los diálogos siguientes, y conteste las preguntas.

1. —Era la medianoche. La casa estaba oscura y parecía vacía. Abrimos la puerta y entramos. Y de repente, oímos un grito. Era... era...¡Ay, no! No quiero recordarlo.

Conteste:

a. ¿A qué hora ocurrió el episodio?
b. ¿Cómo parecía la casa?
c. ¿Qué hicieron las personas que nos están hablando?
d. ¿Qué oyeron de repente?
e. ¿Cómo interpreta Ud. el episodio?

2. —¿Qué pasó? ¿Por qué hay tanta conmoción?
—¿No sabes lo que pasó anoche?
—No.
—Pues cogieron a un ladrón robando una bodega (*grocery store*). Parece que el pobre no tenía trabajo y ya no podía dar de comer a su familia.
—¿Entonces...?
—Pues vino mucha gente, amigos suyos, y ahora están pidiendo que la policía lo ponga en libertad.
—Pero la ley no lo permite.
—Yo no sé. Yo no sé.

Conteste:

a. ¿Qué pasó anoche?
b. ¿Qué deseaba robar el ladrón?
c. ¿Por qué simpatizaba con él la gente?
d. ¿Qué están pidiendo sus amigos?
e. ¿Cuál es su opinión sobre este caso?

13. Preterite and imperfect in time expressions

A. *Hace* / *Hacía* ...*que*

1. As you recall, when a situation *has been going on* for a certain period of time (*and still is*), the impersonal **hace...que** ("now it makes") states the length of time. The verb following **hace...que** is also in the present tense.

Hace un año que vive aquí.	He has been living here for one year.
Hace seis meses que la conoce.	He has known her for six months.

2. Logically, then, when a situation *had been going on* for a certain period of time (*and still was going on, until*...), **hacía...que** states the length of time, and the verb following it is also in the imperfect.

Hacía un año que vivía aquí.	He *had* been living here for one year.
Hacía seis meses que la conocía.	He *had* known her for six months.

B. *Hace*... ago

After a verb in the preterite or imperfect, **hace** + period of time means *ago*. When **hace**... begins the sentence, it is generally followed by **que**.

Murió hace tres dias. Hace tres días que murió.	He died three days ago.
La vi hace media hora. Hace media hora que la vi.	I saw her half an hour ago.
No estaba casado hace cinco años.	He wasn't married five years ago.

C. *Acabar de*

In the imperfect tense, **acabar de** + infinitive means *had just* (gone, seen, done, etc.)

Acaba de llegar. Acababa de llegar.	He has just arrived. He had just arrived.
Acabamos de conocerlos. Acabábamos de conocerlos.	We have just met them. We had just met them.

EJERCICIOS

I. Conteste otra vez en español:

1. ¿Cuánto tiempo hace que estudia Ud. en esta escuela? 2. ¿Cuántos años hace que estudia español? 3. ¿Dónde vivía Ud. hace cinco años? ¿En qué escuela estaba? 4. ¿Llegósufamiliahacepocoohace mucho tiempo a este país? 5. ¿Dónde estaba Ud. hace media hora? ¿y hace dos horas? 6. ¿Cuánto tiempo hace que conoce Ud. a su mejor amigo (o amiga)? 7. ¿Cuánto tiempo hacía que se conocían sus padres antes de casarse? 8. ¿Cuánto tiempo hacía que estaban casados cuando nació Ud.? 9. ¿Cuántos años hace que se declaró la independencia de los Estados Unidos? 10. ¿Cuántos años hace que se descubrió América?

II. Exprese ahora en español:

1. We have been working here for six months. 2. We had been working here for six months when we had the fire (*incendio*). 3. Paul has been in the army for fifteen years. 4. Paul had been in the army for fifteen years when he resigned (*renunciar*). 5. It has been snowing for days. 6. It had been snowing for days until the temperature went up. 7. We met them many years ago in France. They had just gotten married. 8. I called you an hour ago. Where were you? —I had just gone out. 9. Were you good friends? —No. We had just met (*conocernos*). 10. Did you eat with them? —No. I had just eaten at home.

14. The imperfect (or simple past) subjunctive

When the subjunctive is called for, the preterite or imperfect indicative is replaced by what we call the imperfect subjunctive. It is the only simple past tense in the subjunctive mood. These are its forms:

A. Regular verbs

comprar	vender	abrir
comprara	vendiera	abriera
compraras	vendieras	abrieras
comprara	vendiera	abriera
compráramos	vendiéramos	abriéramos
comprarais	vendierais	abrierais
compraran	vendieran	abrieran

There is a second set of endings that you should recognize. You never need to use them yourself.

comprase	vendiese	abriese
comprases	vendieses	abrieses
comprase	vendiese	abriese
comprásemos	vendiésemos	abriésemos
compraseis	vendieseis	abrieseis
comprasen	vendiesen	abriesen

B. In all other verbs, the imperfect subjunctive is very similar in form to the third person plural of the preterite. For example:

ir—fueron   **fuera, fueras, fuera, fuéramos, fuerais, fueran**

Ahora complete Ud.:

tener—tuvieron   **tuviera,** etc.

estar—estuvieron ————		ser—fueron ————	
andar—anduvieron ————		dar—dieron ————	
haber—hubieron ————		venir—vinieron ————	
saber—supieron ————		querer—quisieron ————	
caber—cupieron ————		oír—oyeron ————	
morir—murieron ————		leer—leyeron ————	
poner—pusieron ————		hacer—hicieron ————	
poder—pudieron ————		decir—dijeron ————	
conducir—condujeron ————		traer—trajeron ————	

C. When to use the imperfect subjunctive
◆ We use the imperfect subjunctive when the subjunctive clause refers to a past action.

Siento que no pueda venir.	I am sorry that he can't come.
Siento que no *pudiera* venir.	I am sorry that he *couldn't* come.

◆ We use it when the main clause that leads to the subjunctive is in the past.

Quiero que me llames.	I want you to call me.
Quería que me *llamaras.*	I wanted you to call me.
Nos ruega que lo ayudemos.	He begs us to help him.
Nos *rogó* que lo *ayudáramos.*	He begged us to help him.

◆ And we use it after **si** (*if*) to state a condition contrary to fact.

Si yo *fuera* tú…	If I were you (but I'm not)…
Si supieran la verdad…	If they knew the truth (but they don't)…

We'll discuss this more fully later on.

EJERCICIOS

I. Vamos a practicar un poco. Diga la forma correspondiente del imperfecto del subjuntivo.

yo   soñar, llorar, mover, abrir, sentir, morir, ser, ir, dar
tú   reventar, quedar, comprender, salir, tener, andar, estar
Ud.   borrar, enmarcar, perder, subir, poner, poder, saber, caber
Ud. y yo   comenzar, recordar, conocer, insistir, servir, pedir, dormir
vosotros   tomar, contar, entender, escribir, oír, leer, dar
ellos   quedar, anunciar, suspender, venir, hacer, decir, traer

II. Cambie al pasado según las indicaciones.

1. Te **digo** que **estés** lista. (Te dije…)   2. No **quiere** que nadie lo **sepa. (**No quería…)
3. No **es** posible que **digan** tal cosa. (No era…)   4. Le **aconsejo** que **busque** otro trabajo. (Le aconsejé…)   5. **Es** lástima que **esté** enferma. (**Era…**)   6. **Siento** que no **puedan** acabarlo. (**Sentía…**)   7. **Es** importante que **vuelvas** a tiempo. (Era…)   8. **Recomiendan** que no **vayamos** allí. (Recomendaron…)   9. Le **ruegan** que **tenga** compasión. (Le rogaron…)   10. **Quieren** que se lo **traigan** Uds. (Querían…)

III. Finalmente, termine de una manera original, usando siempre el subjuntivo en la cláusula subordinada.

1. Queríamos que…   2. ¿No te dije el otro día que…?   3. Les aconsejo sinceramente que…   4. Les aconsejé que…   5. ¿Por qué no le ruegas que…?   6. Le rogamos que…, pero él no quiso.   7. Era importante que…, pero…

Creación

((Psiquiatra por un día))

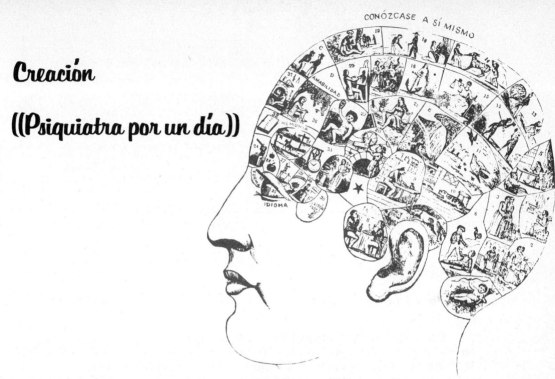

CONÓZCASE A SÍ MISMO

Aquí tengo otro cuento verdadero que me relató una estudiante:

«Yo tengo diecinueve años y mi hermana mayor, Rosario, tiene veinticinco. Ella no está casada y vive todavía con nosotros. Trabaja como secretaria ejecutiva en una firma grande de la ciudad y gana bastante buen dinero. Rosario y yo nos llevamos bien (*get along well*) por la mayor parte, aunque peleamos a veces por las cosas más mínimas. Ahora bien, hace como tres años, comencé a soñar repetidamente con ella. Soñaba que mientras yo estaba dormida, ella entraba silenciosamente en mi cuarto con un puñal (*knife*) en la mano. Se acercaba a mi cama y comenzaba a darme puñaladas (*stab me*), y yo me despertaba siempre gritando. Cuando se lo conté un día a mi hermana, me dijo que estaba loca y se quedó molesta conmigo. Sé que mis temores (*fears*) son infundados, pero todavía sigo con el mismo sueño. Duermo siempre ahora con las luces prendidas (*lights on*) y no puedo borrar de mi mente ese terror.»

Ahora bien, Ud. es el (la) psiquiatra. Díganos: ¿Cómo entiende Ud. este sueño? ¿Es posible que Rosario realmente quiera matar a su hermana menor? ¿Es posible que la joven subconscientemente quiera matar a Rosario? ¿Qué conflictos pueden existir entre las dos hermanas? ¿Qué recomienda Ud. que hagan para solucionar el problema?

Ahora, una cosa más: ¿Tiene Ud. algún sueño interesante que contarnos? No tenga miedo de decírnoslo, y deje que sus compañeros de clase jueguen a «psiquiatra» (*play "psychiatrist"*).

I.

2.

3.

En este grupo de personas se encuentran dos escritores, un asesino, dos abogados, un espía (spy), dos miembros de familias reales y dos genios de fama internacional. Díganos quién es quién, y porqué piensa Ud. así.

Boca cruel...mirada inteligente...ojos furtivos...sonrisa bondadosa... ¿Qué ve Ud. en estas caras? (Soluciones, página 334)

7.

4.

5.

6.

8.

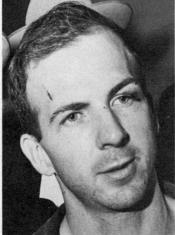

9.

10.

Lección cinco

Tablas de repaso

THE REFLEXIVES

A. FORMS

Object of a verb

me	(to) myself
te	(to) yourself
se	(to) himself, herself, itself, yourself (**Ud.**)
nos	(to) ourselves
os	(to) yourselves
se	(to) themselves, yourselves (**Uds.**)

Object of a preposition

(por) mí	(for) myself
(por) ti	(for) yourself
(por) sí*	(for) himself, herself, itself, yourself (**Ud.**)
(por) nosotros	(for) ourselves
(por) vosotros	(for) yourselves
(por) sí*	(for) themselves, yourselves (**Uds.**)

* After **con** (*with*), **sí** becomes **-sigo**.

B. USES

1. When the subject does the action to itself

Se habla mientras escribe.	He talks to himself while he writes.
A veces me amo y a veces me odio. —Estás loco.	At times I love myself and at times I hate myself. —You're mad.

2. When an English verb cannot take a normal object

Siéntese. —Gracias.	Sit down. —Thank you.
Me desperté tarde hoy.	I woke up late today.

Also:

levantarse (to get up), **acostarse** (to go to bed), **alegrarse** (to be glad), etc.

3. To express the idea "to get" or "to become" + an adjective

Vístete, ¡en seguida!	Get dressed, at once!
Se han casado Anita y Rafael. —No me sorprendo.	Anita and Ralph have gotten married. —I'm not surprised.

4. To intensify and even to change the meaning of certain verbs

irse	to go *away*	**probarse**	to try *on*
llevarse	to take *away*	**hacerse**	to *become* (something)
dormirse	to *fall* asleep	**reírse (de)**	to laugh (*at*)
caerse	to fall *down*	**quedarse**	to *stay*, remain
ponerse	to put *on*	**comerse**	to eat *up*
quitarse	to take *off*	**beberse**	to drink *up*

5. In certain idiomatic expressions

atreverse a	to dare to	**darse cuenta de**	to realize
quejarse de	to complain (about)	**acordarse de**	to remember (about)
fijarse en	to notice	**olvidarse de**	to forget (about)

6. To express a reciprocal action—(*to*) *each other*

Nos queremos mucho.	We love each other.
Se ayudan siempre. —Así debe ser.	They always help each other. —That's how it should be.

7. To convey the impersonal "one" or "you"

No se aprende todo en un día.	One doesn't (You don't) learn everything in one day.
¿Cómo se sale de aquí?	How does one (do you) get out of here?

8. To translate a passive voice in English

Aquí se habla español.	Spanish is spoken here.
Eso no se sabe todavía.	That isn't known yet.

(See also Lección 13.)

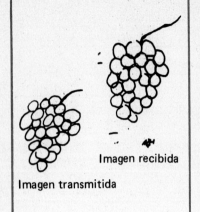

Imagen recibida

Imagen transmitida

Una llave se dobla ante la penetrante mirada de Geller.

Imagen transmitida

Imagen recibida

Imagen transmitida

Imagen recibida (1)

Imagen recibida (2)

Pruebas de la telepatía de Uri Geller.

Enfoque

Uri Geller–¿superinteligencia?

Ante el simple poder de su mirada, **anillos**, cucharas, tenedores, llaves de autos y otros objetos de metal **se doblan, materialmente se derriten** y muchas veces terminan **por partirse ante los atónitos** ojos de las personas que lo contemplan. **Ha habido noticias de** que cuando **ha efectuado estas pruebas** por televisión, cientos de **televidentes** han reportado que en **sus hogares**, objetos de metal **se enroscan** y se doblan, y que algunas personas bajo su influencia mental o por sí solas han podido hacer lo mismo. Las **manecillas de un reloj pulsera se adelantan o se atrasan,** movidas por el poder de **su pensamiento.** Relojes que han estado **parados** sin funcionar por mucho tiempo (en un caso, cincuenta y un años), incluyendo algunos **a los que les faltan** piezas dentro, **vuelven a funcionar** como por arte de magia. Puede reproducir con exactitud **dibujos** que otras personas han **pensado, adivinar** números de varios dígitos, implantar ideas en el **cerebro** de otros, y decir en qué número van a caer los **dados** (la exactitud con que hace esto es, según los científicos, posibilidades de uno en un millón). Puede **detener una escalera automática,** modificar el **conteo** de un **contador** Geiger, y **borrar cintas de computadoras** con su **mente,** entre muchas cosas más. ¿Imposible? ¿Increíble? Por eso quisimos **entrevistar** a Uri Geller.

Este joven **judío,** considerado por muchos como «el fenómeno del siglo», es una de las figuras más controversiales del momento. ¿Hasta qué punto es Uri «genuino»? ¿Son sus poderes «paranormales»? ¿O estamos ante el caso de un individuo **que posee** un cerebro más **desarrollado** de lo normal? Y si **esto último es cierto,** entonces, ¿tiene nuestro cerebro la posibilidad de desarrollar estas mismas capacidades?

Uri Geller nació en Tel Aviv, Israel, el 20 de diciembre de 1946. Su madre, **lejana pariente** de Sigmund Freud, había nacido en Berlín. Su padre es **militar retirado del ejército** de Israel. Cuando Uri tenía siete años, empezó a notar que podía mover las manecillas de

---

Marginal glosses:

- Under the mere power of his look, rings
- twist...literally melt
- by splitting apart before the astonished
- There have been reports he has performed these stunts...TV viewers their homes...curl up
- hands of a wristwatch speed up or slow down
- his thought
- stopped
- which are missing
- start working again
- drawings
- thought of, guess
- brains...dice
- stop an escalator working...counter...erase computer tapes
- mind
- interview
- Jew
- who possesses
- developed...the last thing is true
- a distant relative
- a retired army officer

su reloj, **con sólo desearlo**, y la **pulsera de metal de su reloj** se dobló y después **se rompió** en dos. Cuando su madre **llegaba de jugar a las cartas**, Uri le decía exactamente lo que había ganado o perdido. A los dieciocho años, después de terminar su bachillerato en **Chipre**, Uri **ingresó en** el ejército de Israel, donde sirvió en el **Cuerpo de Paracaidistas** durante tres años. Después de salir del ejército, trabajó en una firma de exportación, usando los diferentes idiomas que habla, y también como modelo de fotógrafos. Fue un amigo suyo, Shipi Shtrang, quien lo convenció a dar demostraciones públicas de sus habilidades.

Pronto **se hizo conocido del** público y su fama se extendió. Fue entonces que el doctor Andrija Puharich, un **destacado** médico y **científico** norteamericano, fue a Israel para conocer a Uri. Impresionado **ante las pruebas** que le hizo, regresó a los Estados Unidos para convencer a los científicos que Uri Geller **debía ser** estudiado. En los Stanford Research Laboratories, Uri Geller fue **sometido** a toda clase de pruebas en condiciones controladas, para **evitar** cualquier posibilidad de **trucos**. Cada vez que se iba a hacer un experimento, Uri era **cuidadosamente revisado, se le tomaban radiografías para comprobar** que no había ningún aparato **escondido** en su cuerpo, y **se le daba** ropa diferente **a la que usaba corrientemente**. La conclusión de los científicos: «Hemos observado una serie de fenómenos **para los que** no tenemos explicación científica.»

Sería imposible enumerar todos los estudios científicos que **se han hecho** y se continúan haciendo **en torno** a Uri Geller. Basta decir que entre sus amigos y admiradores **se reúnen** algunos de los científicos más conocidos del mundo, incluso «el padre de **la cohetería**», Werner von Braun, y el astronauta Edgard Mitchell. —El tema de «materializar» y «desmaterializar» objetos es uno de los más controversiales— Uri comenta. —Ahora estoy tratando de traer la cámara que Edgard Mitchell dejó en la luna. Cómo y cuándo lo haré, no lo puedo decir, pero hace meses que estoy trabajando en eso.

Uri Geller. ¿**Mago**? ¿Superinteligencia?

Margin glosses:
- just by wishing to...his metal watchband
- broke...came home from playing cards
- Cyprus
- entered...Parachute Corps
- he became known to the
- well-known
- scientist
- by the results of the tests
- should be
- subjected
- avoid
- tricks
- carefully searched, X-rays were taken of him to prove...hidden...he was given...from that which he used ordinarily
- for which
- have been made...with regard
- are included
- rocketry
- Magician?

(Adaptado de Mirta Blanco Padrón, «Uri Geller y Cómo Comenzó a Dominar la Mente», *Vanidades*, 13 de octubre de 1975)

VAMOS A CONVERSAR

1. ¿Es ésta la primera vez que Ud. oye hablar de (*hear about*) Uri Geller? ¿Lo ha visto alguna vez en la televisión? ¿Cree Ud. que es «genuino»? En su opinión, ¿hay personas con poderes supernormales? ¿o que tengan el cerebro superdesarrollado? ¿Le gustaría a Ud. ser así? ¿Por qué?

2. Volviendo al artículo que leímos hoy, díganos: ¿Dónde nació Uri Geller?
   ¿Cuántos años de edad tiene ahora? ¿De quién era lejana pariente su madre?
   (A propósito, ¿tiene Ud. algún pariente famoso, lejano o cercano?)
3. ¿Qué descubrió Uri cuando era niño todavía? ¿Qué podía decirle a su mamá
   cuando ella volvía de jugar a las cartas? ¿Cómo pasó Uri el resto de su juventud?
   Al salir del ejército, ¿cómo utilizó sus conocimientos de diversas lenguas? ¿Qué
   otros trabajos tuvo?
4. ¿Qué les pasa a los objetos de metal bajo el poder de su mirada? ¿Qué hacen las
   manecillas de un reloj pulsera, movidas por su pensamiento? ¿y los relojes
   parados? ¿Qué más puede hacer Uri Geller?
5. Cuando su fama comenzó a extenderse, ¿adónde lo llevaron? ¿A qué conclusiones llegaron los científicos que lo examinaron? ¿Qué famosos científicos se
   incluyen ahora entre el número de sus admiradores y amigos?
6. ¿Qué experimento está tratando de realizar Uri ahora? ¿Cree Ud. que lo reali-
   zará? ¿Por qué?
7. Si Ud. pudiera tener un solo poder supernormal, ¿cuál sería? ¿Por qué le
   gustaría tener ese poder?

ESTUDIO DE VOCABULARIO

1. En cada uno de los grupos siguientes, hay dos palabras que no corresponden al
   tema de las demás. ¿Puede Ud. hallarlas?

   a. reloj, parar, adelantarse, hora, dibujos, segundo, radiografía, atrasarse,
      manecillas, cuarzo, minutos

   b. televisión, pantalla, estación, canal, truco, televidentes, cámara, apagar, en-
      cender, sintonizar

   c. mente, cerebro, pensar, adivinar, someter, meditar, creer, evitar, analizar,
      comprender

   d. anillo, llave, cuchillo, almohada, computadora, máquina de escribir, flor,
      coche, tren, cohete (A propósito, ¿qué tienen en común la mayor parte de
      estas palabras?)

   e. doblarse, partirse, derretirse, enroscarse, funcionar, despedazarse, borrarse,
      reunirse, desmaterializarse, evaporarse

2. Vamos a ver si encuentra Ud. en el Grupo B un sinónimo para cada palabra del
   Grupo A.

   A. destacado, prueba, ropa, en torno a, habilidad, genuino, ingresar, firma,
      idioma, poseer, lejano, desear, terminar, truco, detener

   B. con respecto a, capacidad, conocido, vestidos, comprobación, tener,
      parar, engaño, querer, acabar, distante, entrar, legítimo, compañía, lengua

ESTRUCTURA

15. Reflexive pronouns: an overview

A. Reflexives that serve as object of a verb

me	(to) myself		nos	(to) ourselves
te	(to) yourself		os	(to) yourselves
se	(to) himself, herself, yourself (Ud.), itself, themselves, yourselves (Uds.)			

Notice that the reflexive can be either direct or indirect object of the verb.

B. Reflexives that follow a preposition

(por) mí	(for) myself		(por) nosotros, as	(for) ourselves
(por) ti	(for) yourself		(por) vosotros, as	(for) yourselves
(por) sí	(for) himself, herself, yourself (Ud.), itself, themselves, yourselves (Uds.)			

◆ After the preposition con, the reflexive mí, ti, and sí become -migo, -tigo, -sigo.

Lo hizo para sí (misma). —¡Egoísta!	She made it for herself. —Selfish!
Habla consigo mismo. —Está loco.	He talks to himself. —He's crazy.

16. General function of the reflexive

A. A reflexive pronoun is used when the object of a verb (or of a preposition) refers to the subject of the sentence.

¿Te diviertes? —Muchísimo.	Are *you* enjoying *yourself*? —Very much.
Se compró un coche. —¡Por fin!	*He* bought *himself* a car. —At last!
Piensa sólo en sí misma. —¿No te lo dije?	*She* thinks only of *herself*. —Didn't I tell you so?

B. Any verb can be used with the reflexive if the subject does the action to itself.

Me compré una cámara. —¿De qué marca?	I bought myself a camera. —What make?
Siempre te cortas. —No siempre... ¡Ay...!	You always cut yourself. —Not always... Ow...!
No se quemen. —No se preocupe.	Don't burn yourselves. —Don't worry (yourself).

EJERCICIO

Cambie según los sujetos indicados:

1. Fernando se cortó la mano. (yo, Los niños, Pepe y yo)
2. Cuídese un poco más. (Uds., nosotros, tú, vosotros)
3. Van a divertirse mucho. (Elena, Mi primo y yo, Los alumnos, tú, Tú y Miguel)
4. No te hagas daño. (Ud., Uds., vosotros, nosotros)
5. Lo hace para sí. (yo, Olga, Jorge y yo, Uds.)
6. Nos hallábamos en peligro. (Nuestras tropas, El espía, yo)
7. Siempre habla de sí mismo. (tú, vosotros, Ese muchacho, Esas mujeres)
8. Me compraré un coche nuevo. (Mis hermanos, Mi novio, ¿Tú...?, Eduardo y yo)

17. Special uses of the reflexive

A. Many English verbs that cannot take a direct object are expressed in Spanish by making a normal active verb reflexive.

alegrar	to make happy	→	alegrarse	to be glad, happy
sentar	to seat	→	sentarse	to sit down
acostar	to put to bed	→	acostarse	to go to bed
despertar	to awaken (somebody)	→	despertarse	to wake up (oneself)
levantar	to raise, lift	→	levantarse	to rise, get up

¡Levántense todos!... Ahora siéntense.
  —¿Qué querrá?
Me acosté temprano y dormí toda la
noche. —Me alegro.

Everybody get up!... Now sit down.
  —What can he want?
I went to bed early and slept all night.
  —I'm glad.

B. It translates *to get* or *become* + an adjective.

vestir	to dress (somebody)	vestirse	to get dressed
lavar	to wash (something or someone)	lavarse	to get washed, wash (oneself)
casar	to marry (off)	casarse	to get married
enfadar enojar	to anger	enfadarse enojarse	to get angry
preocupar	to worry (someone)	preocuparse	to be(come) worried
borrar	to erase	borrarse	to get erased

Lávate la cara, chico, y vístete en
  seguida. —Bueno, mamá.
No se enfaden, por favor. No fue
  nada.
Se borró la cinta como si por magia.
  —¡Qué va!

Wash your face, son, and get dressed
  right away. —All right, Mom.
Please don't get angry. It wasn't any-
  thing.
The tape got erased as if by magic.
  —Go on!

C. Some verbs change their meaning or become more emphatic when the reflexive is added.

ir	to go	irse	to go away
llevar	to take, bring	llevarse	to take away, carry off
dormir	to sleep	dormirse	to fall asleep
probar	to try; to taste	probarse	to try on
reír	to laugh	reírse (de)	to laugh (at)
hacer	to make; to do	hacerse	to become
quitar	to take off or away (from someone)	quitarse	to take off (one's own clothing, etc.)
poner	to put; to put on (someone)	ponerse	to put on (oneself); to become (+adjective)
comer	to eat	comerse	to eat up
caer	to fall	caerse	to fall down
quedar	to be left or remain	quedarse	to stay, remain (on)

Póngaselo, por favor. —Bueno. ¿Puedo quitármelo ahora? —Sí. Quíteselo, quíteselo.	Put it on, please. —All right. Can I take it off now? —Yes. Take it off, take it off.
Vete. No me gusta que te rías de nosotros.	Go away. I don't like you to laugh at us.
¿A qué hora te acostaste? —A las once, pero no me dormí hasta la una.	What time did you go to bed? —At eleven, but I didn't fall asleep until one.

D. A few verbs and many idiomatic expressions are normally reflexive in Spanish. These are some of the most common:

atreverse (a)	to darc	arrepentirse (de)	to repent
quejarse (de)	to complain	burlarse (de)	to make fun of
acordarse (de)	to remember (about)	olvidarse (de)	to forget (about)
darse cuenta (de)	to realize	fijarse (en)	to notice

EJERCICIOS

I. Conteste en español:

1. ¿A qué hora se durmió Ud. anoche? 2. ¿A qué hora se levantó esta mañana? 3. ¿Se vistió en seguida? 4. ¿Qué se llevó consigo al salir de casa? 5. ¿Se enfada Ud. frecuentemente? ¿Qué le enfada más? 6. ¿Qué piensa Ud. hacerse algún día? 7. ¿Se olvidó de algo importante recientemente? ¿Qué fue? 8. ¿Cuándo espera Ud. graduarse de esta escuela? 9. Entre sus familiares, ¿quién se queja más? ¿Se queja Ud. mucho? 10. ¿Se ha reído mucho de algo últimamente? ¿De qué? 11. ¿Cuándo piensa Ud. casarse? 12. ¿A qué edad se casaron sus padres?

II. ¿Puede Ud. relacionar las expresiones del grupo **A** con las del grupo **B**?

A	B
irse	tener mucha sed... un traje nuevo... de vacaciones...
dormirse	intenso calor... hacerse daño... tener hambre... pecado...
bebérselo todo	valentía... descontento... médico... tener sueño...
comérselo todo	adelantarse o atrasarse
un reloj	
probarse	
hacerse	
atreverse	
quejarse	
arrepentirse	
caerse	
derretirse	

Ahora escriba cinco frases originales empleando estas expresiones asociadas.

III. Diga en español:

1. Wake up. It's eight o'clock. And wake up your brother, too. 2. I have just bought myself a new hat. Do you like it? —So-so. 3. We're very happy to (**de**) be with you today. —We are too. 4. Go away. I don't want to talk to you. You always make fun of me. 5. First they put the children to bed. Then they ate and went to bed. 6. He wouldn't dare to stand up now, would he? 7. Johnny, darling, do you remember the little café where we used to meet? —No. Besides, my name isn't Johnny. I'm Ralph.

18. The reciprocal reflexive *to each other*

A. The reflexive is used to indicate that two or more persons are doing the action *to* each other.

Se quieren mucho. —Muchísimo.	They like each other a lot. —A whole lot.
Nos escribíamos a menudo. —Demasiado, digo yo.	We used to write to each other often. —Too often, *I* say.
Ayudaos, amigos. —No podemos.	Help each other, friends. —We can't.

B. Uno a otro (una a otra, unos a otros, unas a otras) may be added for clarification or for emphasis. The feminine forms are used only when both or all parties are female.

Se odian uno a otro. —Sí. Es lástima.	They really hate each other. —Yes. It's a pity.
Se hacían mucho daño unos a otros. —Y no se daban cuenta siquiera.	They hurt each other very much. —And they didn't even realize it.

C. Notice, however, that with prepositions other than "to," the reciprocal idea is expressed *without* the reflexive. Instead, the verb is followed by (**el**) **uno** + preposition + (**el**) **otro**, etc.

Siempre hablan mal el uno del otro. —No sé por qué.	They always speak badly of each other. —I don't know why.
Los vi luchando unos contra otros. —¿Por qué no pueden vivir en paz?	I saw them fighting one against the other. —Why can't they live in peace?

EJERCICIOS

I. Conteste afirmativa o negativamente:

1. ¿Se quieren Uds. mucho? (Sí, nos... No,...) 2. ¿Os escribís a menudo? 3. ¿Debemos ayudarnos uno a otro? 4. ¿Se verán Uds. mañana? 5. ¿Podemos hablarnos ahora? (Sí, Uds.... No,...) 6. ¿Deben conocerse por mucho tiempo los novios antes de casarse? 7. ¿Se conocieron Uds. aquí en la universidad? 8. ¿Se visitan frecuentemente Ud. y sus vecinos? 9. ¿Se entienden bien Ud. y sus padres? 10. ¿Se sacrifican los miembros de su familia uno por otro?

II. Termine de una manera original las frases siguientes:

1. Mis padres se conocieron en... y se casaron en...
2. Mi novio (novia) y yo nos... todos los días.
3. Mis hermanos y yo (no) nos...
4. Yo pienso que las naciones del mundo deben...
5. Mañana mi mejor amigo (o amiga) y yo nos...

19. The impersonal reflexive

Se + the third person singular of a verb often corresponds to the English *one* (or the colloquial *you*).

Se come bien aquí. —¡Caramba!	One eats well here. (You get good food here.) —Oh, Lord!
¿Por dónde se entra? —Por esta puerta y se sale por la otra.	How does one (How do you) get in? —Through this door and you go out through the other.
Leyendo, se aprende mucho. —Escuchando, también.	By reading, one learns a great deal. —By listening, too.

Actually, the impersonal reflexive is often translated as the passive voice in English. For example:

Aquí se habla español.	Spanish is spoken here. (One speaks...)
No se sabe mucho de eso.	Not much is known about that. (One doesn't know...)

(We'll talk more about the reflexive passive in Lesson 13.)

EJERCICIOS

I. ¿Cuál de las conclusiones corresponde mejor a cada pequeño diálogo?

1. —No se dice tal cosa en público. Tienes que (aprender a guardar la lengua, descansar más, prepararte mejor la próxima vez).
2. —¿Cómo se sale a la calle? —Pues (se abre la ventana, se sube al piso décimo, se toma el ascensor hasta la planta baja).
3. —¿Habrá vida humana en otro planeta? —(Eso no se sabe todavía. No se debe hablar de ello. Hay que pensarlo más.)
4. —Con tanto ruido no se puede estudiar en esta casa. Por favor, (apaguen la radio, pongan el aire acondicionado, quiten la calefacción).
5. —¡Válgame Dios! En esta casa se puede morir de calor. —Pues entonces, ¿por qué no (apagas la radio, pones el aire acondicionado, pones más calefacción)?
6. —¿Cómo se va mejor de Nueva York a Chicago? —(Se camina. Se va en barco. Se toma el avión.)

II. Conteste ahora, escogiendo siempre una de las alternativas. (A propósito, si Ud. tiene una alternativa mejor, díganosla.)

1. En su opinión, ¿cómo se aprende mejor una lengua extranjera—estudiándola o viviendo en el país? 2. ¿Cómo se resuelven mejor los problemas internacionales—por medio de la arbitración obligatoria o por la fuerza? 3. ¿Cómo se salvará la

brecha (*will the gap be bridged*) entre las generaciones—por la fuerza o por la comprensión mutua? 4. En su opinión, ¿cómo se remediará mejor la situación de los pobres—por la revolución o por la reforma gradual? 5. ¿Cómo se adelgaza (*does one lose weight*) mejor—siguiendo una dieta rigurosa o tomando pastillas (*pills*)? 6. ¿Cómo se saca «A» en español—estudiando muchísimo o rogando a Dios?

20. The meaning and uses of *mismo*

A. The adjective **mismo**, when used before a noun, normally means (*the*) *same* and, on occasion, corresponds to the emphatic adjective *very*.

Tuvimos el mismo profesor. —Sí, pero no las mismas notas.	We had the same teacher. —Yes, but not the same grades.
La misma idea me choca. —A mí también.	The very idea upsets me. —Me too.

B. Mismo, used after a noun or a pronoun, is often translated as *myself, yourself, itself*, etc. However, **mismo** is NOT a reflexive. It is merely an adjective that serves to intensify whatever it refers to.

Voy a hablar con el patrón mismo. —¿Por qué?	I'm going to talk to the boss himself. —Why?
Ella misma lo hizo, ¿no? —Sí. Y se injurió a sí misma.	She herself did it, didn't she? —Yes, and she hurt *herself*.
Habla por ti mismo, Juan. —No puedo, Priscila. Estoy casado.	Speak for yourself, John. —I can't Priscila. I'm married.

C. Mismo may also be an adverb, and as such, retains its intensifying meaning *very*, *right* (*away*), etc.

Hoy mismo…	This very day…
Ahora mismo…	Right now…
Aquí mismo…	Right here…

D. *Lo mismo que*   the same as

El dijo lo mismo que yo. —¿De verdad?	He said the same (thing) as I (did). —Really?

EJERCICIOS

I. Exprese más enfáticamente, usando **mismo**:

1. Yo lo quiero hacer. 2. Vamos a hablar con el **Rector**. 3. **Se** habla siempre. 4. Iremos **mañana**. 5. Lo haré **ahora**. 6. Lo encontró **aquí**. 7. Piensa sólo en **sí**. 8. ¿Lo dijo **ella**? 9. ¿Las aceptaron los **jefes**? 10. Te contesto **hoy**.

II. Finalmente, use en oraciones originales las expresiones siguientes:

ahora mismo, yo mismo (misma), sí mismo (misma), el profesor mismo, el mismo profesor, aquí mismo, el mismo día.

¿ A QUIÉN QUIERE UD. ENTREVISTAR?

Richard Nixon, ex-presidente
de los Estados Unidos.

Chris Evert,
campeona de tenis.

Jacqueline Kennedy Onassis,
cosmopolita y figura internacional.

Robert Redford,
ídolo del cine.

O.J. Simpson,
super-astro
del fútbol.

Creación   Entrevista

Ya que hemos leído la entrevista con Uri Geller, vamos a ver si sabemos cómo entrevistar a alguien nosotros mismos. Escoja Ud., por ejemplo, a cualquier persona—un miembro de su clase o un profesor, o si quiere, una persona destacada en cualquier campo o profesión fuera de la universidad. Ud. lo decidirá. Lo importante es que haga primero una lista de diez preguntas o más, preguntas que puedan evocar la información que Ud. desee sobre su vida, su carácter, sus opiniones, sus intereses. Hágale las preguntas a aquel individuo, y vamos a ver cómo sale su retrato (*portrait*) periodístico.

Otra sugerencia : Si desea, aun puede «entrevistar» a una persona imaginaria, a un personaje histórico, a un actor o actriz de cine, a Napoleón Bonaparte, a un visitante del planeta Venus, etc. Lo único es que Ud. mismo tendrá que preparar no sólo las diez preguntas, sino las contestaciones también. ¿Qué le parece ? ¡Vamos a comenzar!

Mick Jagger, estrella de la canción.

Lección seis

Tablas de repaso

THE FUTURE TENSE

A. REGULAR FORMS

hablar *I shall (will) speak*	comer *I shall (will) eat*	vivir *I shall (will) live*
hablaré	comeré	viviré
hablarás	comerás	vivirás
hablará	comerá	vivirá
hablaremos	comeremos	viviremos
hablaréis	comeréis	viviréis
hablarán	comerán	vivirán

B. IRREGULAR FORMS

tener	tendré, tendrás, tendrá ; tendremos, tendréis, tendrán
venir	vendré, etc.
poner	pondré
salir	saldré
valer	valdré
poder	podré
saber	sabré
haber	habré
caber	cabré
hacer	haré
decir	diré
querer	querré

THE CONDITIONAL

A. REGULAR FORMS

hablar *I would (should) speak*	comer *I would (should) eat*	vivir *I would (should) live*
hablaría	comería	viviría
hablarías	comerías	vivirías
hablaría	comería	viviría
hablaríamos	comeríamos	viviríamos
hablaríais	comeríais	viviríais
hablarían	comerían	vivirían

B. IRREGULAR FORMS

tener	tendría	saber	sabría
venir	vendría	haber	habría
poner	pondría	caber	cabría
salir	saldría	hacer	haría
valer	valdría	decir	diría
poder	podría	querer	querría

THE SECOND CONCEPT OF THE SUBJUNCTIVE: EMOTION

Whenever the main clause expresses pleasure, regret, surprise, anger, hope, fear, or any other emotion about the action that follows, the subordinate clause must use the subjunctive.

Espero que vengan. —Sí. Pero me molesta que siempre vengan tarde.

I hope they come. —Yes. But it annoys me that they always come late.

¡Ojalá que estuviera aquí mi hermano! —Es lástima que no viva más cerca.

Oh, if only my brother were here! —It's a pity that he doesn't live closer.

La neutrografía, o sea fotografías sacadas en película negativa por medio de neutronas, es una nueva técnica visual para examinar la estructura de un organismo vivo o los componentes de un objeto sólido. Mucho más potente que los rayos equis, la neutrografía puede sacar imagenes a través de una pared de acero de cuatro pulgadas de espesor. Puede penetrar dentro de los pétalos de una flor sin hacer daño a los tisués más delicados. O puede revelar todo el mecanismo interior de un teléfono. La neutrografía desempeñará un papel cada vez más importante en la investigación biológica y física, y se aplicará a todos los ramos de la ciencia.

Enfoque

Cuando el hombre, **envidioso de las aves**, pensó por primera vez que a él también le sería posible **volar**, la gente **lo miraría con espanto**. «¡Loco!»—le dirían—«¡Iluso! ¡Soñador! Dios nos colocó en la tierra, y nosotros no debemos **alejarnos de ella**.» Pero el soñador siguió soñando. Y con el tiempo **se le iban a juntar otros**, muchísimos. Como el pintor Leonardo da Vinci, que **haría bosquejos** de un **aparato volador**. Y el francés Julio Verne, que describiría en sus novelas todo un viaje a la luna, y otros al centro de nuestro planeta y a las profundidades del mar.

Locos. Ilusos. Soñadores. Sí. Pero poco a poco, uno por uno, **se han ido realizando** casi todos los sueños, y aun más. Y ahora ésta es nuestra realidad: submarinos atómicos que **nadan** debajo del mar; aviones militares que vuelan a más de dos mil millas por hora; aviones comerciales con capacidad para mil pasajeros y que harán el viaje trasatlántico en dos horas; **naves espaciales** que llegan a la

envious of the birds
to fly...must have looked at him with shock...
Visionary! Dreamer!

depart from it
others were going to join him
would make drawings...
flying machine

have been coming true

swim

space ships

El superjet «Concordia». ¿Amenaza a la ecología?

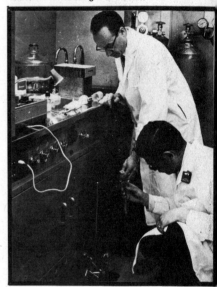

El doctor Robert Geyer (a la izquierda), inventor de la sangre artificial.

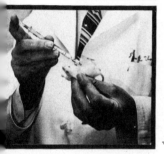

Inyectando en un ratón la memoria de otro.

Mañana y adelante

luna, y **cohetes que dan la vuelta a** los planetas. Y hay más, en todos los campos imaginables. Hay cronómetros **apoyados** en satélites lunares y que **señalan millonésimas de segundo.** Hay lanchas de motor que vuelan sobre la **superficie** del mar; y automóviles sin **ruedas** que vuelan sobre la superficie de los caminos, y otros que se convierten en lanchas para **cruzar** los ríos. Y eso sin mencionar la televisión intercontinental, y los **adelantos** médicos.

    Día **tras** día, los **milagros** continúan. **Trasplantes de corazones, de hígados, de riñones, de pulmones.** Inyecciones de neuronas que aumentan la inteligencia. Rayos «Laser» que penetran el cuerpo sin **horadar siquiera el cutis. Bombardeos** de átomos para curar los tumores. Sangre artificial que funciona exactamente como la natural. Y aun se ha inventado una manera de **sacar** la memoria, **envasarla,** e inyectarla más tarde en otro animal.

rockets that circle

based
indicate millionths of a
    second
surface

wheels

cross

advances

after...miracles...
Transplants of hearts,
livers, kidneys, lungs.

even piercing the skin.
Bombardments

taking out...bottling it

Y mañana, ¿cómo será? ¿Y adelante? **Se espera** que dentro de [within] veinte años **haya partes de repuesto** para todo el cuerpo humano, menos el cerebro y la **espina dorsal**. En efecto, los médicos **predicen** que durante las próximas dos décadas **se criarán** animales específicamente para **suministrar** órganos de trasplante a los **seres** humanos. Y los humanos serán inyectados inmediatamente después de nacer, o **quizás** antes, con extractos de animales para preparar el cuerpo contra el **rechazo** del trasplante. Habrá curas para la mayor parte de las enfermedades, incluso el cáncer. Y los médicos esperan que se pueda **retrasar y aun invertir** el proceso del **envejecimiento**. **Se fabricarán** drogas para mejorar la coordinación y la **destreza** y para aumentar la percepción por el hombre de **lo que le rodea**. Muchas operaciones **quirúrgicas** serán **reemplazadas** por masaje y manipulación del sistema nervioso. Y **se empleará** una forma de anestesia eléctrica en lugar de los **medios químicos** para que los pacientes **permanezcan despiertos** durante las operaciones. Y no tendremos que comer porque **nos nutriremos de** sustancias químicas. Y la vida se prolongará—cien años, ciento cincuenta...

En fin, nos queda siempre una pregunta: ¿Qué haremos con esa vida? **¡Ojalá que** sepamos vivirla mejor que la vivimos ahora! Los caminos abiertos por la ciencia están **al alcance** de nuestras manos. Pero al mismo tiempo **tememos** que esa ciencia sea la causa de nuestra destrucción. ¿Cuál será el camino humano del futuro? ¿Llegaremos a la **plena realización** o al **cataclismo**? Hay que pensar...

Marginal glosses: It is hoped there will be spare parts · spine...predict · will be raised · supply...beings · maybe · rejection · retard or even reverse... aging...will be manufactured...dexterity · what surrounds him · surgical...replaced · will be used · chemical means...will remain awake · we will nourish ourselves with · If only...! · within reach · we are afraid · real fulfillment...total destruction

VAMOS A CONVERSAR

1. No cabe duda. El siglo XX ha traído más adelantos técnicos que todos los siglos anteriores juntos. Así que piense por un momento y díganos: ¿Cuáles son algunas de las invenciones más importantes de nuestro siglo? ¿Cuáles han afectado más nuestra vida personal? ¿Qué aparatos tenemos ahora en nuestras casas que no tenían nuestros abuelos? ¿y nuestros bisabuelos (*great-grandparents*)?

2. Según el artículo que acabamos de leer, ¿qué diría la gente cuando el hombre pensó por primera vez que le sería posible volar? ¿Qué hizo a (*in*) este respecto Leonardo da Vinci? ¿y el francés Julio Verne?

3. ¿Qué clase de submarinos hay ahora? ¿Con qué velocidad vuelan los aviones militares? ¿Cuánto tiempo tardará muy pronto el viaje trasatlántico en avión comercial? ¿Qué otros vehículos hay ya?

4. ¿Qué milagros médicos se han efectuado ya? De todos estos avances, ¿cuál le impresiona más a Ud.? ¿Cuál le gustaría ver en el futuro inmediato?

5. Según los médicos, ¿qué cosas habrá dentro de unos veinte años? ¿Con qué propósito se criarán ciertos animales? ¿Qué curas habrá? ¿Cómo cambiará el proceso del envejecimiento?

6. ¿Qué clases de drogas habrá en el cercano futuro? ¿Qué cambios se efectuarán en las operaciones? ¿Cómo nos nutriremos? ¿Por cuántos años se prolongará la vida normal? A propósito, hablando de esto, si fuera posible vivir para siempre, ¿le gustaría a Ud.? ¿Por qué?

7. A pesar de los grandes avances científicos, ¿qué preguntas fundamentales nos quedan todavía? En su opinión, ¿cuál es el mayor obstáculo al progreso de la humanidad? ¿Se podría eliminar ese obstáculo durante nuestra vida?

8. ¿Cómo se imagina Ud. el mundo de mañana? En su opinión, ¿será mejor o peor que el mundo que conocemos ahora?

ESTUDIO DE VOCABULARIO

1. Vamos a ver si puede Ud. llenar los blancos:

Adjetivo	Verbo	Nombre (*noun*)
volador	_____	_____
soñoliento	soñar	_____
_____	alejar	alejamiento
_____	envejecer	_____
_____	_____	mejora
nutritivo	_____	_____
vuelto	_____	_____
retrasado	_____	retraso
_____	adelantar	_____

2. ¿Puede Ud. encontrar en este artículo por lo menos siete términos referentes al cuerpo humano? ¿cinco términos referentes a diferentes vehículos? ¿ocho términos relacionados con la ciencia o con la medicina? ¿cuatro términos geográficos?

3. Finalmente, trate de relacionar las palabras del Grupo **B** con las del Grupo **A**:

   A. loco, aparato, envidioso, ave, colocar, bosquejo, submarino, señalar, cruzar, adelanto, tras, predecir, próximo, quizás

   B. celoso, dibujo, poner, atravesar, iluso, pájaro, máquina, sumergible, tal vez, después de, siguiente, pronosticar, avance, indicar

ESTRUCTURA

21. The future tense

A. General meaning and function
Exactly as in English, the future tense in Spanish refers to an action that *is going* to take place. It corresponds to the English *will* or *shall* (*go, do,* etc.)

El tren llegará a las once. —¿Y cuándo saldrá?	The train will arrive at eleven. —And when will it leave?
Nos veremos en la biblioteca. —¿A qué hora?	We'll meet in the library. —At what time?
Construirán una estación interplanetaria. —¿Para qué?	They will build an interplanetary station. —What for?

B. The future of probability

The future is used also to express conjecture about an action in the present.

Ya estará aquí.	It probably is (must be) here already.
¿Quién será?	Who can he be? I wonder who he is.

C. The present in place of the future

Actually, Spanish often uses the present tense instead of the future to give the action a more immediate feeling.

Te veo mañana.	(I'll) See you tomorrow.
Me llama esta noche.	He'll call me tonight.
Se la devuelvo el lunes.	I'll return it to him Monday.

EJERCICIOS

I. Cambie según los sujetos indicados:

1. **Juan** les dará la respuesta.
   (Tú, mis hermanos, yo, Clara y yo)
2. Le **escribiré** mañana, ¿está bien?
   (Su novia, los otros, tú, vosotras)
3. **Volverán** pronto, ¿no?
   (El dueño, Ud., nosotros, tú)
4. **Iremos** esta noche.
   (Yo, la clase, ¿tú, ¿tú y Paco?)
5. ¿**Quién** tendrá tiempo?
   (¿Quiénes?, ¿nadie?, ¿yo?, ¿nosotros?)
6. No te **dirán** una mentira.
   (Yo, el rector, tus amigos, Ana y yo)

II. Conteste en español:

1. ¿A qué hora terminará esta clase? 2. ¿A qué hora volverá Ud. a casa hoy?
3. ¿A qué hora se levantará mañana? (Me...) 4. ¿Cuántos años tendrá Ud. en 1999? 5. ¿Cuántos años tendrán entonces sus hermanos? 6. ¿Qué hará Ud. este verano? 7. ¿Cuándo se graduará Ud. de la universidad? 8. ¿Habrá tiempo para acabar esta lección hoy? 9, ¿Vendrá Ud. a la escuela mañana? 10. ¿Qué hora será?

III. Diga ahora en español:

1. I shall put it on the table. —Good.   2. Where can they be? —In the park.   3. Will you have time? —I don't know.   4. We shall not be able to go with you. —That's a pity.   5. I wonder what time it is. —It's about three.   6. He says that he'll write to me every day. —Can it be true (**verdad**)?   7. Elisa probably knows it. —Of course.   8. Soon there will be spare parts for the whole (**todo el**) human body. —Great. You can use a new brain! —Thanks, pal.

22. The conditional tense

A. Meaning and function

1. The conditional is generally translated in English as *would* (*go*, *do*, etc.) and occasionally, in the first person, as *should*.

2. Primarily, the conditional is the future of a *past* action. And so, it has all the uses of the future tense, but with regard to the past.

Mathematically speaking:

CONDITIONAL : PAST = FUTURE : PRESENT
(Conditional is to Past as Future is to Present)

For example:

Prometo que lo haré.	I *promise* that I *will* do it.
Prometí que lo haría.	I *promised* that I *would* do it.

B. Uses

1. The conditional tells what *was going* to happen.

Dijo que vendría. —¿Pero cuándo?	He said that he would come. —But when?
Anunciaron que lo terminarían en junio. —Excelente.	They announced that they would finish it in June. —Excellent.
Lo usarían para prolongar la vida. —¿Por cuánto tiempo?	They would use it to prolong life. —For how long?

2. It conveys the idea of conjecture or probability with respect to a past action.

Serían las tres.	It was probably three o'clock. It was around three o'clock. It must have been three o'clock.
¿Quién sería?	I wonder who it was. Who could it be?

3. It is also used to state the result of a contrary-to-fact clause beginning with *if*.   (It tells what would happen *if* something were so.)

Si tuviera tiempo, te diría más.	If I had time, I would tell you more.
Si Paco estuviera aquí, él sabría hacerlo.	If Frank were here, *he'd* know how to do it.

4. At times, the *if* clause is not stated, but implied.

¿Haría Ud. tal cosa? —¡Nunca!	Would you do a thing like that? (If you were in that situation.) —Never!
¿Quién lo creería? —Nadie.	Who would believe it? (If he were told so.) —Nobody.

5. It may be used as a polite or softened version of the future.

Tendría mucho gusto en ir.	I should be happy to go.
¿Sería Ud. tan amable?	Would you be so kind?

EJERCICIOS

I. Cambie según las indicaciones:

1. Dijo que nos **escribiría** la carta.
   (enviar, copiar, mostrar, devolver)
2. Prometieron que **asistirían.**
   (contestar, ir, salir, venir)
3. Yo no se lo **daría.**
   (decir, hacer, quitar, poner)
4. ¿Tú **te vestirías** así?
   (quedarse, acercarse, divertirse, reírse)
5. No la **olvidaríamos** nunca.
   (recordar, dejar, escuchar, ofrecer)
6. ¿Lo **aceptaríais?**
   (creer, dudar, tocar, pegar)

II. Conteste ahora, empleando el tiempo apropiado de los verbos indicados.

1. ¿Qué haría Ud. si lloviera mañana. —... en casa. (quedarse)
2. ¿Qué pasaría si Pío estuviera aquí? —Nos... (ayudar)
3. ¿Qué les dijeron Uds.? —Que... mucho gusto en invitarlos. (tener)
4. ¿Qué hora sería cuando volvieron? —... las dos. (ser)
5. ¿Qué escribieron en la carta? —Que nos... en abril. (ver)
6. ¿Qué ocurriría si yo faltase a diez clases. —Te... (suspender)
7. ¿Qué anunciaron? —Que el nuevo rayo... listo pronto. (estar)
8. ¿Pidió perdón? —Sí. Y prometió que no... a hacerlo. (volver)
9. Si no fuera tan tarde, ¿qué harías? —... contigo. (ir)
10. Si otra persona se lo dijera, ¿sería diferente? —No, no lo... (creer)

III. Cambie para expresar probabilidad o conjetura en el pasado. Por ejemplo:

¿Quién será?   —¿Quién sería?
¿Llegarán a tiempo?   —¿Llegarían a tiempo?

1. ¿Serán ellos?   2. ¿Lo matarán?   3. Los venderá a un precio muy barato (*cheap*).
4. Ella lo sabrá.   5. No me recordará.   6. Sufrirá horriblemente.   7. Estarán cansados.   8. Habrá cien mil personas.   9. Se usará para ir a la luna.   10. Ay, pobre. Tendrás mucha hambre.   11. ¿Seremos los primeros? —Al contrario. Seréis los últimos.

Subject   Predicate
Pres. → Pres. Subj.
Past → Past Subj.

Esperar
Ojalá
Temer
Alegrarse de

IV. Diga en español:

1. He said that he would buy it. —Go on! He wouldn't spend so much **(tanto)** money. 2. Would you do me a favor? —Of course. 3. They announced on the radio that it would rain today. —They don't know anything. 4. I wonder why they came. —They probably wanted to see you. 5. It must have been 9:30 when they returned. —So late?

23. The second concept of the subjunctive: emotion   *Verbs of Emotion*

A. When the main clause expresses pleasure, regret, surprise, pity, fear, anger, hope, or any other emotion concerning the action that follows, the impact of that emotion will call for a subjunctive in the subordinate clause.

Me alegro de que sea Ud. —Yo también.	I'm glad that it's you. —So am I.
Espero que estés contento ahora. —¿De qué?	I hope you're satisfied now. —About what?
Es lástima que estuviera enferma. —Sí. ¿Qué tendría?	It's a pity that she was sick. —Yes. What could have been the matter?

Notice that the future is replaced by the present subjunctive, the conditional, by a past subjunctive, after an expression of emotion.

Teme que le suspendan. —Dígale que no se preocupe.	He's afraid that they'll fail him. —Tell him not to worry.
Esperaba que lo ayudaran. —¿Y no lo hicieron?	He was hoping that they would help him. —And didn't they do it?
Le molestó que saliéramos temprano. —Allá él.	It annoyed him that we should leave early. —Too bad about him.

B. If there is no change of subject, however, the infinitive is normally used instead of a subordinate clause. Note:

Me alegro de estar con Uds.	I am happy to be with you.
But:	
Me alegro de que ellos estén con Uds.	I am happy that *they* are with you.
Siento vivir tan lejos.	I am sorry to live (that I live) so far away.
But:	
Siento que Uds. vivan tan lejos.	I am sorry that *you* live so far away.

EJERCICIOS

I. Cambie otra vez según las indicaciones.

1. **Siento** que Miguel esté ausente.
   (Temo, Me sorprende, No me gusta, Es lástima, Me molesta, ¡Ojalá!)
2. Se alegran **de que te hayas** quedado.
   (de que Juan, de que Uds., de que Raúl y yo, de que tú y Ana)

3. Esperamos que **llame** pronto.

   (terminar, decidirse, recibirlo, mandárnoslo, casarse)

4. **Temían** que no llegáramos a tiempo.

   (Sentían, Lamentaban, Se enfadaron de, No les gustó, Era lástima)

II. Conteste según los modelos. Por ejemplo:

¿Espera Ud. acabarlo? (Pío)   **No. Espero que lo acabe Pío.**
¿Sentía Ud. perderlo? (María)   **No. Sentía que lo perdiera María.**

1. ¿Siente Ud. marcharse? (mis amigos)   *No, siento que...*
2. ¿Te sorprende ganar el premio? (Juan)   *No, me...*
3. ¿Le enoja a Ud. verlos? (los niños)
4. ¿Teme Ud. perder el puesto? (mi hijo)
5. ¿Le gustaría asistir? (los otros)   *No, me gustaría que* (impf. subj.)...
6. ¿Deseaba Ud. comérselo? (Uds.)
7. ¿Le molestaba escucharlo? (ellos)
8. ¿Esperaban Uds. recibirla? (nuestros padres)   *No. Esperábamos que...*

III. Lea los diálogos siguientes, y después conteste las preguntas:

1. —Me sorprende que don Tomás pueda trabajar todavía.
   —Sí, es muy fuerte para su edad. ¡Ojalá que continúe así, Manuel!
   —Es una persona estupenda. Espero que llegue a los cien años de edad.

Conteste:

   a. ¿Qué le sorprende a Manuel?
   b. ¿Es joven o viejo don Tomás? ¿Cómo lo sabe Ud.?
   c. ¿Qué desean Manuel y su amigo? ¿Les gusta don Tomás?
   d. ¿Quiénes serán las dos personas que están hablando?

2. —¿Dónde estará Pepe? Me preocupa que no haya llamado todavía. ¡Ay, Rafael! ¡Ojalá que no le haya ocurrido nada! —¿Sabes, Sarita? Siempre me ha molestado que te pongas tan nerviosa por la cosa más mínima. Tienes que aprender a... Espera... ¿Qué fue eso?... ¿El teléfono? Pues vete, mujer. Contéstalo. Espero que sea Pepe. ¡Ojalá que no le haya ocurrido nada...!

Conteste:

   a. En su opinión, ¿quiénes son Sarita y Rafael?
   b. ¿Quién es Pepe? ¿Cuántos años tendrá?
   c. ¿Qué le preocupa a Sarita?
   d. ¿Qué le ha molestado siempre a Rafael?
   e. ¿Qué espera Rafael al oír sonar el teléfono?
   f. ¿Cómo sabe Ud. que Rafael está nervioso también?

Creación   La marcha de la ciencia

¿Tiene Ud. una colección de periódicos o revistas en su casa? Si no la tiene, vaya a la biblioteca a ver si encuentra alguna información sobre invenciones o descubrimientos nuevos en el campo de la medicina o de la tecnología. Después tráiganosla a la clase, acompañada de fotografías, y háblenos del nuevo «milagro». ¿Quién sabe qué descubrirá?

Por otra parte, si no le interesa la investigación científica, prepare una de las cosas siguientes:

1. *Diario de un viajero interplanetario*

Es el año 2201 y Ud. y sus compañeros se están acercando por primera vez al planeta Venus. ¿Cuáles serán sus primeras impresiones al llegar? ¿Cómo será la gente a quien conocerá allí?

2. *Mirada hacia atrás*

Un hombre que ha estado congelado (*frozen*) por mil años se vuelve a despertar en el siglo treinta. No entiende lo que ve en ese mundo extraño, y hace numerosas preguntas a los dos científicos que le interrogan al mismo tiempo a él. ¿Puede Ud. imaginarse parte de ese diálogo?

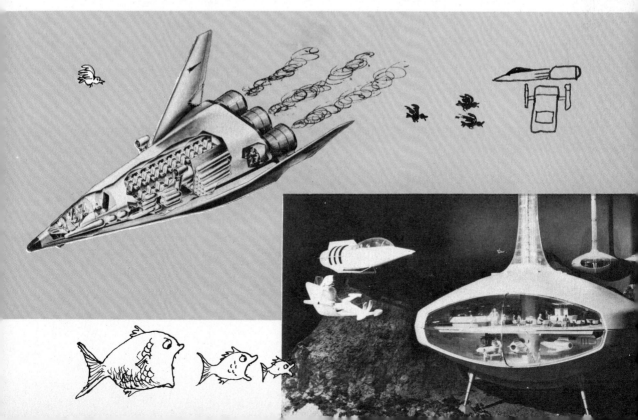

Lección siete

Tablas de repaso

THE PAST PARTICIPLE AND THE COMPOUND TENSES

A. FORMS OF THE PAST PARTICIPLE

Regular

hablar hablado   **comer** comido   **vivir** vivido

Irregular

abrir	abierto	**ver**	visto
cubrir	cubierto	**escribir**	escrito
morir	muerto	**romper**	roto
volver*	vuelto	**decir**	dicho
poner*	puesto	**hacer**	hecho

B. THE AUXILIARY VERB *HABER*: TO HAVE (GONE, DONE, ETC.)

Present Indicative	Imperfect	Preterite	Future	Conditional
he	había	hube	habré	habría
has	habías	hubiste	habrás	habrías
ha	había	hubo	habrá	habría
hemos	habíamos	hubimos	habremos	habríamos
habéis	habíais	hubisteis	habréis	habríais
han	habían	hubieron	habrán	habrían

Present Subjunctive	Imperfect Subjunctive
haya	hubiera
hayas	hubieras
haya	hubiera
hayamos	hubiéramos
hayáis	hubierais
hayan	hubieran

* All verbs ending in -olver (**devolver, disolver,** etc.) are conjugated like **volver.** Of course, all verbs based on **poner** (**componer, disponer,** etc.) are conjugated like the root verb.

C. THE COMPOUND TENSES OF THE INDICATIVE

Present Perfect (I have gone)	Pluperfect (I had gone)	Preterite Perfect (rare) (I had gone)
he ido	había ido	hube ido
has ido	habías ido	hubiste ido
ha ido	había ido	hubo ido
hemos ido	habíamos ido	hubimos ido
habeís ido	habíais ido	hubisteis ido
han ido	habían ido	hubieron ido

Future Perfect (I shall have gone, I probably have gone)	Conditional Perfect (I would have gone, I probably had gone)
habré ido	habría ido
habrás ido	habrías ido
habrá ido	habría ido
habremos ido	habríamos ido
habréis ido	habríais ido
habrán ido	habrían ido

Remember:

The past participle does not change its ending when used after **haber**.

Enfoque

El arte ((Pop))

«Todas las obras de arte profundamente originales parecen feas al principio»—escribió Clemente Greenberg, patriarca de la crítica modernista **neoyorquina**. Y hay pocas personas que podrían estar en desacuerdo con este axioma, especialmente con respecto al arte «Pop». Pocos estilos han revolucionado tan rápidamente las percepciones, han tenido un éxito comercial tan inmediato, **han suscitado** tanta controversia y una reacción crítica tan polarizada.

    Después de la Segunda Guerra Mundial, la pintura estaba dominada por el estilo internacional de la escuela de París y la escuela de Nueva York, también llamada el expresionismo abstracto. Las **anárquicas goteras** de Jackson Pollock, las melancólicas composiciones rectangulares de Mark Rothko, las primitivas mujeres de Wilhelm De Kooning, y los infinitos espacios de Theodoros Stamos eran expresiones del nuevo romanticismo que habían engendrado los desastres de la guerra. Estos artistas preferían **confiar en** el subjetivismo de sus fantasías personales, explorando las profundidades del **subconsciente** en busca de nuevas **imágenes. Ante este ambiente esotérico**, la reacción **no había de tardar** en presentarse.

    El verdadero **punto de partida** del «Pop» fueron los experimentos de Jasper Johns. En 1958, Johns empezó una serie de pinturas de **banderas** norteamericanas. El artista se proponía preguntar públicamente: ¿Es esto una pintura o una bandera? Bajo la **apariencia** de tan simple pregunta **yacía** una verdad que **trasciende** al argumento de ilusión y realidad. Poco después de estos experimentos, el crítico inglés Lawrence Alloway **acuñó la feliz pero equívoca** frase «Pop Art».

    Se ha escrito mucho sobre la cultura de masas, la vulgaridad de la propaganda comercial y otros aspectos de la vida contemporánea que han afectado la gestación del «Pop». Algunos críticos afirman que vivimos en una cultura fragmentada, bombardeados por **letreros**

(of) New York

have evoked

free-form drippings

rely on

subconscious...images. With this kind of far-out subject matter...was not to be long
point of departure

flags
guise
lay...transcends

coined the auspicious but misleading

neon signs

de luces neón, «motes» publicitarios, **cementerios de automóviles** y otros **desperdicios** de una **sociedad de consumo**. Es fácil aceptar estos argumentos, pero hay que recordar que mucho antes del **advenimiento** del «Pop», los artistas habían empezado a trabajar con los símbolos y materiales de la cultura de masas. Lo que todavía no se comprende bien del «Pop» es que lo que a veces parece sátira es, en verdad, una nueva manera de aceptar la vida. Su aparente ironía, **impúdica** y cómica, contrastaba con la solemnidad del expresionismo abstracto y contribuyó a su rápida aceptación.

slogans...automobile graveyards
castoffs...consumer society
advent
unabashed

Jasper Johns **sentó** las bases del «Pop». pero fue Andy Warhol quien lo popularizó y **lo difundió**. Warhol se ha convertido en una institución artística porque, sin pretensiones intelectuales, representa públicamente la temperatura humana del «Pop». Sus **imágenes indudablemente** han influenciado nuestra manera de percibir las cosas. Y es Andy Warhol quien **habrá dado** la definición más clara del «Pop»: «El arte Pop es **disfrutar de las cosas**.»

set down
spread it about
paintings
undoubtedly
probably has given
enjoying things

(Adaptado de Marcelo Montecino, «El Arte Pop», *Variedades*, 29 de septiembre de 1975.)

VAMOS A CONVERSAR

1. ¿Sabe Ud. pintar? ¿esculpir (*sculpt*)? ¿dibujar (*sketch*)? ¿Le gusta el arte moderno? ¿Qué artistas modernos le han impresionado más? ¿Qué piensa Ud. de Pablo Picasso?

2. ¿Está Ud. de acuerdo con el dicho (*saying*): «Todas las obras de arte profundamente originales parecen feas al principio»? ¿Qué le parece a Ud. el arte «Pop»? ¿Ha visto muchas obras de ese estilo?

3. ¿Qué estilo dominaba la pintura después de la Segunda Guerra Mundial? ¿Quiénes son algunas de las figuras principales de ese movimiento? ¿Qué deseaban explorar esos artistas?

4. ¿Quién representa el verdadero punto de partida del «Pop»? ¿Qué serie de pinturas inició el movimiento? ¿Qué se preguntaba el artista por medio de esas pinturas? ¿Cómo contestaría Ud. aquella pregunta?

5. Según algunos críticos, ¿qué relación existe entre la sociedad y el arte «Pop»? ¿Cómo describen aquellos críticos nuestra cultura?

6. Además de su valor satírico, ¿qué otra implicación tiene el arte «Pop»? ¿Qué efecto ha tenido sobre el público su aparente ironía y comicidad (*comic quality*)?

7. ¿Quién ha popularizado y difundido el arte «Pop»? ¿Cómo define su arte? A propósito, díganos francamente, ¿compraría Ud. una de esas obras? ¿Cuánto pagaría por una de ellas? ¿Por qué?

ESTUDIO DE VOCABULARIO

1. ¿Cómo asociaría las ideas del Grupo **A** con las del Grupo **B** ?

A	B
subconsciencia	deseos reprimidos...pintura, escultura y arquitec-
figuras rectangulares	tura...propaganda comercial... aceptación pública
artista	...luces de neón... sociedad de consumo...
temperatura	predominio de las masas...sátira social...geometría
letreros	...clima
«motes»	
cementerios de automóviles	
ironía	
vulgaridad	
éxito	

2. Ahora busque en el Grupo **B** lo opuesto de cada expresión del Grupo **A**.

   A. al principio, éxito, controversia, anárquico, melancólico, desastre, pro-fundidad, punto de partida, presentarse, feo, fragmentado, abstracto, ilusión

   B. exuberante, fracaso, al fin, armonía, triunfo, hermoso, íntegro, realidad, regimentado, conclusión, desaparecer, concreto, superficie

ESTRUCTURA

24. The past participle (*been, seen, written,* etc.)

A. Forms

   1. The past participle is regularly formed by changing the infinitive endings as follows:

hablar **hablado**   comer **comido**   vivir **vivido**

   2. A few common verbs have irregular past participles.

abrir	abierto		**escribir**	escrito
cubrir	cubierto		**ver**	visto
morir	muerto		**romper**	roto
poner[1]	puesto		**decir**[1]	dicho
volver[1]	vuelto		**hacer**[1]	hecho

---

[1] Of course, verbs based on **poner** (suponer, etc.), **volver** (devolver, disolver, etc.), **decir** (contra-decir, etc.), and **hacer** (rehacer, etc.) have these same irregularities in the past participle.

B. Uses

◆ As an adjective

tiempo perdido	wasted time
una persona educada	an educated person
ventanas abiertas	open windows
ejercicios escritos	written exercises

◆ With **estar** or **quedar**, to describe the resultant state of an action (Don't be misled by the fact that English sometimes uses the present participle here.)

Está sentada cerca de la ventana. —Como siempre.	She is sitting (seated) near the window. —As usual.
¡Dios mío! ¿Están muertos? —No. Están dormidos.	My Heavens! Are they dead? —No. They're sleeping (asleep).
¿Estabas acostada? —No. Me había levantado ya.	Were you lying down (still in bed)? —No, I had already gotten up.

◆ With **haber** to form compound tenses

Hemos vuelto.	We have come back.
Habían salido.	They had gone out.

We'll discuss this in Section 25, immediately following.

EJERCICIOS

I. Diga rápidamente el participio pasivo (*past participle*) de los verbos siguientes:

soñar, alejar, acercar, pintar, comprender, encender, sentir, dormir, abrir, cubrir, morir, volver, proponer, escribir, ver, decir, contradecir, hacer, deshacer, romper

II. ¿Qué asocia Ud. con las ideas siguientes?

una persona civilizada...ventanas abiertas...una puerta cerrada...paquetes (*packages*) envueltos en papel hermoso...una carta escrita a máquina...una carta escrita a mano...tiempos pasados...una persona muy conocida...metales derretidos ...muchas luces encendidas...

25. The compound tenses of the indicative

The compound (or perfect[2]) tenses in Spanish correspond closely in formation and meaning to the compound tenses in English. They all consist of the auxiliary verb **haber** followed by a past participle. Note that the past participle does not change its ending.

A. The present perfect is formed by the present indicative of **haber** (**he, has, ha, hemos, habéis, han**) plus the past participle of the main verb. It means *has* (*been*), *have* (*gone*), etc.

---

[2] *Perfect* (from the Latin *perfectum*) means *completed*. The function of the auxiliary verb **haber** is to state *when*.

¿Ha salido ya? —Todavía no.	Has he gone out yet? —Not yet.
Lo he oído ya muchas veces.	I have already heard it many times.
—¡Imposible!	—Impossible!

In expressions of time, **hace... que** may be followed by the present perfect if the sentence is *negative*.

| Hace años que no la hemos visto. | We haven't seen her for years. —Neither |
| —Nosotros tampoco. | have we. |

B. The pluperfect or past perfect consists of the *imperfect* of **haber** (**había, habías,** etc.) plus a past participle. It means *had* (*been, gone*, etc.)[3]

Ya habíamos gastado el dinero. —Por	We had already spent the money. —Of
supuesto.	course.
No lo habían descubierto todavía.	They hadn't discovered it yet.
—Es verdad. Hasta 1910.	—Right. Until 1910.

In expressions of time, **hacía... que** may be followed by the pluperfect if the sentence is negative.

| Hacía años que no la habíamos visto. | We hadn't seen her for years. |
| —Nosotros sí. | —*We* had. |

C. The future perfect consists of the *future* of **haber** (**habré, habrás,** etc.) plus a past participle. Its usual meaning is *will* or *shall have* (*written, given*, etc.)

| ¿Se habrán ido para el quince? | Will they have left by the fifteenth? |
| —Seguro. Si no antes. | —Surely. If not sooner. |

It also expresses conjecture about what *has* happened.

Ya la habrá echado al correo. —¡Qué	He has probably (must have) mailed it
va! Se habrá olvidado.	already. —Go on! He has probably
	forgotten.

D. The conditional perfect consists of the conditional of **haber** (**habría, habrías,** etc.) plus a past participle. As you would expect, it means *would have* (*done, spoken*, etc.)

| Yo lo habría guardado. —Yo lo habría | I would have kept it! —*I* would have |
| echado a la basura. | thrown it away. |

And of course, it may also express probability or conjecture about what *had* happened.

Lo habrían hecho antes. —Claro. No	They had probably done it before.
tuvieron tiempo después.	—Obviously. They didn't have time
	afterwards.

---

[3] The preterite perfect (the preterite of **haber** plus a past participle) also means *had* (*been, gone*, etc.), but is used only rarely, primarily after conjunctions of time: **Así que hubo terminado...** *As soon as he had finished*. Try to avoid it, if possible.

EJERCICIOS

I. Conteste afirmativa o negativamente:

1. ¿Ha recibido Ud. una carta hoy?   2. ¿Le ha interesado alguna vez la astrología?
3. ¿Le han dicho alguna vez su horóscopo?   4. ¿Ha estado Ud. enamorado alguna
vez?   5. ¿Ha asistido Ud. a otra universidad?   6. ¿Se ha desayunado Ud. ya hoy?
7. ¿Han estudiado Uds. ya las dos primeras lecciones?   8. ¿Han tenido un examen
ya en esta clase?   9. ¿Han hablado siempre en español?   10. ¿Ha visto Ud. alguna
vez una exposición de arte «Pop»?

II. Ahora lea en voz alta, y después cambie al pluscuamperfecto (*pluperfect*):

1. Me he levantado temprano.   2. No se ha lavado las manos todavía.   3. Ya hemos
almorzado.   4. Ha hecho una gran fortuna.   5. ¿Han salido ya los niños?   6. Lo
has dicho muy bien.   7. Los hemos roto.   8. No le he escrito todavía.   9. ¿Han
venido todos?   10. ¿Habéis llamado a la policía?

III. Cambie ahora para expresar probabilidad o conjetura. Por ejemplo:

Han llegado ya.   **Habrán llegado ya.**
Habías ganado.   **Habrías ganado.**

1. Han pagado ya.   2. Nos ha visto.   3. No lo han dicho.   4. Había mentido.   5. No
habéis entendido.   6. Ha estado trabajando.   7. Los habían comprado nuevos.
8. ¿Has perdido tu cartera?   9. Me he equivocado.   10. Nos habíamos dormido.

IV. ¿Cómo relacionaría Ud. las frases del Grupo A con las respuestas del Grupo B?

A	B
¿Has escrito ya las cartas?	No. Pero ya sé su número de teléfono.
Hemos comprado muebles nuevos.	Entonces pídaselo a él.
¿Ha encontrado Ud. la dirección de su casa?	No he podido. Está descompuesta la máquina de escribir.
Juanito lo habría hecho fácilmente.	¡Qué va! Los vi hace cinco minutos.
Se habrán ido ya.	Pues debes aceptarlo en seguida.
Me han ofrecido un empleo excelente.	Me habría puesto enfermo.
Había consultado a un médico conocido.	¿Para qué cuarto?
¿Por qué no comió Ud. más?	¿Y no pudo curarlo?

26. Other uses of *haber*

Haber may stand alone as a main verb in the following three expressions. (Notice
that in none of these does it ever mean *to have*.)

A. The impersonal *hay*—there is, there are

Hay una taberna en nuestra aldea.   There is a tavern in our town. —There
  —¡Hay veinte en la mía!   are twenty in mine!

1. In all other tenses, the normal third person singular form of **haber** is used.

Había mucha gente (muchas personas) en la calle.	There were many people in the street.
Hubo un accidente ayer.	There was (took place) an accident yesterday.
Habrá un examen mañana. —¡Ay, no!	There will be a test tomorrow. —Oh, no!

2. And the infinitive can be used after another verb.

Va a haber una fiesta.	There is going to be a party.
Tiene que haber algo mejor. —¡Optimista!	There must be something better. —Optimist!

B. The impersonal *hay que*—one must, it is necessary

Hay que tener fe. —Y hay que actuar también.	One must have faith. —And one must act also.
Habrá que investigarlo. —¿Por qué? ¿Qué pasó?	It will be necessary to investigate it. —Why? What happened?

C. *Haber de*   to be (supposed) to, to be expected to

El tren ha de llegar a las seis. —Sí. Pero dicen que llegará tarde.	The train is (supposed) to arrive at six. —Yes. But they say it will be late.
Pepe había de llamar, y… —No se preocupe. Pronto llamará.	Joe was supposed to call, and… —Don't worry. He'll call soon.

EJERCICIOS

I. Conteste en español:

1. ¿Cuántos días hay en una semana? ¿en un mes? ¿en un año?   2. ¿Cuántos meses hay en un año? ¿Cuántas semanas hay?   3. ¿Cuántos estudiantes hay en su clase de español?   4. ¿Cuántos había el semestre pasado?   5. ¿Hay más muchachos o más chicas ahora?   6. ¿A qué hora ha de volver Ud. a casa hoy?   7. ¿Qué días de fiesta habrá este semestre?   8. ¿Va a haber un partido de fútbol o de básquetbol esta semana?   9. ¿Hemos de terminar esta lección hoy?   10. ¿Hay que tener dinero para vivir feliz?   11. ¿Hay que tener amigos? ¿salud? ¿educación? 12. ¿Hay que casarse?

II. Lea los diálogos siguientes, y después escoja la conclusión más correcta:

1. —¿Sabes? Habrá exámenes finales la semana que viene.
   —Pues hombre, (hay que estudiar, hay que ver una buena película, habrá que dominar sus sentimientos).
2. —¿Dónde estuvieron Uds. el viernes por la noche? ¿No habíamos de ir juntos a casa de Raúl?
   —No pudimos. (Hacía mucho sol. Estaba lloviendo y no había autobús. Habíamos de desayunarnos primero.)

3. —No sé cómo explicárselo a doña Esperanza. Es una persona muy conservadora, y al mismo tiempo muy delicada y sensible (*sensitive*).

—Pues es sencillo. (Habrá que amenazarla. Habrá que decírselo todo de una vez. Habrá que actuar con tacto.)

4. —Ay, me he puesto tan gorda recientemente. ¿Qué voy a hacer?

—(Has de vigilar un poco tu dieta. Has de caminar menos. Has de aprovechar las oportunidades.)

5. —El pobre está cansadísimo. Se levanta temprano, se acuesta tarde, y trabaja día y noche.

—Pues dígale que (hay que descansar menos, ha de cuidarse más, hay que cuidarse demasiado).

Creación   Galería de arte

En fin—

De todas estas obras, ¿cuál le gusta más? ¿Cuál le gusta menos? ¿Cuál considera Ud. más apropiada para colgarse (*hang*) en un museo? ¿y en una casa particular (*private*)? En su opinión, ¿necesita el artista moderno más talento, menos talento, o igual talento que el artista clásico o tradicional? ¿que un Rembrandt? ¿que un Van Gogh? ¿Por qué?

¿Qué representa para Ud. este cuadro? ¿Tendrá algún significado social? Si Ud. fuera artista, ¿con qué colores lo pintaría?

¿Quién sería esta señora? ¿Puede Ud. describirla? ¿Qué nos dice de su carácter y de su vida personal? ¿Por qué cree Ud. que la pintó Goya? ¿Le habría gustado a Ud. conocerla? ¿Por qué?

¿Qué significa para Ud. esta pintura? ¿Tendrá algún valor simbólico? ¿Cómo se relaciona con nuestra vida actual? Y finalmente, ¿le gustaría tenerla en su casa?

¿Qué figuras ve Ud. en esta pintura? ¿Qué otros objetos hay? ¿Qué representarán? Si Ud. fuera compositor de música, ¿con qué instrumentos captaría su escencia?

Accents:

Always stress the last syllable, unless the word ends in "N," "S", or a vowel, in which case stress the second to the last.

Lección ocho

Tablas de repaso

INDEFINITES AND NEGATIVES

Indefinites

algo	something
alguien	somebody, someone
algún, alguno (a)	some, any or some (one of a group)
algunos (as)	some, several (of a group)
(en) alguna parte	somewhere
(de) algún modo	somehow, in some way
(de) alguna manera	
jamás	ever (negative implied)
alguna vez	ever, at some time

THE STRESSED POSSESSIVES

A. ADJECTIVES

mío, mía, míos, mías	mine, of mine
tuyo, tuya, tuyos, tuyas	yours, of yours
suyo, suya, suyos, suyas	his, hers, its, yours **(de Ud,** *or* **de Uds.),** theirs; of his, etc.
nuestro, nuestra, nuestros, nuestras	ours, of ours
vuestro, vuestra, vuestros, vuestras	yours, of yours

These forms appear only *after* a noun, or following the verb **ser.**

un amigo nuestro, unos parientes míos, un tío suyo, unas primas tuyas, esa idea vuestra

El dinero es mío, mío, mío. —**¡Qué va! Es nuestro.**	The money is mine, mine, mine. —Go on! It's ours.

SPECIAL USES OF THE DEFINITE ARTICLE

◆ With all titles, except **don** or **santo** when speaking *about* (NOT *to*!) a person

El señor Salinas ha llegado.	Mr. Salinas has arrived.
But:	
Buenos días, señor Salinas.	Good morning, Mr. Salinas.

◆ When a noun is omitted

el de, la de, los de, las de	*the one(s) of or with, that of, those of*
mi casa y la de los vecinos	my house and that of the neighbors
el del pelo rojo	the one with the red hair
el que, la que, los que, las que	*the one(s) who or that, he who, those who, etc.*
El que me lo dijo mentía.	The one who told me so was lying.

Negatives

nada	nothing
nadie	nobody, no one
ningún, ninguno (a)	none, no (one of a group)
ningunos (as)	no ; none (of a group) (*rare*)
(en) ninguna parte	nowhere
(de) ningún modo	in no way
(de) ninguna manera	
nunca, jamás	never
ni... ni	neither... nor (opposite of **o**... **o** either... or)
tampoco	neither, not... either (opposite of **también** also)

B. PRONOUNS

Sometimes the possessive *mine*, *yours*, etc., serves as subject or complement of a verb ; or it can stand alone. These forms are the same as those of the adjectives that follow a noun, but they are often accompanied by the definite article.

(el) mío, tuyo, suyo, nuestro, vuestro
(la) mía, tuya, suya, nuestra, vuestra
(los) míos, tuyos, suyos, nuestros, vuestros
(las) mías, tuyas, nuestras, vuestras

¿El coche, dice Ud ? Pues el mío está aquí. ¿Dónde está el suyo ? —Allí, en la esquina.	The car, you say ? Well, mine is here. Where is yours ? —There, on the corner.

◆ With nouns used in an abstract or general sense

La vida es buena.	Life is good.
La historia se repite.	History repeats itself.

◆ With parts of the body and articles of clothing, in place of a possessive adjective

Quítense el abrigo.	Take off your coats.
Levante las manos.	Raise your hands (both of them).

◆ With an infinitive to form a noun

El hablar mucho no ayuda a nadie.	Talking a lot doesn't help anyone.

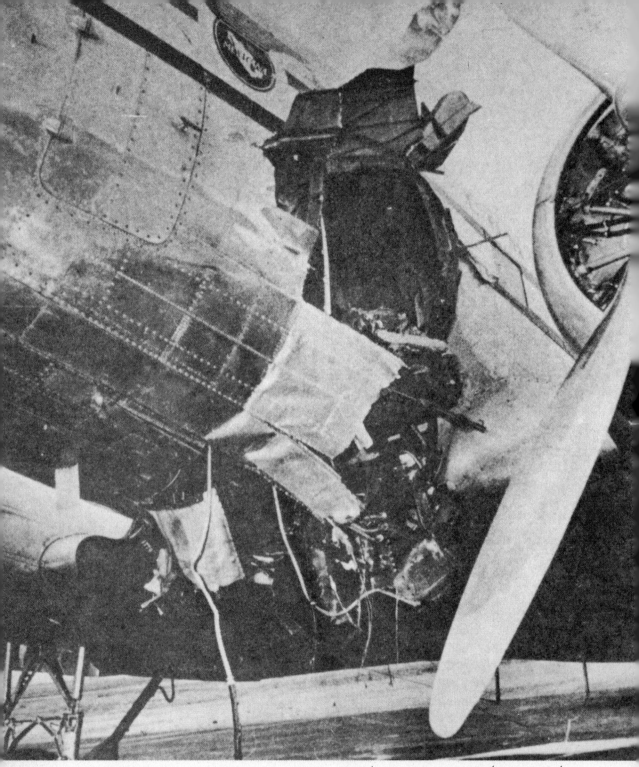

El avión dinamitado poco después de la explosión.

Enfoque

Piloteando un avión dinamitado

El piloto
Rodríguez Corona,
una foto reciente.

Una forma fácil de conseguir dos millones de pesos consiste en **contratar** a siete inocentes **desocupados, sacarles un seguro de vida,** enviarlos por avión a un **supuesto** lugar de trabajo, y **embarcar** en el mismo **vuelo** una **maleta** con **una bomba de tiempo. Para burlar** a las autoridades, los siete contratados no han de tener nada en común, ni siquiera conocerse, y **no se les dará tiempo para comentar** con nadie quién los contrató ni para qué. **Los seguros** de las víctimas no han de ser por **cifras** exageradas, capaces de **despertar sospechas.** Entre los siete beneficiarios de las **pólizas,** todos **prestanombres** del autor del plan, no ha de haber ninguna relación aparente. Los seguros tendrán **fechas** diferentes y **pertenecerán a distintas compañías aseguradoras.** Las autoridades pensarán que la bomba fue colocada por algún **maniático** homicida o grupo terrorista porque las siete víctimas no podrán contar nunca su historia del falso empleo. Un plan infalible, **salvo cuando fracasa.** Eso es lo que **sucedió** el 24 de septiembre de 1952 con un DC 3 de **Mexicana** que minutos antes había **despegado** de la capital **rumbo a** Oaxaca. El héroe de la **jornada** fue el aviador Carlos Rodríguez Corona, ex-piloto de combate que **por entonces** tenía 35 años de edad.

«Esa mañana yo salí de casa **como** a las seis. Era un día gris, **lluvioso,** y despegamos **con media hora de atraso** debido al mal tiempo. Llevábamos diecisiete pasajeros. **A los quince minutos del despegue,** sentí como si alguna mano monstruosa **se aferrara** al avión **por la cola** y **lo sacudiera contra las nubes.** Después oí una explosión.» El viento **zumbaba** alrededor del capitán y del copiloto como si quisiera **arrancarlos** de sus asientos, y los pasajeros **chillaban** de terror. El copiloto tenía **heridas en el rostro,** y la sangre **le empañaba** los ojos.

«No podía comunicarme por radio con el aeropuerto de Veracruz porque habíamos perdido la antena principal. Teníamos el **fuselaje**

hiring...jobless people,
insuring their lives

supposed...ship
flight...suitcase...a time
bomb...To fool

they won't be given time to
discuss

insurance

sums...arousing suspicion

policies...assumed names

dates...will belong to
different insurance
companies
maniac

except when it fails...
happened
(an airline)

taken off...bound for

event

at the time

around

rainy...a half-hour late

15 minutes after take-off

had grabbed

by the tail...was shaking it
against the clouds
was howling
pull them out...were
shrieking with...injuries to
his face...was blurring

medio destrozado, los cables rotos y el motor **chorreando** gasolina.» De pronto, Rodríguez se encontró volando bajo las nubes y vio que estaba sobre las pirámides de Teotihuacán.[1] Recordando que **por allí cerca** había una base aérea militar, decidió **tratar de aterrizar** allí. Por fortuna, ningún avión militar estaba despegando en ese momento, y el DC 3 **tocó tierra con ejemplar suavidad**.

    Apenas iniciadas las investigaciones, una señora con su **hijastro**, un **matrimonio maduro** con una hija suya, un colombiano y un **anciano** descubrieron que los siete habían sido contratados para ir a Oaxaca por **un tal** señor Eduardo Noriega. De ellos, el único que conocía la verdadera identidad de Noriega era el anciano, **tío lejano** del supuesto **empleador**. En pocas horas las autoridades supieron que «Noriega» era un individuo con fama de **tracalero** y que se llamaba Emilio Arellano. Al día siguiente se halló una **pista que vinculaba** a Arellano con Francisco Sierra, un barítono que debía su fama sobre todo **al hecho de haberse casado** con una famosa actriz, treinta años mayor que él. Los acusados **echaron mano de** algunos **trucos** legales y extralegales, pero poco a poco las evidencias **fueron cercándolos**, y los dos fueron condenados a largas sentencias en la prisión. Arellano murió en la cárcel antes de terminar su **condena**, y Paco Sierra salió en 1972.

    Mientras tanto, la vida del aviador Rodríguez Corona **sigue deslizándose** con normalidad. En un **cajón** de algún mueble de su casa **guarda** las medallas que le dieron por su **hazaña** de 1952. En la mente conserva el recuerdo de aquella vez cuando su avión **chocó con una parvada** de pelícanos en Minatitlán, y de aquel día durante la Segunda Guerra Mundial cuando estuvo **a punto de** chocar **en pleno vuelo** con otro avión de su escuadrón. **El ser** piloto trae consigo sus **peripecias**, pero para el capitán Rodríguez, **el peligro** es una manera de ser.

(Adaptado de Elsa R. Estrada, «Piloteando un Avión Dinamitado», **Contenido**, México, noviembre de 1975.)

Glossary (margin):
- fuselage half destroyed... gushing
- near there...try to land
- made a perfect landing
- barely under way...stepson
- mature couple
- old man
- a certain
- a distant uncle
- employer
- con-man
- clue that linked
- to the fact of having married
- latched onto...tricks
- closed in on them
- sentence
- keeps rolling on...
- drawer
- he keeps...feat
- hit a flock
- about to
- in mid-air...Being
- perils
- danger

VAMOS A CONVERSAR

1. ¿Ha oído Ud. alguna vez un caso semejante al del avión dinamitado? ¿Ha sido Ud. víctima alguna vez de violencia en cualquier forma? ¿Ha sido víctima de un fraude o de otro crimen? ¿Ha sufrido tal experiencia algún amigo o miembro de su familia?
2. Con respecto al artículo que acabamos de leer, díganos: ¿Cuándo ocurrió el episodio del avión dinamitado? ¿Dónde ocurrió?

[1] Las famosas ruinas aztecas cerea de la capital.

124

3. ¿Cómo pensaban los conspiradores conseguir dos millones de pesos? ¿Qué precauciones tomaron para burlar a las autoridades? ¿Qué habrían pensado las autoridades si el plan hubiera tenido éxito (*had succeeded*)? ¿Quién fue en efecto el héroe de la jornada?

4. ¿Qué oyó el capitán a los quince minutos del despegue? ¿Por qué no podía comunicarse por radio con el aeropuerto de Veracruz? ¿Dónde pudo aterrizar por fin?

5. ¿Qué descubrieron las autoridades al iniciar las investigaciones? ¿Quién era en realidad «Noriega»? ¿y su cómplice? ¿Cómo resultó el caso?

6. ¿Le gusta a Ud. volar? ¿Ha volado muchas veces? ¿Qué viajes ha hecho en avión? ¿Le gustaría ser piloto algún día? ¿Hay algún piloto en su familia? ¿Le gustaría casarse con uno (o con una)? ¿Por qué? ¿Le gustaría tener su propio avión particular (*private*)?

7. Y finalmente, una pregunta moral: Si el plan de Arellano y Sierra hubiera tenido éxito, ¿cree Ud. que merecerían la pena de muerte (*death sentence*)? En su opinión, ¿se puede justificar la pena de muerte para todo homicidio premeditado? ¿y para los secuestros (*kidnappings*)? ¿y en el caso de la traición (*treason*) a la patria? ¿Por qué?

ESTUDIO DE VOCABULARIO

1. ¿Puede Ud. hallar en cada grupo dos palabras que no correspondan al tema, y después reemplazarlas (*replace them*) con dos palabras que correspondan mejor?

a. volar, pilotear, despegar, desterrar, aterrizar, pasajeros, cola, fuselaje, campo de aterrizaje, prestanombre, cabina, rumbo

b. póliza, vida, maniático, cifras grandes, seguros, robo, beneficiario, fracasar, asegurar

c. contratar, emplear, trabajo, empleado, sospechas, despegue, negocio, fábrica

d. bomba, dinamita, explosión, atraso, empañar, estallar, destrozar, terrorismo, víctimas

e. gris, lluvioso, llover, mal tiempo, nubes, sol, viento, invierno, frío, nevar, bufanda y abrigo, playa

f. acusados, proceso, crimen, cárcel, anciano, chorrear, investigaciones, prestanombre, engaño, conspiración

2. Esta vez trate de encontrar en el artículo que acabamos de leer un sinónimo para cada una de las expresiones siguientes. (Ud. hallará las palabras en el mismo orden en que están indicadas aquí.)

obtener, emplear, sin trabajo, mandar, engañar, diferentes, la policía, lunático, trabajo, excepto, ocurrió, con destino a, en aquel tiempo, gritar, cara, de repente, comenzadas, viejo, cárcel

3. Y una cosa más (si le queda tiempo) : ¿Cuántas palabras conoce Ud. que se relacionen lingüísticamente con las siguientes : despegue, aterrizar, contrato, capaz, fracaso, lejano, cerca, siguiente, choque, empleador?

ESTRUCTURA

27. Indefinites

These are the most common indefinites :

algo	something
alguien	somebody, someone
algún, alguno (a)	some, any or some (one of a group)
algunos (as)	some, several (of a group)
algún día	some day, some time
(en) alguna parte	somewhere
(de) algún modo, (de) alguna manera	somehow, in some way
jamás	ever (when a negative is implied)
alguna vez	ever, at some time (no negative implication)

Tengo algo que contarte. —Pues dímelo.	I have something to tell you. —Well, tell me.
Hay alguien en la cocina con Dina. —¿Quién será?	Someone's in the kitchen with Dinah. —Who can it be?
¿Ha visto Ud. a alguno(s) de mis amigos? —Sí, he visto a algunos. Pero hoy no.	Have you seen any of my friends? —Yes, I have seen some. But not today.
¿Han oído Uds. jamás tal cosa? —Nunca.	Have you ever heard such a thing? (Negative reply expected)—Never.
¿Ha estado Ud. alguna vez en París? —Varias veces.	Have you ever been in Paris? —Several times.

EJERCICIOS

I. Conteste, por favor :

1. ¿Le gusta a Ud. viajar? ¿Ha estado Ud. alguna vez en Europa? ¿en algún país hispanoamericano? 2. ¿Ha visitado alguna vez el Oriente? ¿Le gustaría ir algún día al Africa? 3. ¿Le gusta mucho comer? Pues, ¿cuáles son algunos de sus platos favoritos? 4. ¿Ha visto Ud. alguna película buena recientemente? ¿algún programa excepcional de televisión? 5. ¿Ha oído alguna noticia interesantísima esta semana? 6. ¿Ha leído algunas novelas buenas este año? 7. ¿Ha oído Ud. jamás una idea tan cruel como la de Sierra y Arellano (la de dinamitar el avión)? 8. Hablando de cosas más personales, ¿cree Ud. que se hará rico(a) de alguna manera? ¿Cree Ud. que se hará famoso(a) de alguna manera? 9. Y finalmente, ¿hay alguien que me pueda prestar cien dólares hasta mañana? ¿veinte? ¿diez?

II. Termine de una manera original :

1. Algún día voy a...
2. No sé cómo, pero de alguna manera...
3. En alguna parte...
4. Yo conozco a alguien que...
5. Eso es algo que...
6. Algunas personas...
7. Tengo algo que...

28. Negatives

A. Negation in general

1. A sentence is made negative by placing **no** before the entire verb form, i.e., before **haber** in a compound tense, or before the auxiliary that precedes a present or past participle. This is contrary to English usage, which places the negative between the auxiliary and the participle.

No ha ido. —¿Todavía no?	He has not gone. —Not yet?
No estaban gritando. Estaban cantando.	They weren't shouting. They were singing.
Enhorabuena. —Por favor, no hemos sido elegidos todavía.	Congratulations. —Please, we haven't been elected yet.

2. Only object pronouns may stand between the negative and the verb.

No les he hecho ningún daño. —¡Claro!	I haven't done them any harm. —Of course!

B. These are the most common negatives :

nada	nothing, not...at all
nadie	nobody, no one
ningún, ninguno(a)	none, no (one of a group)
ningunos (as)	no; none (of a group) (*rare*)
nunca, jamás	never
de ningún modo	in no way, by no means, not at all
de ninguna manera	
tampoco	neither (opposite of **también** also)
ni... ni	neither... nor (opposite of **o**... **o** either... or)

◆ Unlike English, **ni**... **ni** takes a *plural* verb in Spanish.

Ni Mario ni Rosa **vendrán**.	Neither Mario nor Rose will come.
Ni ella ni yo **iremos**.	Neither she nor I will go.

C. The double negative

Remember:

En español, no se omite nunca ningún negativo. Bueno, casi nunca.	In Spanish, you (don't) never leave out no negative. Well, hardly never.

Two negatives, or as many negatives as the sentence requires, add up to a negative in Spanish.

No conozco a nadie en este pueblo. —Ni yo tampoco.	I don't know anyone in town. —Neither do I.
No lo han mencionado nunca a nadie. —Y con razón.	They have never mentioned it to anyone. —And with good reason.

When a negative such as **nunca, nadie, nada,** or **tampoco** precedes the verb, **no** is omitted.

No he estado nunca en París. **Nunca he estado en París.**	I have never been in Paris.
No se lo dijo nadie. **Nadie se lo dijo.**	Nobody told him.
No sabe leer tempoco. **Tampoco sabe leer.**	Neither does he know how to read.

D. Using negatives after comparisons

After a comparative, indefinites take the negative from.

Le respeto a él más que a nadie.	I respect him more than anyone.
Ahora sabemos menos que nunca.	Now we know less than ever.
Más que nada, te quiero, te adoro. —Y yo también.	More than anything, I love you, I adore you. —So do I.

EJERCICIOS

I. Conteste de la manera más negativa las preguntas siguientes:

1. ¿Ha visto Ud. hoy **algo** de interés especial? 2. ¿Ha viajado Ud. **alguna vez** en un helicóptero? 3. ¿Se ha encontrado con **alguno** de sus amigos esta mañana? 4. ¿Vamos a **algún** sitio? 5. ¿Me ha llamado **alguien**? 6. ¿Han terminado Uds. **también**? 7. ¿Lo harán ellos **de algún modo**? 8. ¿Habéis hecho **algo** para mí? 9. Por lo visto no ha venido María. ¿**Y Luisa**? (No vino…) 10. Nos ayudará él **o** su hermano, ¿verdad?

II. ¿Puede Ud. hallar en el Grupo A respuestas lógicas para las oraciones del Grupo B?

A	B
¿Le importa que fumemos?	No tengo ganas de conocer a nadie.
¿Ha estado alguna vez en Berlín?	De ninguna manera, pero no aquí.
Te presentaré a una chica que te va a gustar.	No. No he visitado nunca Alemania.
Estamos seguros. De alguna manera lo harán.	Ni me lo dio ni me lo prestó.
¿Le gusta el español?	Ni su hermano tampoco.
¿Lo había terminado todo?	Más que nada.
Elisa no viene, ¿verdad?	No creo que lo hagan jamás.
¿Así que Roberto te dio el dinero que le pediste?	Al contrario. No había hecho nada.

29. The stressed possessives

A. We have already reviewed the unstressed possessives **mi(s), tu(s), su(s),** etc. These, as you know, are adjectives that always go *before* the noun and are seldom stressed with the voice.

Eran mis mejores amigos.	They were my best friends.
Estos son tus discos.	These are your records.

B. Here are the stressed possessives:

mío (a, os, as)	(of) mine	nuestro (a, os, as)	(of) ours
tuyo (a, os, as)	(of) yours	vuestro (a, os, as)	(of) yours
suyo (a, os, as)	(of) his, (of) hers.		
	(of) yours (de Ud. or Uds.), (of) theirs		

These forms either *follow* the noun or stand alone after the verb **ser.** They are also frequently used in exclamations. Remember, however, that they *never precede* a noun!

Estos discos son tuyos, ¿no? —No. Son de unos amigos míos.	These records are yours, aren't they? —No, they belong to some friends of mine.
La idea fue suya, la ejecución, nuestra.	The idea was his, the working-out, ours.
¡Amor mío! —¡Vida mía! —(¡Dios mío!)	My love! —My life! —(My G...!)

C. If clarification is needed in the third person, **suyo (a, os, as)** is replaced simply by **de él, de ella,** etc. In other words:

Eran suyos. ⟶ Eran de él, de ella, de Ud., de ellos, de ellas, de Uds.

Han llegado las maletas de Uds., pero no las de ellos.	*Your* suitcases have arrived, but not *theirs.*

D. When we add the definite article to the stressed possessive, we turn the possessive adjective into a pronoun. **El mío, la mía, los míos,** etc., is used primarily as subject or object of a verb. For example:

¿Qué coche usaremos, el tuyo o el nuestro? —El suyo. El mío está descompuesto.	Which car shall we use, yours or ours? —Yours. Mine is out of order.

It may even be used after **ser,** when we wish not only to indicate possession, but to make a selection as well.

Esta casa es nuestra.	This house is ours. (We own it.)
Esta casa es la nuestra.	This house is ours. (It's *the one* we own or in which we live.)

| ¿Esos asientos son suyos? | Are those seats theirs? (Do they belong to them?) |
| ¿Esos asientos son los suyos? | Are those seats theirs (*the ones* in which they'll sit)? |

EJERCICIOS

I. Conteste afirmativamente, empleando el posesivo apropriado:

1. ¿Es de los Ramírez la casa? 2. ¿Es mío este asiento? 3. ¿Son de Ud. esas medallas? 4. ¿Son nuestras estas camas? (*2a persona singular*) 5. ¿Serán míos estos muebles? 6. ¿Es tuyo ese aparato? 7. Los trucos no eran de María, ¿verdad? 8. La idea no fue tuya, ¿eh? 9. ¿Son de su hermana esas pólizas? 10. ¿Son de Uds. todas aquellas maletas?

II. Conteste ahora de una manera original, según los ejemplos:

Mis padres viven en California. ¿Y los suyos? —Los míos...
Nuestro colegio no está lejos. ¿Y el de Uds.? —El nuestro...

1. Nuestro profesor es el mejor del mundo. ¿Y el (la) de Uds.? 2. Mi familia no me entiende. ¿Y la tuya? 3. El coche de mi hermano es negro. ¿Y el de Ud.? 4. Mi casa tiene dos pisos. ¿Y la de Uds.? 5. Nuestra clase está progresando maravillosamente. ¿Y la vuestra? 6. Tengo mis guantes en casa. ¿Tú tienes los tuyos? 7. Dejé el periódico en el tren. ¿Me deja leer el suyo? 8. Está lloviendo muy fuerte ahora, y no tengo paraguas. ¿Me presta Ud. el suyo? 9. En nuestra clase hay más chicas que muchachos. ¿Y en la suya? 10. Este televisor ya no sirve. ¿Cómo funciona el tuyo?

III. Diga finalmente en español:

1. He was my roommate, but he wasn't really a friend of mine. —Mine was my best friend. We were like brothers, always fighting! 2. I don't like those ideas of yours. —Why not? —Because they're better than ours. 3. I don't have a pen. Can you lend me yours? —Mine doesn't work. I'm sorry. 4. Here are the papers of the whole class. Which ones are yours? —Let's see. If the grades are good, they're all ours. 5. The furniture was hers, but she let us use it. —How nice!

30. Special uses of the definite article

A. With all titles except **don** and **santo**, when speaking *about* (NOT *to*!) a person

El capitán Rodríguez fue el héroe de la jornada. —¡Qué cosa, eh!	Captain Rodríguez saved the day. —That was something, wasn't it?
Tú conoces a la doctor Mera, ¿no? —No he tenido el gusto. —Pues, doctor Mera, déjeme presentarle a la señorita Oviedo.	You know Dr. Mera, don't you? —I haven't had the pleasure. —Well, Dr. Mera, let me introduce to you Miss Oviedo.
Aquí viene don Juan.	Here comes Don Juan.
San Francisco fundó la orden franciscana.	St. Francis founded the Franciscan order.

B. With nouns used in a general or abstract sense

El pan es el sostén de la vida.	Bread is the staff of life.
La historia se repite.	History repeats itself.
Las mujeres viven más que los hombres. —¿De verdad?	Women live longer than men. —Really?

Notice especially that the definite article is NOT used when *some* or *any* is implied.

Deme dinero para pan. —Siempre.	Give me (some) money for (some) bread. —Always.
No tuvieron tiempo. —¿Por qué no?	They didn't have (any) time. —Why not?

C. In place of a possessive

With parts of the body, articles of clothing and personal effects, the definite article generally replaces the possessive adjective. The possessor is indicated by an indirect object pronoun (if the subject does the action to someone else) or by a reflexive (if the subject does the action to himself).

Les puse la chaqueta.[1]	I put their jackets on them.
Se puso la chaqueta.	He put on his (own) jacket.
Lávate las manos y la cara antes de comer. —¡Ay, por favor!	Wash your hands and face before eating. —Oh, please!
Me quitó el aliento.	It took my breath away.

Of course, if the possessor is not otherwise revealed, the possessive adjective is used.

Se puso mi chaqueta.	He put on my jacket.
Quise abrir tu paraguas, pero estaba roto.	I tried to open your umbrella, but it was broken.

D. As a pseudo-demonstrative

English frequently uses *that* and *those* not to point out something, but merely as a substitute for a noun. Since this is not a true demonstrative, Spanish uses the definite article instead of the demonstrative pronoun.

La Facultad de Educación y *la* de Humanidades...	The School of Education and that of Liberal Arts...
Nuestra casa y *las* del otro lado de la calle son de ladrillos.	Our house and those (the ones) across the street are of brick.
Los que vinieron se divirtieron mucho. —Por supuesto.	Those (the ones) who came had a very good time. —Of course.

---

[1] Notice that since each person is putting on *one* jacket, Spanish uses the singular noun. Witness: **Quítense el sombrero.** *Take off your hats.* **Cuando terminen, levanten la mano.** *When you finish, raise your hands (one hand).* But: **Cuando terminen, levanten las manos.** *When you finish, raise your hands (both hands).*

E. With an infinitive to form a noun

Unlike English, which uses the present participle (*living, smoking*, etc.), Spanish uses the definite article **el** plus an infinitive as subject or object of a verb.

El vivir allí cuesta un dineral. —¿Y dónde no?	Living there costs a fortune. —And where doesn't it?
El fumar puede causar diversas enfermedades. —Ya lo sé.	Smoking can cause various illnesses. —Don't I know!
No aguanto el gritar de esos niños. —Eres muy nerviosa, ¿sabes?	I can't stand the shouting of those children. —You're very nervous, you know?

EJERCICIOS

I. Conteste escogiendo siempre una de las alternativas:

1. ¿Va Ud. a la escuela en su propio coche o en el de un amigo?
2. ¿Le interesa a Ud. más la clase de español o la de inglés?
3. ¿Le gustan más las modas de hoy o las de épocas anteriores?
4. ¿Entiende Ud. mejor el arte moderno o el del período clásico?
5. ¿Le gustan más los bailes nuevos o los que se llaman folklóricos?
6. ¿Está Ud. en la clase que se gradúa en junio o en la de otro año?
7. Cuando uno entra en un edificio, ¿se quita o se pone el sombrero?
8. Cuando comienza a llover, ¿se cierra o se abre el paraguas?
9. Antes de comer, ¿nos lavamos las manos o los pies?
10. Después de cada comida, ¿debemos lavarnos los dientes o el pelo?
11. Para tocar la trompeta, ¿usamos las manos y la boca o las manos y los pies? ¿Y para tocar el órgano?
12. Si Ud. desea contestar una pregunta en la clase, ¿levanta una mano o las dos manos? ¿Y si se le acerca un ladrón con una pistola?

II. Termine ahora de una manera original:

1. La felicidad es... 2. El amor es... 3. Los hombres son... 4. Las mujeres son... 5. Los viejos son... 6. Los jóvenes son... 7. El comer demasiado... 8. El mucho trabajar... 9. El pensar sólo en sí mismo... 10. El decir siempre la verdad... 11. El casarse muy joven... 12. El ser piloto...

Creación Noticiero

Imagínese que es Ud. cronista (*newscaster*) de radio o de televisión y que acaba de recibir la última información sobre un crimen escandaloso—un asesinato, un rapto (*kidnapping*), el secuestro de un avión, un acto de terrorismo, etc. Ud. prepara con cuidado su reportaje, y comienza a hablar. «Interrumpimos este programa para traerles un boletín especial…»

Lección nueve

Tablas de repaso

SER AND ESTAR

A. IRREGULAR FORMS OF *SER*

Pres. Ind.	soy, eres, es, somos, sois, son
Imperf.	era, eras, era, éramos, erais, eran
Pret.	fui, fuiste, fue, fuimos, fuisteis, fueron
Pres. Subj.	sea, seas, sea, seamos, seáis, sean
Imp. Subj.	fuera, fueras, fuera, fuéramos, fuerais, fueran
	fuese, fueses, fuese, fuésemos, fueseis, fuesen
Imperative	sé (tú)

B. IRREGULAR FORMS OF *ESTAR*

Pres. Ind.	estoy, estás, está, estamos, estáis, están
Pret.	estuve, estuviste, estuvo, estuvimos, estuvisteis, estuvieron
Pres. Subj.	esté, estés, esté, estemos, estéis, estén
Imp. Subj.	estuviera, estuvieras, estuviera, estuviéramos, estuvierais, estuvieran
	estuviese, estuvieses, estuviese, estuviésemos, estuvieseis, estuviesen

C. THE USES OF *SER* AND *ESTAR*

Ser
(who, what)

1. *With adjectives*
   Characteristic, quality
   Es bonita.   She is pretty.
   Son muy cansados.   They're very boring.

2. *Subject = noun, pronoun*
   Es abogado.   He is a lawyer.
   ¿Quién es?   Who is it?
   Soy yo.   It's I (me).

3. *Possession*
   ¿Es tuyo el coche?   Is the car yours?
   No, es de Pepe.   No, it's Jim's.

4. *Passive Voice*
   Don Quijote fue escrito por Cervantes.   *Don Quixote* was written by Cervantes.
   La casa será construida aquí.   The house will be built here.

5. *Time of day*
   ¿Qué hora es?   What time is it?
   Es la una.   It is one o'clock.
   Eran las doce.   It was twelve.

6. *Origin, material, destination*
   ¿De dónde es?   Where is he from?
   Es de Lima.   He is from Lima.
   La casa era de piedra.   The house was (made of) stone.
   La mesa será para mi cuarto.   The table will be for my room.

7. *In most impersonal expressions*
   Es posible (imposible, necesario, evidente, lástima, importante, etc.).

8. *To express "to take place"*
   ¿Cuándo es el examen? —Mañana.   When is the exam? —Tomorrow.
   ¿Dónde será? —Aquí mismo.   Where will it be? —Right here.

Estar
(where, how)

1. *With adjectives*
   State, condition, semblance
   Está bonita.   She looks pretty.
   Están muy cansados.   They're very tired.

2. *Location or position*
   ¿Dónde estás?   Where are you?
   Estoy en casa.   I'm at home.
   ¿Estaban sentados o parados?   Were they sitting or standing?

3. **Estar** + *present participle = progressive tense*
   Estamos estudiando.   We are studying.

4. **Estar** + *past participle = resultant state of an action*
   Ya estaba muerto.   He was already dead.
   Estamos rodeados.   We are surrounded.

Patricia Hearst—¿víctima o criminal? ¿Cómo habría decidido Ud. su caso?

El cultista Charles Manson, asesino de numerosas personas. ¿Cree Ud. que merecía la pena de muerte?

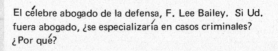

El célebre abogado de la defensa, F. Lee Bailey. Si Ud. fuera abogado, ¿se especializaría en casos criminales? ¿Por qué?

Enfoque

Usted y la ley

¿Ley? ¿Justicia? ¿Son la misma cosa o son diferentes? Díganos, ¿cómo decidiría Ud. estos casos?

1. Gutiérrez contra Solana

A la muerte de sus padres, Antonio Gutiérrez, único hijo y **heredero** de Josué y Francisca Gutiérrez, vende la **casa solariega** con todos sus muebles y **pertenencias** por 150.000 pesos a un **tal** Emilio Solana. Dos semanas después, Antonio descubre entre la correspondencia de sus padres una carta dirigida a él. La carta le cuenta que entre las **tablas del piso del desván** hay un **cofre** con 70.000 pesos. El dinero es para él, exclusivamente para él. Antonio llama a Emilio Solana.

«Sí»—contesta Solana—«hemos encontrado el cofre con el dinero. ¡Qué suerte tuvimos, eh!»

«Pero»—**balbucea** Antonio—«pero ese dinero es mío.»

«**Lo fue.**»—responde Solana. «Mejor suerte la próxima vez, viejo.»

Antonio va a la corte, **reclamando** los 70.000 pesos. Seguramente, **alega**, no fue su intención incluir aquella cantidad de dinero con la **venta** de la propiedad. Solana responde que ha comprado la casa con todas sus pertenencias, y que **por lo tanto**, el dinero es suyo.

Ahora bien, ¿qué nos dice Ud.?

2. Arias contra Transportes Urbanos, S.A.

Es **la hora más concurrida del día,** y Anastasio Arias busca desesperadamente un taxi. Por fin, ve que se acerca uno y **lo hace parar.**

«Este taxi no está en servicio»—le dice el chofer. «No le puedo llevar a ninguna parte.»

«Por favor»—le ruega el hombre—«tengo un **compromiso** urgente en diez minutos. Si Ud. me lleva allí, le daré una **propina** de 100 pesos.»

heir

family home

belongings...certain

*floorboards of the attic...
coffer*

stammers

It was.

demanding

he alleges

sale

therefore

Inc.

rush hour

he stops it

appointment

tip

«Pero no puedo»—arguye el chofer. —«La compañía no me permite trabajar durante estas horas. Tengo que llevar el taxi al garage.»

«Mire Ud. Le daré una propina de 500 pesos. La compañía **no se tiene que enterar.**» — doesn't have to find out

«Bueno, señor. ¿Adónde vamos?»

«A la calle Sucre, y rápido. Le daré 100 pesos más si llegamos en cinco minutos.»

El taxi **arranca como disparado** y comienza su **loca carrera.** En el tercer **cruce de caminos,** pasa una luz roja, **choca** con otro coche, y el pasajero **queda herido.** El taxi y el otro coche sufren graves **daños.** Cuando sale del hospital, Anastasio Arias va a un abogado para reclamar **daños y perjuicios** contra la compañía de transporte. El dueño del segundo coche también les presenta una demanda. **Mientras tanto,** la compañía hace un reclamo contra el chofer y contra Arias.

- pulls off like a shot...
- mad course
- intersection...collides
- is injured
- damages
- damages
- Meanwhile

En su opinión, ¿quién debe pagar—el pasajero, el chofer o la compañía de taxis? ¿Por qué?

3. Delmírez contra M. Hernández y Cía

Pasando por una tienda de **antigüedades,** Emilia Delmírez, coleccionista de porcelanas orientales, ve en el **escaparate** una hermosa **vasija,** cerca de la cual se halla la **etiqueta** siguiente: «Dinastía Ming. 2000 pesos.» Sabiendo que aquella vasija no podía ser de la dinastía Ming, sino de otra anterior, y que valía por lo menos quince mil pesos, la señora entra a negociar con el **tendero.**

- antiques
- show window
- vase...price tag
- storekeeper

«Estoy interesada en aquella vasija de la Dinastía Ming»—comienza la señora. —«¿Podría Ud. decirme...?»

«El propietario no está en este momento, señora»—interrumpe el **dependiente.**—«Si Ud. quiere esperar...» — salesclerk

«No. Tal vez Ud. me puede ayudar. Dígame, ¿está Ud. seguro de que esta vasija es auténtica de la dinastía Ming?»

«Si así indica la etiqueta, así tiene que ser. Todo lo que vendemos aquí es genuino. Además, esta vasija es de una porcelana especial que es **inquebrantable.**» — unbreakable

«Eso no me importa. Lo único que me interesa es que sea genuina.»

«Está bien, señora. **Lo es.**» — It is (genuine).

La señora Delmírez le paga los dos mil pesos y sale contentísima de la tienda con su **ganga.** Media hora más tarde, al colocar la vasija en un **gabinete** de su sala, la señora **se resbala.** La vasija cae al suelo y **se hace pedazos.** Furiosa, la señora llama a la tienda, alegando que había comprado una vasija inquebrantable y que por lo tanto ellos eran responsables.

- bargain
- cabinet...slips
- smashes to bits

«Pero Ud. le dijo al dependiente que no le importaba que fuera inquebrantable, sólo que fuera genuina.»

«Ahora sí me importa. Su representante me lo garantizó.»

«Además, señora, la vasija que Ud. compró por 2000 pesos valía en realidad 20.000. Era de una época muy anterior a la Ming. La etiqueta correspondía realmente a otra vasija que estaba a su lado.»

«Puede ser. Yo sabía que era una gran ganga. En efecto, **pensaba** venderla a otro coleccionista, y **me habría sacado una buena ganancia.**

I was intending
I would have made a good profit

«Entonces Ud. como experta debía saber también que ninguna vasija de aquella época es inquebrantable. Ud. me defraudó.»

«Al contrario. Yo pedí una vasija de la dinastía Ming, no de otra. Ud. me defraudó a mí.»

En fin, la señora presenta una demanda de 20.000 pesos, el valor legítimo de la vasija rota, al propietario de la tienda. El propietario por su parte presenta una demanda de 18.000 pesos contra ella, alegando que **se aprovechó** de su ausencia para comprar por 2000 pesos una vasija que valía veinte.

she took advantage

¿Cómo decide este caso Ud.?

VAMOS A CONVERSAR

1. ¿Ha estado Ud. alguna vez en una corte de justicia? ¿Ha estado alguna vez algún miembro de su familia? ¿Hay un abogado en su familia? ¿Le gustaría a Ud. ser abogado? ¿Por qué?

2. En el supuesto caso de hacerse Ud. abogado, ¿qué tipo de clientela le gustaría tener—gente rica, de la clase media o gente pobre? ¿Le interesan más los pleitos (*suits*) civiles o los procesos (*trials*) criminales?

3. Recapitulando un poco, ¿podría Ud. decirnos en sus propias palabras exactamente lo que ocurrió en el caso primero (Gutiérrez contra Solana)? ¿Ha oído o leído Ud. alguna vez un caso semejante?

4. En su opinión, ¿qué profesión u oficio tiene Anasatasio Arias? ¿Por qué cree Ud. que tenía tanta prisa? ¿Cuánto dinero le ofreció al chofer para llevarlo a su destino? ¿Hizo bien o mal el chofer al aceptarlo? ¿Qué habría hecho Ud. si fuera él?

5. ¿Ha sufrido Ud. alguna vez un accidente de automóviles? ¿Ha sufrido uno algún amigo o pariente suyo? ¿Qué pasó? Si hubo pleito, ¿quién lo ganó?

6. ¿Es Ud. coleccionista de alguna cosa? Si Ud. tuviera ilimitados medios (*means*) económicos, ¿qué le gustaría coleccionar? ¿Le interesan los sellos (*stamps*) raros? ¿las porcelanas? ¿las muñecas (*dolls*)? ¿los autógrafos de personas famosas?

7. Si Ud. fuera el (la) abogado de la señora Delmírez, ¿qué argumentos alegaría en defensa de su posición? ¿Cómo los refutaría si fuera el abogado del señor Hernández?

ESTUDIO DE VOCABULARIO

1. Piense por un momento y díganos todas las cosas que asocie Ud. con la ley... con la justicia... con la corte...
2. ¿Cuál es la primera idea que se le ocurre al oír las palabras siguientes: dinero... desván... correspondencia... muebles... venta... taxi... propina... demanda... pasajero... escaparate... vasija... antigüedades... tienda... etiqueta...?
3. ¿Puede Ud. decirnos por lo menos cinco cosas que se encuentren normalmente en un gabinete? ¿en el cajón de su escritorio? ¿en el escaparate de una ropería (*clothing store*)? ¿en el escaparate de una joyería (*jewelry shop*)? ¿en el escaparate de una ferretería (*hardware store*)? ¿en el escaparate de una panadería o confitería (*bakery*)? ¿en el desván de su casa?

ESTRUCTURA

31. General view of *ser* and *estar*

Ser and estar both mean *to be*. However, these two verbs are widely different in their concepts, and they can never be interchanged without a basic change of meaning. In most cases, they cannot be interchanged at all.

In general, ser tells *who* the subject is or *what* it is in essence. Estar usually relates *where* or in what *condition* or *position* it is.

32. *Ser* and *estar* with adjectives

A. When the verb *to be* joins the subject with an adjective, ser is used to represent an essential characteristic or quality; estar is used to represent a state or condition or a semblance of being—what the subject looks like, seems like, feels like, tastes like, not what it actually is in essence.

Remember these cues: un ser (*a human being, an essence*); un estado (*a state*), los Estados Unidos (*the United States*).

Ser		Estar	
El hielo es frío.	Ice is cold.	El café está frío.	The coffee is cold.
El muchacho es pálido.	The boy is (characteristically) pale.	El muchacho está pálido.	The boy is (looks, happens to be) pale.
¡Qué bonita eres!	How pretty you are!	¡Qué bonita estás!	How pretty you look!
Ana es lista.	Ann is bright.	Ana está lista.	Ann is ready.
Mi hijo es bueno (malo).	My son is good (bad).	Mi hijo está bueno (malo).	My son is well (ill) —in good or bad condition.

¿Cómo es?	What is he like?	¿Cómo está?	How is he feeling?
Las uvas son verdes.	The grapes are green (their normal color).	Las uvas están verdes.	The grapes are green (unripe).
La sopa es rica.	The soup is rich.	La sopa está rica.	The soup is delicious. (It tastes delicious.)
Pepe es muy alto.	Joe is very tall.	Pepe está muy alto.	Joe is (getting) very tall. (He's still growing.)
Ese vestido es muy grande.	That dress is very big.	Ese vestido me está grande.	That dress is big for me. (It may be small, but I'm smaller.)

Important:

The common notion that **ser** indicates a permanent situation and **estar** a temporary one is not entirely accurate. Of course, an essential characteristic or quality frequently is permanent, and a state or condition may often be temporary. But this is not necessarily so.

Youth is temporary. Wealth may come and go. Beauty may disappear. Size may change. Yet for the time that they last, they are sufficiently pervading to characterize a being.

Somos jóvenes.	We are young.
Era pobre.	He was poor.
Había sido muy gorda.	She had been very fat.

Conversely, a state may be fairly permanent: **Está muerto.** *He is dead* (the resultant *state* of the action of dying). Even the addition of the adverb *always* does not convert a state into a characteristic:

Esa ventana siempre está cerrada.	That window is always closed.

B. Age and financial position are regarded as characteristics of a person, and therefore the adjectives **joven, viejo, rico, pobre** normally take **ser**. However, when the speaker wishes to imply that the subject looks, seems, appears, feels (not is) young or old, **estar** is used.

El Sr. Colón es viejo.	Mr. Colon is old.
Cuando era joven, era muy rico.	When he was young, he was very rich.

But:

¿Ha visto Ud. al Sr. Cólón? Está muy viejo.	Have you seen Mr. Colon? He's looking very old.

C. Aside from the difference of implication that always exists when the same adjective is used with **ser** or **estar**, there is very often an essential difference in translation as well. (Recall **bueno, malo, listo, verde.**) Here are other important adjectives that also show marked differences in translation when used with **ser** or **estar**.

◆ **Estar enfermo** means *to be sick*. **Ser enfermo** or **enfermizo** means *to be an invalid* or *to be sickly*.

El pobre Ramón siempre está enfermo.   Poor Raymond is always sick. —Yes, he
  —Sí, es algo enfermizo.   is rather sickly.

◆ **Estar cansado** means *to be tired*.   **Ser cansado** means *to be tiresome*.

¡Qué cansada estoy!   How tired I am!
¡Qué cansado es ese profesor!   How tiresome that professor is!

◆ **Estar aburrido** means *to be bored*.   Ser **aburrido** means *to be boring*.

¿Está aburrido? —Hasta más no   Are you bored? —Terribly. The work is
poder. El trabajo es muy aburrido.   very boring.

◆ **Estar seguro** means *to be certain, sure, positive* (one's state of mind), or *to be safe* (out of danger).

Estoy seguro de que me vio —No. No   I am sure that he saw me. —No. He
  pudo.   couldn't.
No te preocupes. Tu hijo está seguro.   Don't worry. Your son is safe. —Thank
  —Gracias a Dios.   God.

Ser seguro means *to be a certainty* or *to be safe* (not dangerous), *trustworthy, reliable, accurate* (as an object, a method, etc.).

Eso es absolutamente seguro.   That is absolutely certain (an absolute
     certainty).

No te preocupes. La máquina es   Don't worry. The machine is safe.
  segura.

EJERCICIOS

I. Complete las frases siguientes usando **ser** o **estar**:

1. Ayer Luisa ——————— muy guapa, ¿verdad? 2. Aunque ——————— rico, nunca ——————— contento. 3. ¿——————— caliente el café? No.——————— algo frío. 4. Hoy el señor García tiene mala cara; ——————— muy viejo. 5. Mis padres ——————— jóvenes entonces. 6. ¿Qué le parece la chica? ¿——————— guapa o no? 7. La sala ——————— hermosa, pero ——————— sucia. 8. Desde que llegó a Sevilla, mi madre ——————— mala. 9, Tus amiguitos no me gustan nada. ——————— muy malos. 10. Su familia ——————— muy pobre, su papá ——————— enfermo, y por eso siempre ——————— preocupado.

II. Conteste ahora :

1. ¿Está Ud. más gordo ahora que el año pasado ? ¿Está más delgado ? ¿Está igual ?
2. ¿Está contento de los cursos que está tomando ?   3. ¿Cree Ud. que le serán útiles en el futuro ?   4. ¿Cuántos hermanos tiene Ud. ? ¿Es Ud. el mayor ? ¿el menor ? ¿el más alto ? ¿el más bajo ?   5. ¿Eran pobres o ricos sus padres cuando se casaron ? ¿Eran muy jóvenes ?   6. ¿Ha visto Ud. un retrato (*portrait*) de sus padres en el día de su casamiento ? ¿Estaba muy hermosa su mamá ? ¿Cómo estaba su papá ? ¿De qué color estaba vestida la novia (*bride*) ?   7. ¿Qué tomó Ud. de desayuno esta mañana ? ¿Estaba bien caliente el café ? ¿Cómo es por lo general la comida aquí ? 8. ¿Cómo es su novio (o su novia) ? ¿Es alto ? ¿bajo ? ¿rubio ? ¿moreno ?   ¿inteligente ? ¿simpático ? Descríbanoslo(la).   9. ¿Están vivos o muertos sus abuelos ? ¿y sus bisabuelos ? ¿Son bastante viejos ya ?   10. ¿Está Ud. cansado de contestar tantas preguntas ? ...Bueno.   Pero —¿está seguro de que comprende ya la diferencia entre **ser** y **estar** ?

III. Diga en español :

1. How is the water today ? —It's a little cool.   2. Wood is heavy. The Andes are high. The grass is tall. The vase is genuine.   3. What is there (**hay**) in this trunk ? It's very heavy.   4. Nothing. It's a heavy trunk.   5. Johnny was to be here too, but he's sick.   6. You must be very tired. You look pale. Are you hungry (**¡ Cuidado aquí !**) ?   7. Joan, how slim you look ! —I *am* slim !   8. Are you sad or are you angry with me ? —No, it's that the book I'm reading is very sad.

33. Other uses of *ser*

A. When *to be* links the subject with a noun or a pronoun

Es tendero, ¿no ? —Sí, es especialista en antigüedades.	He's a storekeeper, isn't he ? —Yes, he's a specialist in antiques.
No creo que sea Raúl. —Sí, es él.	I don't think it's Ralph. —Yes, it is.
¿Quién es ? —Soy yo. —¿Otra vez ?	Who is it ? —It's I. —Again ?

B. To state possession

¿De quién es esa casa ? —Es (la) mía. Y ésta es (la) de mis suegros.	Whose house is that ? —It is mine. And this one is my in-laws'.

C. To indicate origin (the place from which the subject comes), material, or destination

¿De dónde es ? —Será de otro planeta.	Where is he from ? —He must be from another planet.
Las paredes son de un vidrio inquebrantable. —¡ Ojalá que sea verdad !	The walls are (made of) an unbreakable glass. —I hope it's true !
El nuevo televisor es para mi cuarto. —¡ Qué suerte !	The new television set is for my room. —What luck !
Esta corbata es para Ud. —Ah, pues, muchas gracias.	This tie is for you. —Oh, well, thank you very much.

D. To express time of day

¿Qué hora es? —Es la una en punto.	What time is it? —It is exactly one o'clock.
Eran las tres y media.	It was 3:30.[1]
Serán las cinco menos cuarto.	It is probably (or about) a quarter to five.

E. To form the passive voice

Ser + a past participle + por is used when the action of the verb is done *to* the subject by someone or something. We'll just glance at this briefly here.

Fue llevado a la clínica. —¿Y lo pudieron salvar?	He was taken to the hospital. —And could they save him?
Serán invitados por la universidad. —Es un honor.	They will be invited by the university. —That's an honor.

F. When *to be* means *to take place*

¿Dónde es la conferencia? —En el salón principal.	Where is the lecture? (Where does it take place?) —In the main hall.
¿Cuándo es el concierto? —Ahora mismo.	When is the concert? —Right now.
La escena es en Madrid. —¿En qué época? —En la dinastía Ming. —¡Cómo!	The scene is in Madrid. —In what period? —In the Ming dynasty. —What!

EJERCICIOS

I. Cambie:

1. Esas cajas son de **hierro**.
   [aluminio, cobre, plata, oro, madera, vidrio, acero (*steel*)]
2. No **es** la una y media. **Son** las dos.
   [será, era, sería]
3. Esta **camisa** será para ti.
   [traje, chaqueta, sombrero, zapatos, medias, calcetines (*socks*)]

II. Conteste otra vez:

1. ¿De dónde es su familia?   2. ¿De dónde eran sus abuelos?   3. ¿Es de madera o de ladrillos su casa? ¿Es una casa particular o una casa de apartamentos?   4. ¿De qué es la silla en que Ud. está sentado(a) ahora? ¿y la mesa en que está escribiendo?   5. ¿De qué son los muebles en su sala de clase?   6. ¿Es de aluminio o de acero un coche? ¿y un tren? ¿y un avión?   7. Si un vaso es de vidrio, ¿de qué es una ventana? ¿y un espejo?   8. Si una pelota es de goma (también se dice «de caucho»), ¿de qué son las llantas (*tires*) de un automóvil?   9. ¿De quién es la

---

[1] The imperfect is always used to tell time in the past.

casa en que vive Ud.? 10. ¿De qué color es su alcoba? ¿y la sala? ¿y la cocina?
11. ¿De quién es el coche que usa Ud.? 12. ¿Qué piensa Ud. ser algún día? ¿Qué
es su padre? ¿Qué fueron sus abuelos?

III. Ahora busque Ud. en el Grupo B una respuesta lógica para cada comentario o
pregunta del Grupo A.

A	B
Es un cuadro magnífico.	Sí. Fue un milagro que no muriera nadie.
¿Quién es el hombre afortunado?	Son de Luisito. Siempre los deja.
El incendio fue apagado por los bomberos, ¡y con qué rapidez!	Es un sinvergüenza. No te fíes más de él.
¿De quién son estos guantes?	¿No eran casi las cinco de la tarde?
¿De dónde es esta vasija?	Es tu comida, querido.
¡Dios mío! ¿Qué es eso?	Fue pintado por Picasso.
Era la hora más concurrida del día.	Es mi hijo, y no es tan afortunado.
Yo pensaba que el anillo era para mí, pero se lo dio a su esposa.	Es del Oriente. Creo que es de la dinastía Ching.

34. Other uses of *estar*

A. To indicate location (where the subject *is*, not where it *came from*)

¿Dónde está tu novia? —Está aquí conmigo.	Where is your girlfriend? —She is here with me.
Sus padres están de vacaciones en Méjico. —Los nuestros están en Europa.	His parents are on vacation in Mexico. —Ours are in Europe.

B. With the present participle, to form the progressive tense

Estar + a present participle is frequently used to describe an action more graphically in its progress at a given moment.[2]

Estábamos discutiéndolo cuando entró —¿Y qué dijo?	We were discussing it when he came in. —And what did he say?
El tenor está cantando ahora mismo. —No lo quiero oír.	The tenor is singing right now. —I don't want to hear him.
Ha estado trabajando todo el día. —Pues que descanse.	He has been working all day. —Well, let him rest.

Important:
Ser is NEVER followed by a present participle.

C. With the past participle, to describe the resultant state of an action

Actually, if the idea *already* can be inserted before the past participle, estar is normally indicated.

---

[2] Estar + present participle is not used with ir and venir: *I am going.* Voy.

Están sentados a la mesa.	They are seated at the table.
La puerta estaba abierta.	The door was open.
El libro está bien escrito.	The book is well written.
Este teatro no estaba construido cuando salí de Lima.	This theater was not built when I left Lima.
Está muerto.	He is dead.

Very often, **quedar** may be used in place of **estar** to indicate the resultant state of an action. The implication is that the subject *was left* or *remained* in that condition.

El pasajero quedó herido.	The passenger was (left) injured.
El trabajo quedaba incompleto todavía.	The work was still (left) unfinished.

EJERCICIOS

I. Cambie según el elemento nuevo:

1. He estado **cocinando** toda la tarde.
   (trabajar, estudiar, prepararlos, esperarte, discutirlo)
2. **Estaban** atravesando la calle cuando el accidente ocurrió.
   (Marta y yo, El pobre, Yo, ¿Tú...?)
3. **El niño** estaba dormido.
   (Nosotras, Todos, ¿Tú...?, ¿Vosotros...?, ¿Uds...?)
4. ¿Están **cerradas** las ventanas?
   (abrir, hacer, romper, lavar)

II. Diga ahora en español:

1. My grandparents are from Italy, but they are here in the United States now. —Are they visiting their children and grandchildren? —No. They're visiting Disneyland.   2. Where, oh where, can my husband's pen be? I hope it's not lost! —Why is it so important? —It's (made of) gold, and he'll be furious with me if I don't find it. —Don't be like that. You shouldn't be afraid of him. —Oh, here it is. —Thank goodness! Now where is my husband's car?   3. The museum was closed when we arrived. —Of course. Because you weren't there on time.

Creación   ((En el nombre de la justicia...))

Ud. y sus compañeros están hoy en una corte de justicia. Uno de Uds. va a ser el abogado de la defensa. Otro será el fiscal (*prosecutor*), y otro aún será el juez.   Los demás serán testigos (*witnesses*), miembros del jurado (*jury*) y espectadores. He aquí los casos:

judge

quiz Friday

La policía - police force
El policía - a cop

plena guerra — all out war

1. Un hombre ha sido asesinado por una mujer en plena vista (*full view*) de varias personas, pero la asesina logra huir (*manages to flee*) de la escena del crimen. Los policías la siguen hasta su casa para detenerla (*arrest her*), pero al llegar descubren que ha surgido un problema gravísimo. ¡La asesina es una de dos gemelas (*twins*) idénticas, y las dos han confesado el crimen! Según todos los testigos, una sola persona cometió el crimen. Sólo una de las dos puede ser culpable. Evidentemente, la otra la está protegiendo. Pero las dos se mantienen firmes en su confesión.

Presenten Uds. ahora sus argumentos. A ver cómo se decide el caso.

gemelos - cuff links

2. Este es un caso verdadero: Era por el año 1850. Un barco que cruzaba el Atlántico naufragó (*was wrecked*) en una tormenta (*storm*). Todos los miembros de la tripulación (*crew*) murieron, menos uno que se llamaba Alejandro Holmes. Quedaba solamente una lancha salvavidas (*lifeboat*) y todos los sobrevivientes (*survivors*) se metieron en ella. El pequeño bote no podía soportar tanto peso (*weight*). A pesar de los esfuerzos hercúleos (*Herculean efforts*) de Holmes, se hacía evidente que no podrían llegar a tierra así. En pocas horas se morirían todos, si no... Holmes actuó. Sin decirles más que un sencillo «Perdóneme», Holmes arrojó (*threw*) al mar a ocho de los pasajeros, mientras los demás se quedaban congelados de (*frozen with*) terror. Y así, muchos días después, pudieron llegar a tierra. Holmes había salvado la vida de unas veinte personas, pero había matado en sangre fría (*cold blood*) a ocho. La causa (*case*) contra Holmes despertó mucha atención. ¿Era un ángel o un monstruo (*monster*) aquel hombre, un asesino o un héroe? Muchos se ofrecieron como testigos contra él. «El mató a mi marido... a mi amigo... a mi padre...» Pero otros se declararon en su favor.

Ahora bien, ¿cómo deciden Uds. el caso? ¿Condenan (*Do you convict*) o absuelven a Holmes? ¿Por qué? ¿Qué habrían hecho Uds. si estuvieran en su lugar? Si resultara absolutamente necesario arrojar al mar a algunos de los sobrevivientes, ¿en qué orden los escogerían Uds.? ¿Salvarían a las mujeres y a los niños? ¿a los más fuertes? ¿a los más buenos y honrados? ¿a los más jóvenes? ¿a los más «importantes»? ¿Por qué?

3. Un hombre inocente ha sido condenado a muerte por un crimen que no cometió. A medida que se acerca el día de su ejecución, se siente cada vez más resuelto a no dejarse matar injustamente a manos de la ley. Poco a poco va formulando su plan. Por fin, llega el día de la ejecución. El hombre inocente pide un cigarrillo a uno de los guardas, y cuando el guarda se acerca para encendérselo, el hombre lo agarra por la garganta, y lo mata. Quitándole al guarda muerto las llaves del calabozo, logra huir, y desaparece de la vista. Años después, la policía coge a otro hombre que confiesa el crimen por el cual el hombre inocente había sido condenado a muerte. Ya no hay duda de que fue condenado injustamente la primera vez, pero ahora lo están buscando por el asesinato del guarda. De este segundo crimen sin duda es culpable. Pasan los años, y un día lo encuentran. Está casado y con hijos, y es uno de los ciudadanos más amados y respetados de su pequeña comunidad. Pero,...

Uds. tienen que decidir su caso. ¿Qué sentencia le dan? Siendo el asesinato del guarda un crimen premeditado, ¿merece esta vez la pena de muerte? ¿o la pena máxima, cualquiera que sea? ¿Es posible que no merezca ninguna pena? ¿Qué dirían Uds. Si fueran hijos del guarda?

Leyes... Justicia... ¿Son la misma cosa o son diferentes?

10

Lección diez

Tablas de repaso

ADJECTIVES

Handwritten note: Adjectives: Before noun - purely descriptive

A. FORMS (see pp. 10–12)

B. POSITION

Handwritten note: After noun - differentiating. Carlos es un estudiante bueno. There are some students who are not.

1. *After* the noun

Adjectives that set the noun off from others of its kind are placed *after* the noun. Most descriptive nouns fall into this category. They include adjectives of religion or nationality, color and shape, branches of learning or other classifications, adjectives modified by adverbs (especially by **más** or **menos**), stressed possessives, and participles used as adjectives. For example:

la revolución francesa, la iglesia católica, una camisa blanca, una mesa redonda, una fórmula científica, un amigo mío, el hombre más antipático

2. *Before* the noun

Demonstratives, unstressed possessives, indefinite adjectives (including **mucho** and **poco**) and cardinal numbers:

esta tarde, mis amigos, alguna vez, mucho tiempo, poca plata, cinco días

A usually distinguishing adjective may be placed before the noun to describe a normal characteristic of that noun:

la blanca nieve   the white snow   **los altos Andes**   the high Andes

Some adjectives change meaning when placed before the noun:

un hombre pobre   a poor (not rich) man   **un viejo amigo**   an old (long-time) friend
un pobre hombre   a poor (unfortunate) man   **una mujer grande**   a large woman
un amigo viejo   an old (aged) friend   **una gran mujer**   a great woman

C. SPECIAL USES

◆ With an article or an indefinite to form a noun

un joven, una francesa, los japoneses, algún fanático

◆ With the neuter article **lo** to form an abstract noun

lo más importante   the most important (part or thing)
lo normal   the normal (thing), what is normal

D. Using a phrase in place of an adjective

◆ To state the material of which something is made

un suéter de lana   a wool sweater   **una vasija de oro**   a gold vase

◆ To express an English double noun

una cancha de tenis   a tennis court   **una casa de verano**   a summer house

COMPARISONS AND SUPERLATIVES

A. EQUAL COMPARISONS

1. tanto... como   as much... as ;   tantos... como   as many... as

No saben tanto como Ud.	They don't know as much as you.
Ella no tiene tanta paciencia como mamá.	She doesn't have as much patience as Mom.
Aquí hay tantas personas como en Madrid.	There are as many people here as in Madrid.

2. tan... como   as (or so)... as

Pepe es tan alto como yo.	Joe is as tall as I.
No es tan alto como pensábamos.	He isn't as (so) tall as we thought.

B. UNEQUAL COMPARISONS

◆ Regular: **más** cansado, **menos** triste
◆ Irregular: *Adjectives*—**más, menos, mejor, peor, mayor, menor**
　　　　　　Adverbs—**más, menos, mejor, peor**

C. TRANSLATIONS OF *THAN*

1. **que** in a direct comparison between two persons, things or actions—except before a number:

Soy mayor que ella. Ahora sabemos menos que antes.

2. **de** before a number:

Tiene más de cien discos. Hay menos de cincuenta.

But: **no más que** means *only* (neither more nor less)

No tengo mas que diez pesos.

3. **del que, de la que, de los que, de las que, de lo que**: when the sentence has *two* stated verbs. (*Than* implies *than the one that, than those which, than what,* etc.)

Vinieron más personas de las que esperaba.	More people came than I was expecting.
Cuesta más dinero del que tenemos.	It costs more money than we have.
Es más interesante de lo que piensas.	It's more interesting than you think.

D. SUPERLATIVES

A superlative is formed by placing the definite article before the comparative. It is *not* repeated, however, if it already appears before the noun. Notice that **de** translates the English *in*:

Soy el peor pianista del mundo. Es la mejor alumna de la clase.

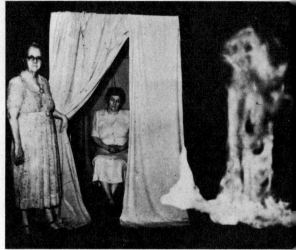

Enfoque

¿Así que Ud. no cree en los fantasmas?

buenaventura - fortune

Horóscopos. **Adivinos. Hechiceros. Agüeros...** Ciencia oculta. La lucha contra el destino, contra el día de mañana. Y queremos anticiparlo porque así tal vez podremos sobrevivirlo. Mañana. ¿Y después? **¿Volveremos a vivir** en otra forma? ¿en otro tiempo? ¿en otro lugar? ¿Podremos comunicarnos con los que se hayan quedado aquí en la Tierra? Hay personas que dicen que sí.

Tomemos por ejemplo el caso de William James, profesor de psicología en Harvard y filósofo de nota. **Habiendo oído hablar de** la médium Leonora Piper de Boston, James fue a visitarla, **escéptico** pero curioso. Poco a poco se fue convenciendo de la legitimidad de sus misteriosos poderes, y en 1887 la presentó a un amigo suyo, el Dr. Richard Hodgson, **recién llegado** de Inglaterra. El científico británico murió poco después, pero según James y otras personas distinguidas que participaron en las sesiones, Hodgson **cumplió su promesa** de comunicarse con ellos **a través de** la señora Piper. **Aprovechándose de la «escritura automática»,** Hodgson comenzó estableciendo su

Fortune tellers.	
Wizards. Omens.	
to survive	
Will we live again?	
Having heard about	
skeptical	
newly arrived	
kept his promise	
through...Using "automatic	
writing"	

Estas fotografías infrarojas fueron sacadas a intervalos de 50 segundos durante una sesión mediúmnica en el verano de 1953. Demuestran cinco etapas en la manifestación gradual de un espíritu evocado por la médium norteamericana Ethel Post-Parrish, quien se ve sentada aquí dentro de un gabinete cubierto de cortinas transparentes. 81 personas presenciaron la materialización, y algunas aun alegan haber caminado brazo en brazo con el espíritu. Los espiritualistas suelen opinar que las materializaciones son de «ectoplasma», una sustancia quasi-material que sale del cuerpo del médium, y que es capaz de asumir varias formas, incluso la humana.

identidad **ante** sus antiguos amigos. **Les recordó** detalles de su vida, **recuerdos** comunes que sólo ellos podrían reconocer. Después se puso a discutir algunos casos en los cuales habían trabajado juntos. Finalmente James le preguntó sobre los enigmas que siempre le habían interesado. —«¿Qué tienes **que contarnos** de la otra vida, Hodgson?» —Y el espíritu del científico **se tornó** evasivo. —No es una vaga fantasía»—dijo. —«Es mucho más real **de lo que crean.** Esperen un momento. Tengo que irme ahora.» —Y Hodgson desapareció. Volvió más tarde a través de la Sra. Piper y de otros médiums, pero nunca **llegó a aclarar** los misterios de la muerte.

Tomemos también el caso de mi querido y estimado colega y amigo, el Dr. Calixto García, quien nos cuenta en sus propias palabras un episodio verdadero de su vida :

to...He reminded them of
memories

to tell us
became
than you think.

did he clear up

Querida Zenia:

Escúchame esta historia, y *si te parece*, cuéntasela a algún escéptico para ver qué explicación le encuentra.

Era yo maestro en una escuela rural que *distaba unos treinta kilómetros* del pueblo más cercano. *Hacía un mes*, más o menos, que había perdido a mi esposa, víctima del tifus, epidemia bastante frecuente en ciertas zonas *subdesarrolladas* del trópico. *El hecho de encontrarme solo* motivó mi decisión de vivir en *la propia escuela* y así *evitar* los viajes diarios al pueblo. La escuela era una construcción de madera, con *techo de guano* y piso de cemento. Más parecía una *nave para conservar granos* que un centro escolar. Todos los días, después de terminar las clases y *tras el almuerzo humilde* que generosamente me ofrecía el dueño de la *finca*, cuyos hijos eran mis alumnos, me retiraba a mi pequeña habitación para leer y esperar pacientemente la llegada de la noche.

Hacía dos días que estaba *experimentando* unas sensaciones muy raras, precisamente cuando me encontraba solo. Era un calor sofocante que me producía *indescriptible malestar. A esto se unía* la más extraña noción de que algo invisible, muy cerca de mí, causaba el fenómeno. Esta idea me producía estupor, *pues* no creía que existiera nadie capaz de imaginar *tales disparates, ajenos* a la lógica de una persona normal civilizada y con cierta *madurez* intelectual. No digo que *sintiera miedo*, porque jamás había creído en *cuentos de aparecidos*. Estaba, sencillamente, *asombrado*. La presencia de aquella cosa misteriosa *se hacía cada vez más patente* en el mar de confusiones que *entorpecía mi cerebro*.

Esa tarde salí a *dar un paseo* para respirar aire puro y poner en orden mis pensamientos. Después de comer, regresé a la escuela y me acosté. Serían las diez de la noche. Ya había olvidado *lo acaecido* por la tarde. Las obligaciones del día siguiente ocupaban mi mente, y me quedé profundamente dormido. Cuando me desperté, estaba tan *lúcido* como si hubiera dormido diez o doce horas *seguidas*. El *sueño* había desaparecido como *por encanto*. Quise ver la hora y *prendí el quinqué*. Eran las dos en punto de la *madrugada*.

Entonces *sucedió lo inesperado*. Sentí que la puerta principal se abría y que alguien avanzaba despacio hacia mi habitación. Los *pasos* se oían claramente porque el silencio de la noche y la acústica del *recinto completamente cerrado* así lo permitían. Era ella. Mi esposa *difunta. Sus pisadas inconfundibles* sonaban cada vez más cerca. Cuando era niña, había sufrido un ataque de poliomielitis que *le dejó la pierna izquierda lesionada, por lo que cojeaba* al andar. Me senté en la cama porque el corazón *me golpeaba* escandalosamente. Cerré los ojos con fuerza y *me puse a rezar*. Cuando los

if you please

was some 30 kilometers away from
A month before

less developed...My finding myself alone...right in the school

avoid
a roof made of a Cuban palm leaf
grain storehouse
after the simple lunch

property

experiencing

an indescribable uneasiness. To this was added

since

such nonsense, alien

maturity

I felt afraid

ghost tales...surprised
was becoming more and more obvious
blurred my mind

take a stroll

what had happened

wide awake...straight
sleepiness...by magic
I lit the kerosene lamp... morning
the unexpected happened

footsteps

completely enclosed area

deceased...unmistakeable footsteps
left her left leg damaged, which made her limp
was pounding
I began to pray

pasos se detuvieron **frente a** mi puerta, el pánico **se convirtió en reto. Apreté dientes y puños, dispuesto a afrontar** la situación de la que no había escape, y abrí los ojos. No vi nada. Me acosté de nuevo, excitado y **febril.** Entonces sucedió algo más **escalofriante.** ¡Los **muelles** de la vieja cama empezaron a **ceder,** con su ruido característico, **ante el peso** de un cuerpo invisible que se acostaba a mi lado! Esperé la mañana bajo el cielo **tachonado de** estrellas, inmerso en la luz **fantasmagórica** de aquella inolvidable noche de plenilunio.

at...changed to defiance. I clenched my teeth and my fists, ready to face

feverish...chilling
springs...yield
under the weight
studded with
bathed in the eerie light
full moon

C. G.

¿Así que Ud. no cree en los fantasmas?...

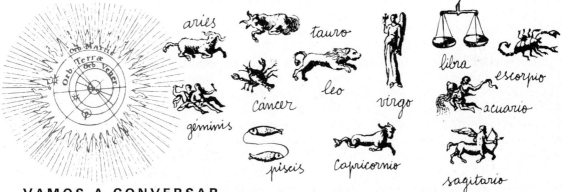

VAMOS A CONVERSAR

1. ¿Es Ud. supersticioso? ¿Tiene Ud. un «número afortunado»? ¿algún amuleto o medalla «afortunada»? ¿una pata de conejo (*rabbit's foot*) u otra cosa semejante? ¿Toca Ud. a veces un trozo de madera (*piece of wood*) cuando relata un suceso afortunado? ¿Dice Ud. «¡Salud!», «¡Jesús!» o «God bless you» cuando una persona estornuda?[1]

2. ¿Cuál es su signo del zodíaco? ¿Sigue Ud. su noróscopo todos los días en el periódico? ¿Conoce Ud. a alguien que crea mucho en ellos? ¿Quién es?

3. En su opinión, ¿es posible que el signo bajo el cual nació una persona pueda afectar su carácter o personalidad? ¿Cuáles son las características principales del signo suyo? ¿Hasta qué punto es Ud. así?

4. Volviendo ahora al artículo de hoy, díganos: ¿Quién fue William James? ¿Cuándo y dónde vivió? ¿De quién oyó hablar? ¿De qué se fue convenciendo poco a poco?

5. ¿Qué promesa cumplió su amigo Hodgson poco después de morir? ¿Cómo estableció su identidad a través de la médium? ¿Qué les contó de la otra vida? ¿Por qué no terminó su conversación? ¿Cómo explica Ud. este episodio?

---

[1] Si lo dice, está siguiendo la vieja superstición de que una persona exhalaba el alma con el estornudo. ¿Lo sabía Ud.?

6. ¿Dónde ocurrió el cuento que nos narra el doctor García? ¿Por qué vivía solo en aquel entonces (*at that time*)? ¿Qué sensaciones comenzó a experimentar? ¿Había sido siempre una persona muy crédula (*gullible*)?

7. ¿A qué hora se despertó aquella noche nuestro amigo? ¿Qué sintió? ¿Qué oyó en la oscuridad? ¿Cómo pudo identificar las pisadas de su difunta esposa? ¿Qué ocurrió cuando se volvió a acostar?

8. ¿Cómo explica Ud. este fenómeno? A propósito, ¿cómo se imagina Ud. de aspecto físico al joven García? ¿Cómo se lo imagina ahora?

ESTUDIO DE VOCABULARIO

1. En el Grupo **B** hay diversas cosas que se relacionan con cada palabra del Grupo **A**? ¿Cuántas puede Ud. encontrar?

A	B
horóscopo	Inglaterra...pensador...signos...ciencia oculta...iglesia...
psicología	aparecer...sábana blanca...astrología...oraciones...
británico	enfermedad...Dios...arrodillarse...destino...conducta humana...
filósofo	numerosas muertes...imperio...complejos...sueños...fortuna...
epidemia	voz cavernosa...las manos juntadas...lengua inglesa...
fantasma	recuerdos de la infancia...metafísica...problemas morales...
rezar	asustarse

2. Esta vez busque en el Grupo **B** lo opuesto de cada expresión del Grupo **A**:

A. luz, ceder, ruido, escéptico, poco a poco, anticipar, ofrecer, dueño, recordar, evasivo, legitimidad, cercano, solo, evitar, humilde, ajenos a, entorpecido

B. de unà vez, franco, falsedad, oscuridad, silencio, consonantes con, crédulo, quitar, esperar, arrendatario, acompañado, lujoso, lúcido, olvidar, lejano, buscar, resistir

ESTRUCTURA

35. More about adjectives

A. Some special uses

1. An adjective is often used with a definite or indefinite article to form a noun.

el viejo, una joven	the old man, a young girl
unos alemanes, las francesas	some Germans, French women
algún loco	some nut

2. With the neuter article **lo**, the masculine singular form of the adjective becomes a noun.

Lo bueno y lo malo...	Good and bad...
Lo más curioso fue...	The strangest (thing or part) was...
Ocurrió lo inesperado.	The unexpected happened.

B. *De* + a noun in place of an adjective

1. When an English adjective states the material out of which something is made, Spanish generally uses **de** + the material instead of an adjective.

una casa de madera	a wooden house
una pared de vidrio	a glass wall
un anillo de diamantes	a diamond ring

2. English frequently uses two nouns together, with the first actually serving as an adjective: *a night club, bed clothes, a butcher knife.* Spanish turns the noun-adjective into **de** + a noun.

un club *de noche*
ropa *de cama*
un cuchillo *de carnicero*

EJERCICIOS

I. Aquí tiene Ud. una lista de sustancias de uso diario. Después las usaremos en frases:

hierro (iron), acero (steel), ladrillos (bricks), madera (wood), piedra (stone), cobre (copper), lata (tin), vidrio (glass), aluminio, plástico; oro (gold), plata (silver), diamantes, rubíes; seda (silk), algodón (cotton), cuero (leather), paja (straw), pieles (furs), nilón

II. Ahora diga en español. (Véanse las ilustraciones en la página 162.)

1. A brick house, a gold watch, leather shoes, a cotton dress, a silk tie, an aluminum table, a plastic toy (**juguete**), a straw hat, a guano roof, a steel beam (**viga**), nylon stockings, an iron pot (**olla**), a wool suit, a tin cup, a ruby ring, a diamond bracelet (**pulsera**), a wooden chair, a glass door, a silver spoon, a copper coin (**moneda**).

2. A country house, a flower show (**exposición**), a kitchen stove (**estufa**), a tennis racket (**raqueta**), a spring festival, a cook book, a church bench, a door knob (**botón**), a summer school

   ¿Cuáles de los artículos mencionados arriba (en las partes I y II) asocia Ud. con hombres? ¿con mujeres? ¿con niños? ¿con la gente rica? ¿con los pobres? ¿con una casa? ¿con el aire libre (*open air*)? ¿Cuáles tiene Ud.?

III. Ahora termine de una manera original:

1. Lo único que no me gusta aquí es... 2. En esa situación, lo más práctico sería... 3. Lo usual es... 4. Lo más interesante... 5. Lo más difícil...

piedra

plástico

cuero

lata

acero

madera

el cobre

vidrio

hierro

seda

el nilón

los pieles

oro

ladrillo

plata

paja

aluminio

el diamante, los rubíes

36. Where to place adjectives

Spanish adjectives, unlike the English, both precede and follow the noun. Although there is no absolutely fixed position for most adjectives, many do have a fairly specific position in normal use. If that position is changed, the adjective acquires a special emphasis or a different connotation.

A. After the noun

The primary function of an adjective that is placed after the noun is to set that noun off from others of its kind.

una lámpara azul   a blue lamp

(Blueness is not a general characteristic of lamps. Rather, it distinguishes this lamp from lamps of other colors.)

Here are some important categories of distinguishing adjectives that regularly follow the noun:

◆ Adjectives of nationality, religion or classification

los perfumes franceses	French perfumes
la iglesia católica	the Catholic church
un análisis psicológico	a psychological analysis

Nationality
2 or Three Adj.
Color, shape

◆ Adjectives of color, shape or condition

Redonda - Round
Cuadrado - square

la Casa Blanca	the White House
una mesa redonda	a round table
un vaso roto	a broken glass
una ventana abierta	an open window

◆ Adjectives preceded by adverbs (especially by **más** or **menos**)

una canción muy triste	a very sad song
la experiencia más extraña de mi vida	the strangest experience of my life

◆ Stressed possessives

Es un amigo nuestro. —Es amigo mío también.	He's a friend of ours. —He's a friend of mine, too.

B. Before the noun

1. Demonstrative, unstressed possessive and indefinite adjectives (including **mucho** and **poco**) regularly precede the noun.

esta ciudad	this city	algún día	some day
nuestros parientes	our relatives	muchas personas	many people

2. **Bueno, malo, joven, pequeño** may either precede or follow.

Era un buen muchacho (or **un muchacho bueno**).	He was a good boy.
Es una joven periodista (or **una periodista joven**).	She is a young journalist.

3. When a normally distinguishing adjective is used to characterize (not differentiate!) the noun, it may precede it.

la blanca nieve	the white snow
los altos Andes	the high Andes
las hermosas modelos	the beautiful models

4. Some adjectives actually acquire a new meaning when they are placed before the noun. For example:

un hombre grande	a big man	**un gran hombre**	a great man
un amigo viejo	an old (elderly) friend	**un viejo amigo** *Antiguo*	an old (long-standing) friend
el niño pobre	the poor (not rich) boy	**el pobre niño**	the poor (pitiful) boy

5. In a question with **ser, estar** or **quedar**, the adjective comes before the subject.

¿Está casada tu hermana?	Is your sister married?
¿Era muy rica su familia?	Was his family very rich?
¿Quedó mal herido el chófer?	Was the driver badly hurt?

C. What to do with two or more adjectives

1. Place one adjective before the noun and one (or more) after it. The shorter or the more subjective adjective will precede.

Mi rico tío venezolano me mandó este anillo.	My rich Venezuelan uncle sent me this ring.
Hay un magnífico poeta contemporáneo italiano.	There is a magnificent contemporary Italian poet.

2. When both (or all) adjectives are felt to be equally distinguishing, place them after the noun, joining two by **y**, or separating them all by commas.

un muchacho listo y simpático	a bright, nice boy
una película larga, aburrida, (y) tonta	a long, boring, and silly film

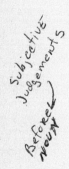
Subjective Judgements Before nouns

EJERCICIOS

I. **Conteste en español:**

1. ¿Tiene Ud. un hermano mayor (o una hermana mayor)? 2. ¿Tiene hermanos menores? 3. ¿Vive su familia en esta ciudad? 4. ¿Cuántos días hay en cada

semana? 5. ¿Se considera Ud. buen(a) estudiante de lenguas? 6. ¿Es alto o bajo su padre? ¿y su madre? 7. ¿Son ricos la mayor parte de sus parientes? 8. ¿Están casados ya algunos de sus amigos? 9. ¿Cuántos hijos le gustaría tener algún dia? 10. ¿Se ha construido un puente o un camino nuevo en su ciudad? 11. ¿Es muy trabajadora la gente donde vive Ud.? 12. ¿Está muy interesada en cuestiones políticas?

II. Conteste afirmativamente, empleando los adjetivos indicados entre paréntesis. Por ejemplo:

*¿Conociste al **poeta**? (famoso, ruso)...Sí, conocí **al famoso poeta ruso.***

1. ¿Estudian Uds. **literatura**? (moderna, inglesa) 2. ¿Es **amigo** el señor Carrión? (antiguo, mío) 3. ¿Te gustaría un **baño**? (bueno, caliente) 4. ¿Le gustan las **flores**? (pequeñas, amarillas) 5. ¿Tiene **revistas** esa tienda? (algunas, interesantes) 6. ¿Han preparado un **estudio** sobre el Brasil? (bueno, económico, político) 7. ¿El **autor** acaba de publicar un **drama**? (joven, argentino; nuevo, psicológico) 8. ¿Los **viajeros** se perdieron en un **camino** de los **Andes**? (pobres; largo, serpentoso; altos) 9. ¿Era una **tarde**, una de aquellas **tardes** que nos gustaban tanto? (magnífica; claras, frescas) 10. ¿Una **figura** se escondía detrás de la **puerta** de la **casa**? (negra, silenciosa; trasera; vieja)

Ahora, ¿podría Ud. sustituir sus propios adjetivos en cada una de estas oraciones?

III. ¿Qué asocia Ud. con las cosas siguientes?

un día caluroso...el arte moderno...una ciudad grande...un pueblo rural...la Casa Blanca...una canción popular...una vida difícil...un discurso político...una comida deliciosa...los exámenes finales...un vestido blanco...

Ahora emplee cinco de estas frases en oraciones originales, ampliando cada una con adjetivos de su propia elección. Por ejemplo:

Era un día caluroso.... **Era un día caluroso y húmedo..., etc.**

37. Unequal comparisons

A. Regular comparatives
Simply place **más** (*more*) or **menos** (*less*) before the adjective or adverb.

más alto	taller	**menos despacio**	less slowly
más pequeño	smaller	**más fácilmente**	more easily

Este coche es más grande. —Sí, pero el otro es menos costoso.
This car is bigger. —Yes, but the other one is less expensive.

Por favor, caminen Uds. más rápidamente. —No es posible.
Please walk faster. —It's not possible.

B. Irregular forms

Only six adjectives and four adverbs are compared irregularly in Spanish.

Adjectives		Adverbs		Comparative	
mucho	much; *pl.,* many	**mucho**	much, a great deal	**más**	more
poco	little (in amount or degree)	**poco**	little	**menos**	fewer, less
bueno	good	**bien**	well	**mejor**[2]	better
malo	bad	**mal**	badly	**peor**[2]	worse
grande	large			**mayor**[2]	older, larger
pequeño	small			**menor**[2]	younger, smaller

Grande and **pequeño**, **bueno** and **malo** may also be compared regularly: **más grande**, **más pequeño**, etc. In this sense, the adjective refers only to size, not to age, or to character, not to quality.

Pedro es mayor, pero Raúl es más grande. — Peter is older, but Ralph is bigger.

Es el hombre más malo del mundo. — He's the meanest man in the world.
—Es un Satanás. — —He's a devil.

EJERCICIO

Lea con cuidado, y después conteste las preguntas:

1. Mario tiene veinte años. Juan tiene quince... ¿Quién es mayor?   2. Arturo tiene dos metros de alto. José tiene 1.80... ¿Quién es más bajo?   3. Andrés ha sacado A en el examen. David sacó B... ¿Quién salió mejor?   4. Pedro corre los cien metros en veinte segundos, Guillermo en catorce... ¿Quién corre más rápidamente? 5. El libro azul mide treinta centímetros de largo y veintidós de ancho. El libro rojo mide diecinueve de largo y trece de ancho... ¿Cuál es más pequeño?   6. Segovia está a cincuenta kilómetros, El Escorial a cuarenta... ¿Cuál está más lejos?   7. Yo llego en diez minutos, Carlos en doce... ¿Quién viene de más cerca?

38. How to say "than" in comparisons

A. *Que*

When we make a direct comparison between two persons, things, or actions, *than* is translated by **que**, except before a number.

Paco es más alto que tú. —¡Qué va! — Frank is taller than you. —Go on!

Ahora sé menos que antes. — Now I know less than before.
—Imposible. — —Impossible.

---

[2] Of course, the plurals of the adjectives **mejor**, **peor**, **mayor**, and **menor** are **mejores**, **peores**, **mayores**, **menores**.

B. De

Before a number, *than* is normally translated by **de**.

El viaje dura menos de una hora. —¿Tan poco?	The trip takes less than an hour. —So little?
Han gastado más de diez millones de dólares. —Es demasiado.	They have spent more than ten million dollars. —That's too much.
¿Cuánto dinero le queda? —No más de cinco dólares.	How much money do you have left? —No more than five dollars.

The idiom **no más que** means *only*.

No tengo más que cinco dólares.	I have only five dollars.

C. De + definite article + que

When the sentence has *two* stated verbs and *than* really means *than the one(s) who* or *that, than what*, etc., it is translated by **del que, de los que, de la que, de las que,** or **de lo que.**

1. If the comparison refers to a noun, the article that corresponds to that noun follows **de.**

Tiene más *amigos* de *los* que puede invitar. —¿Ah, sí?	He has more friends than (those whom) he can invite. —Really?
Debo más *dinero del* que ganaré en toda mí vida. —¡Qué vergüenza!	I owe more money than (that which) I'll earn in my whole life. —That's shameful!

2. When an adjective, an adverb or a whole idea is being compared, the neuter article **lo** follows **de.**

Es más *bonita* de *lo* que esperábamos.	She is prettier than (what) we expected.
Canta *mejor* de *lo* que nos habían dicho.	He sings better than (what) we had been told.
Entienden *más* de *lo* que crees.	They understand more than (what) you think.

EJERCICIOS

I. Conteste en español con frases completas:

1. ¿Es Ud. más alto o más bajo que su mejor amigo?   2. ¿Es su madre mayor o menor que su padre?   3. En su opinión, ¿es más fácil el inglés que el español? 4. ¿Trabaja Ud. menos este semestre que el semestre pasado?   5. ¿Le gustan más sus cursos este año que el año pasado?   ¿Por qué?   6. ¿Tiene Ud. más amigos ahora que cuando asistía a la escuela superior?   7. ¿Tiene Ud. menos de diez dólares en el bolsillo (o en la bolsa) hoy?   8. ¿Conoce Ud. a alguien que tenga más de ochenta años?   9. ¿Ha recibido Ud. alguna vez una nota mucho mejor de la que esperaba?   10. ¿Conoce Ud. a alguien que parezca mucho más joven de lo que es? ¿Quién es?

II. Llene los blancos, usando **que, de** o **del que, de los que, de lo que,** etc.

1. Había menos…cien alumnos en esa pequeña escuela rural.   2. El británico murió antes…su amigo James.   3. No les puedo decir más…esto : Que es mucho más real …Uds. crean.   4. Más parecía ser un granero…un centro escolar.   5. El pobre quedó más confuso…antes.   6. ¿Quién lo explicaría mejor…ella ?   7. Es mucho mayor… parece.   8. Gastaba más dinero…ganaba, y después nos lo pedía a nosotros. 9. Nos dieron menos tiempo…necesitábamos para completar el trabajo.   10. Hay más lecciones…se pueden estudiar en un solo mes.   11. Se viste peor…un niño. 12. Han invitado a más…quinientas personas, más…caben en el salón (*hall*). —¡ Ojalá que no vengan todas !

III. Lea los diálogos siguientes, y después conteste (¡y use la imaginación!) :

1. —Más de lo que sabes, más de lo que te mostraría, hombre de mi corazón, te
   quiero tanto.
   —Pues naturalmente. Lo merezco más que nadie.

Conteste :
 a. ¿Cómo describe la chica sus sentimientos ?
 b. ¿Cómo sabemos que ella está más enamorada que él ?

2. —¿Quieres ayudarme un poco, Alfonso ? Tengo más que hacer de lo que
   pensaba.
   —Seguro. Pero atendamos primero a las cosas más importantes. Comenzaremos
   con la cocina, ¿está bien, Laurita ?

Conteste :
 a. ¿Por qué pide Laurita que la ayude Alfonso ?
 b. ¿A qué cosas recomienda Alfonso que atiendan primero ?
 c. ¿Dónde van a comenzar ?
 d. ¿Quiénes serán Laurita y Alfonso ? ¿Dónde estarán ?

3. —¿Qué le pasa, Juan ? Está un poco triste, ¿verdad ?
   —Pues ¿sabe ? Esta semana recibí menos llamadas (*calls*) de las que esperaba.
   Y eso significa que ganaré menos dinero del que necesito para pagar mis
   cuentas (*bills*). Si no me llaman, no hay trabajo.
   —No se preocupe. La semana que viene será mejor de lo que piense.

Conteste :
 a. ¿Por qué está triste Juan ?
 b. ¿Por qué ganará menos dinero del que necesita esta semana ?
 c. ¿Qué clase de trabajo cree Ud. que hace Juan ?

39. Superlatives (*the most, best, smartest,* etc.)

A. How to form them

 Just place the definite article before the comparative : **mejor—el mejor, la mejor.** If the definite article is already used before the noun, you don't repeat it.

Son los mejores de la clase. —Pues son los mayores.	They are the best in the class. —Well, they're the oldest.
Fue el examen más importante del año. —Y el más difícil.	It was the most important exam of the year. —And the hardest.

Note: **De** translates the English *in* after a superlative.

Soy la chica más feliz del mundo. —¡Enhorabuena!	I'm the happiest girl in the world. —Congratulations!

B. The pseudo-superlative -*ísimo*

The intensifying ending -ísimo, added to an adjective, corresponds to the English *extremely, very* or *most.* It is not a superlative, since there is no actual or implied comparison with anything else.

Es una persona simpatiquísima. —Magnífica.	She is a very (or most) charming person. —Splendid.
Es un día rarísimo. —Sí, hermosísimo.	It's a most unusual day. —Yes, very beautiful.

EJERCICIOS

I. Conteste en español:

1. ¿A quién considera Ud. el mejor presidente de nuestro país? ¿Por qué?   2. ¿Cuál es la ciudad más grande de este estado?   3. ¿Cuál es la universidad más destacada de todas?   4. ¿Quién es el miembro más viejo de su familia? ¿Cuántos años tiene? 5. ¿Quién es el más joven de su familia?   6. ¿Quién es el mejor profesor (o la profesora) de esta escuela? (!)   7. ¿Cuál fue la noticia más impresionante de este mejor año?   8. ¿Cuál es el día más largo del año? ¿el día más corto? ¿el mes más corto?   9. ¿Quién es la mujer más hermosa del mundo? ¿y el hombre más guapo?   10. ¿Quién es la persona más importante?... (¡Naturalmente!)

II. Para terminar, diga más enfáticamente:

un joven **simpático,** una familia **rica,** unos viejos **pobres,** unas ideas **interesantes,** un niño **cansado,** unos sellos **raros,** un hombre **fuerte,** una profesión **peligrosa.**

40. Equal comparisons of adjectives and adverbs

A. *Tan…como* (as…as)

Tan (*as* or *so*) can be used before almost any adjective or adverb, EXCEPT **mucho.** *Remember:* It is *never* used with **mucho!**

Estamos tan contentos, tan felices. —No tan felices como yo.	We are so pleased, so happy. —Not as happy as I.
Hablan español tan bien como cualquier hispano. —Pero no tan rápidamente.	They speak Spanish as well as any Hispanic. —But not as fast.

B. *Tanto...como* (as much...as ; plural : as...many as)

1. Used as an adjective, **tanto** agrees with the noun it precedes.

No tenemos tanto trabajo como ellos.   We don't have as much work as they.
  —¡Tenemos más!   —We have more!
¿Sabe Ud. tantas canciones como   Do you know as many songs as she?
  ella? —No sé ni una.   —I don't know a single one.

2. As an adverb, **tanto** never changes its ending.

No compra tanto aquí como antes.   He doesn't buy as much here as before.
  —No tiene con qué.   —He doesn't have the money.
Paco no come tanto como debe.   Paco doesn't eat as much as he should.
  —Por eso es tan débil.   —That's why he's so weak.

EJERCICIOS

I. Cambie las frases siguientes para expresar una comparación de igualdad. Por ejemplo :

Sabe más que yo.   **Sabe tanto como yo.**
Escribe peor que un niño.   **Escribe tan mal como un niño.**

1. No hay nadie **más** inteligente **que** Ricardo.   2. Tenemos **más** dinero **que** todos ellos juntos.   3. Debes tener **más** paciencia **que** tu hermana.   4. Estaban **menos** cansados **que** antes.   5. Mi coche es **más** nuevo **que** el suyo.   6. Habla **mejor que** nosotros.   7. No quiero estudiar **más**.   8. Habrá **menos** hombres **que** mujeres. 9. Gasta **menos que** Uds.   10. Tiene **más** discos **que** un almacén.

II. Diga en español :

1. I am so tired. —You can't be as tired as I.   2. The chief had as many enemies as friends.   3. You shouldn't smoke so much. —I don't smoke as much as you. 4. There were as many employees as clients at the reception.   5. She dances as well as a professional dancer.   6. Please. Don't do so many things at the same time.

III. El reino de los animales. En la página 171 tiene Ud. algunos de sus habitantes.

1. Se dice que el hombre comparte muchas de las cualidades de los animales. Ahora bien, ¿qué animales usaría Ud. para completar estas comparaciones?

tan fuerte como....   tan sucio como....   tan traidor como....
tan grande como....   tan valiente como....   tan fecundo como....
tan astuto como....   tan contento como....   tan torpe como....
tan ligero como....   tan leal como....   tan orgulloso como....

2. Y nos referimos a los animales también en otras expresiones. Decimos, por ejemplo:

Tiene una memoria de....   Derramó lágrimas de....   Tiene un estómago de....
Trabajo como un....   Me dio un abrazo de....   Corre como un....
Pesa tanto como un....   Canta como un....

3. Ahora bien, ¿qué animales asocia Ud. con la casa? ¿con una granja *(farm)*?
¿con el bosque? ¿con una selva tropical? ¿Cuáles asocia con la comida?
¿con las carreras? ¿con un abrigo de pieles? ¿con una cacería *(hunt)*?

gato

pato (duck)

pavo real (peacock)

caballo

cocodrilo

mono (monkey)

tigre

(la) serpiente

perro

oso (bear)

oveja (sheep)
cordero (lamb)

cabra (goat)

león

burro asno mula

zorro (fox)

lobo (wolf)

pavo (turkey)

ciervo (deer)

toro vaca buey (ox)

pájaro

conejo (rabbit)

puerco

elefante

Creación   Sesión espiritista

Apaguemos las luces y sentémonos alrededor de una mesa. La sesión espiritista (*séance*) va a comenzar... ¿Estamos listos? Pues uno de nosotros va a ser el (o la) médium. Ahora bien, piense Ud. en algún personaje famoso difunto de cualquier época, hágale algunas preguntas, y ya veremos cómo le contesta a través de nuestro espiritista.

«Siento una presencia... Se está acercando... ¿Oyen Uds. una voz...?»

(Si le falta valor para asistir a la sesión, puede contarnos Ud. mismo un cuento de misterio o de aparecidos. «¿Así que Uds. no creen en los fantasmas...?»)

Lección once

THE COMPOUND TENSES OF THE SUBJUNCTIVE

Remember:

All compound or perfect tenses are formed with **haber** plus a past participle.

Present Perfect Subjunctive	*Pluperfect (Past Perfect) Subjunctive*
haya hablado, comido, etc.	hubiera hablado, comido, etc.
hayas	hubieras
haya	hubiera
hayamos	hubiéramos
hayáis	hubierais
hayan	hubieran

These are used in place of the present perfect or past perfect indicative when subjunctive is called for.

Han ganado.	They have won.
Espero que hayan ganado.	I hope that they have won.
Había salido.	He had gone out.
Era lástima que hubiera salido.	It was a pity that he had gone out.

THE THIRD CONCEPT OF THE SUBJUNCTIVE: UNREALITY

The subjunctive is used whenever the subordinate clause action is placed in the realm of the doubtful, uncertain, indefinite, hypothetical or nonexistent, whenever its positive reality is clouded or denied.

A. When the main clause expresses doubt or denial

Dudamos que vengan.	We doubt that he'll come.
Negó que lo hiciera.	He denied that he did it.

But:

No dudamos que vendrán.	We don't doubt that they'll come.
No negó que lo hizo.	He didn't deny that he did it.

Note that when **creer** states a positive belief, Spanish uses the indicative; when it implies doubt, it calls for the subjunctive.

Creo que lloverá.	I think (believe) it will rain.
No creo que llueva.	I don't think (I doubt) that it will rain.
¿Cree Ud. que lloverá?	Do you think it will rain? (I have no opinion.)
¿Cree Ud. que llueva?	Do you think it will rain? (I doubt it.)

B. When the subordinate clause refers back to something that is uncertain, indefinite, hypothetical, or nonexistent.

¿ Hay alguien que me preste mil dólares ?	Is there someone who will lend me a thousand dollars ? (There may not be such a person.)
Busco un libro que tenga todas las respuestas.	I am looking for a book that has all the answers. (I haven't found it yet.)
No hay nadie que lo sepa todo.	There is nobody who knows everything. (The person doesn't exist.)

But:

Yo conozco a alguien que le prestará el dinero.	I know someone who will lend you the money. (He does exist!)
Acabo de comprar un libro que tiene todas las respuestas.	I have just bought a book that has all the answers.
Hay sólo una persona en este mundo que lo sabe todo. ¡ Soy yo !	There is only one person in this world who knows everything. It's me!

SUBJUNCTIVE AND INDICATIVE WITH IMPERSONAL EXPRESSIONS

Many impersonal expressions are followed by the subjunctive, not because they are impersonal, but because they represent subjunctive ideas.

◆ Indirect command

Es preferible que lo hagas ahora mismo.	It is preferable that you do it right now.
Fue urgente que volviera.	It was urgent that he return.

◆ Emotion

Es lástima que estén enfermos.	It's a pity that they are sick.
¡ Ojalá que llegue pronto !	Oh, how I hope it comes soon !

◆ Unreality (indefiniteness, uncertainty, doubt, denial)

No es seguro que venga.	It's not certain that he's coming.
Era imposible que cupieran todos.	It was impossible that they all could fit.

CABER

When the impersonal expression conveys no subjunctive idea, it is followed by the indicative.

Es evidente que está mintiendo.	It is evident that he is lying.
No había duda de que fue ella.	There was no doubt that it was she.

If there is no change of subject after the impersonal expression, the infinitive follows.

Es importante hacerlo.	It is important *to do* it.

But:

Es importante que lo hagas.	It is important *that you* do it.

CASAMIENTOS INMEDIATOS LEGALMENTE

Sin análisis si... s. Precios bajos.

Señora Honorable
Se ofrece para cuidar niños
ó como dama de compañía,
prefié... ...tranje-
91

Enfoque

A pesar de las razones tan lógicas que nos ofrezcan los **solteros** por no casarse, la gran mayoría **persigue** todavía la ilusión amorosa. Porque el hombre **huye de la soledad,** y la **esperanza** toma una forma diferente para cada uno. He aquí algunos **trozos** sacados del Consultorio de Scarlet, una columna en la revista *Momento de Caracas.* Aunque encontremos en ellos algún elemento **divertido,** en realidad **esconden el fondo patético** de lo que es la condición humana.

VIUDA **CON CINCO HIJOS** ¡No es para asustarse ! Son buenos y dóciles. Encontrándome muy sola, sin el **apoyo** moral y el afecto leal y sincero de un hombre noble y generoso, **lanzo** este S.O.S. en demanda de EL.. Debe ser de 40 a 50 años, responsable, que también **padezca** de inmensa soledad en su alma, y que **anhele** formar un **hogar** al lado de una buena mujercita que pueda hacerlo feliz. Tengo 40 años de edad (**que no represento**), soy **sumamente hogareña, me encanta** limpiar, cocinar, tener la casa en orden, y

	single people
	pursues
	flees from loneliness...hope
	segments
	humorous
	they hide the pathos
	widow...Don't get scared !
	support
	I am sending
	is suffering...desires
	home
	(but don't look it)...very home-loving, I love

((Viuda con cinco hijos...))

cuidar de mi marido y mis hijos (cosa que no se encuentra todos los días). Ruego, si le interesa, por favor, escribir **a quien se firma**: INSISTENTE, y no dejarla esperando. Es urgente. Gracias anticipadas.

"yours truly"

DESDE BOGOTA Con **fines** matrimoniales deseo intercambiar correspondencia con una dama culta, seria, libre de **prejuicios**. No importa edad, belleza o **estado civil**, pero eso sí, que sea de buena posición social y que esta **vinculación** no la haga por necesidades económicas. Me describo así: Alto, **bien presentado, moreno claro,** ojos y **cabellos** negros, culto y serio. Soy de edad media y resido solo. Profesional. Si le interesa, por favor, escriba a «COLOMBIANO REBELDE Y CARIÑOSO». Repito mis gracias.

objectives
prejudices
single, widowed, or divorced
union
of good appearance, light-
skinned Black...hair

ESTOY DESESPERADA Deseo encontrar un hombre en el camino de mi vida que me ofrezca Matrimonio, que sea serio y responsable, más o menos de 50 años de edad, venezolano o europeo, que desee casarse pronto si hay afinidad y mucha comprensión. **Mis datos**: 47 años de edad, hogareña, no muy guapa, pero sí simpática y atractiva. Muy **de hogar** y católica. Ruego **pronta** contestación a «MI JARDIN». Con mis **efectivas** gracias.

Information about me

home-loving...quick
sincerest

PORTUGUES CON MUCHOS AÑOS EN ESTE BELLO PAIS   Solo, sin familiares ni **amistades**. Tengo 28 años de edad, con **trabajo fijo**. Muy responsable, deseo formar un hogar cristiano en mi segunda patria. Deseo una mujer que me acompañe por la vida, **compartiendo** alegrías y tristezas si llegan. Puede ser de 20 a 25 años de edad, alta, de gustos sencillos, venezolana o de cualquier otra nacionalidad. Ruego pronta contestación a «EL SOLITARIO». Con mis gracias anticipadas.

friends...a steady job

sharing

DESEO TANTO SER FELIZ   Por ello desearía contraer matrimonio, **pero no por el hecho mismo**, sino por encontrar la felicidad al lado de un hombre inteligente, culto, **bien parecido**, sin vicios, **amante del aire libre**, profesional o de situación económica **desahogada**, que le gusten los viajes y que sea responsable. Mayor de 33 años de edad. No aventurero. No importa si tiene un niño. **¿Que** pido mucho? Creo que no. Soy alta, elegante, bonita, **viajada**, blanca, **tostada por el sol**, culta, **con idiomas**. Trabajo y vivo bien. Divorciada sin hijos. 30 años de edad. **Sureña**, de familia honorable. Sentimental y muy cariñosa. **Firma**: DICKSIE. Gracias mil.

not just to get married
good-looking...outdoors
    type
comfortable

Do you think
well-travelled...suntanned
speak several languages
Southerner
Signing off

CON FINES ESTRICTAMENTE MATRIMONIALES   Deseo relacionarme con una soltera libre de **todo compromiso**, de 20 a 28 años de edad. No importa que **no posea bienes materiales**, pero sí que anhele compartir conmigo penas o alegrías que nos lleguen, que sea muy de hogar y amante de los niños. Deseo formar un hogar cristiano **a corto plazo**. Estos son mis datos: 34 años de edad, español, hablando inglés correctamente, católico, de nobles sentimientos. Si contestara una linda **caraqueñita**, me encantaría. **No se arrepentirá quien confíe en mí** y escriba pronto a «PANTIN». Gracias.

any attachments
she doesn't have money

very soon

Caracas girl...Whoever
   trusts in me won't be sorry

VAMOS A CONVERSAR

1. De todas estas personas, ¿quién le interesa más a Ud.? ¿Quién le parece más sincero? ¿más educado? ¿más sospechoso? ¿más patético? En su opinión, ¿quién se casará primero? ¿Por qué?
2. ¿Cómo se imagina Ud. el aspecto físico de la viuda con cinco hijos? ¿Es alta, más bien baja o de estatura mediana? ¿Será flaca, delgada o gordita? ¿Qué sabe Ud. de su personalidad y carácter? ¿Es más bien tradicionalista o progresista en su concepto del matrimonio? ¿Le será difícil encontrar un buen esposo? ¿Por qué?

3. ¿Por qué busca el «Colombiano Rebelde y Cariñoso» una dama culta y «libre de prejuicios»? ¿Cómo interpreta Ud. su apodo (*nickname*), específicamente el uso del adjetivo «rebelde»? ¿Qué sabe Ud. de su vida? ¿Qué profesión cree Ud. que tiene? ¿Es un hombre seguro o inseguro de sí mismo? ¿Por qué piensa Ud. así?

4. ¿Podría Ud. hacernos una descripción detallada de la segunda señora, la que pide pronta contestación a «Mi Jardín»? ¿Cree Ud. que ha sido casada antes? ¿Será divorciada? ¿Qué oficio o profesión cree Ud. que tiene? En su opinión, ¿se casará pronto? ¿Por qué?

5. ¿Cuál es el apodo del joven portugués? ¿Por qué cree Ud. que no ha podido encontrar amigos en tantos años de vivir allí? ¿Cómo se lo imagina Ud. físicamente? ¿y su personalidad? ¿Le parece ser una persona intelectual? ¿Cuáles serán sus intereses y sus pasatiempos? ¿En qué trabajará? ¿Se identifica Ud. en algún sentido con él?

6. ¿Por qué cree Ud. que emplea la tercera señorita el apodo «Dicksie»? ¿Cree Ud. que es en realidad tan elegante, bonita, culta, etc., como dice? ¿De qué clase económica o social será? ¿Cuáles son sus mayores gustos? ¿Es una mujer típica latinoamericana? ¿Por qué tiene que colocar este anuncio en el periódico?

7. ¿Quién es la última persona que nos escribe aquí? Una vez más, ¿podría Ud. describírnoslo física y psicológicamente? A propósito, ¿con qué palabra inglesa se relaciona el apodo («Pantin») que emplea? ¿Cree Ud. que tiene alguna significación? ¿Se fiaría Ud. de él (*would you trust him*)? ¿Por qué?

8. Hablando de cosas más serias, díganos: ¿Encuentra Ud. en estos anuncios alguna indicación de las actitudes morales prevalecientes en el mundo hispánico? ¿Cómo se comparan con las nuestras?

9. Finalmente, ¿es importante para Ud. casarse? ¿Es indispensable? ¿Podría Ud. vivir feliz sin esposo (o esposa)? ¿Podría Ud. vivir feliz sin hijos? ¿Ya tiene Ud. hechos sus planes matrimoniales? ¿Cómo y dónde se imagina Ud. viviendo de hoy en diez años (*ten years from today*)?

ESTUDIO DE VOCABULARIO

1. ¿Cómo relacionaría Ud. las ideas del grupo **A** con las del Grupo **B**? (Recuerde que encontrará en el Grupo **B** varias expresiones que corresponderán a cada una.)

A	B
tostarse al sol compartir arrepentirse hogareña matrimonio viuda	uno con otro…equivocarse…ir a la playa…cuidar de la casa…verano…casarse…quedarse sola…generosidad…lavar, planchar, cocinar…bikini…boda…sentirse mal…tristeza…alegría…comprensión o afinidad…

2. Ahora busque en el Grupo **B** un sinónimo para cada palabra del Grupo **A**.

   A. anhelo, culto, padecer, apoyo, asustarse, cuidar de, belleza, guapa, bien parecido, cariño, poseer, pronto, fines, sumamente

   B. sentir miedo, atender a, linda, deseo, sufrir, hermosura, sostén, buen mozo, tener, propósitos, extremadamente, a corto plazo, afecto, bien educado

3. ¿Puede Ud. encontrar en el artículo que acabamos de leer seis palabras de connotaciones agradables? (Por ejemplo: **simpático, felicidad,** etc.) ¿Puede encontrar cinco de connotaciones desagradables? (**tristeza, vicio,** etc.)

4. Ya que hemos hablado tanto de diferentes sentimientos humanos, díganos, ¿qué colores asocia Ud. con: la felicidad...el dolor...la soledad...la alegría...la pasión...la tristeza...el amor a los padres...el amor al esposo (o a la esposa)?

ESTRUCTURA

41. The compound tenses of the subjunctive

A. The present perfect subjunctive

The present perfect subjunctive consists of the present subjunctive of **haber** plus a past participle.

haya hablado, comido, etc.
hayas
haya
hayamos
hayáis
hayan

It is used in place of the present perfect indicative whenever the subjunctive is required. For example:

Han vuelto.	They have returned.
¡Ojalá que hayan vuelto!	Oh, how I hope they have returned!
¿Has terminado?	Have you finished?
¿Les sorprende que hayas terminado?	Are they surprised that you have finished?

B. The pluperfect (past perfect) subjunctive

The pluperfect subjunctive, as you would expect, consists of the imperfect (simple past) subjunctive of **haber** plus a past participle.

hubiera (hubiese) hablado, comido, etc.
hubieras (hubieses)
hubiera (hubiese)
hubiéramos (hubiésemos)
hubierais (hubieseis)
hubieran (hubiesen)

It is used in place of the pluperfect indicative whenever the subjunctive is called for.

Lo había roto.	He had broken it.
Me molestó que lo hubiera roto.	It annoyed me that he had broken it.
Se habían perdido.	They had gotten lost.
Era lástima que se hubieran perdido.	It was a pity that they had gotten lost.

EJERCICIOS

I. Cambie según las indicaciones. Por ejemplo:

Hemos ganado. (¡Ojalá que...)   *¡ Ojalá que hayamos ganado !*
Había muerto ya. (¡Qué pena...)   *¡ Qué pena que hubiera muerto ya !*

1. Se han casado. (Me alegro de que...) 2. Ha encontrado una buena esposa. (¡Ojalá que...) 3. ¿Lo has hecho ya? (Espero que...) 4. No han vuelto todavía. (Me preocupa que...) 5. No lo habían traído. (Sentíamos que...) 6. No les hemos contestado. (Les molesta que...) 7. ¿Los habéis visto? (Estoy muy contenta de que...) 8. ¿La había invitado Ud.? (Sería preferible que...) 9. Las habíamos conocido antes. (¡Ojalá que...) 10. ¿Se lo habíais dicho? (No les gustó que...)

II. Lea en voz alta, y después escoja las conclusiones más lógicas:

1. —Estoy muy preocupada por Roberto. Se fue hace una hora en su coche. Y ahora está nevando, y los caminos están en malísimas condiciones.
   —Es verdad. (Temo que haya tenido algún problema con su jefe. Espero que no se haya quedado aquí. ¡Ojalá que haya llegado sano y salvo a su casa!)

2. —Joseíto siempre ha sido el mejor estudiante de la clase. Pero se aburre a veces, porque el trabajo es demasiado fácil.
   —Es un chico extraordinario. (Espero que no haya sido suspendido otra vez en sus clases. Es lástima que los maestros no hayan podido hacer más por él. Me sorprende que el Rector no lo haya castigado más.)

3. —La pobre viuda busca un hombre que la ame y que ponga fin a su soledad.
   —(¡Ojalá que no haya contraído matrimonio ya! Sería mejor si no se lo hubiéramos dicho. Es lástima que se haya quedado tan sola, y con tantos hijos.)

4. —Nuestros primos vinieron a visitarnos anoche, y no había nadie en casa para recibirlos. Lo siento tanto.
   —En realidad, la culpa es de ellos. (Me sorprende que hayan venido sin llamar. Era lástima que no hubieran telefoneado después. Me molesta que no lo hayan compartido con nadie.)

42. The third concept of the subjunctive: unreality

The subjunctive wears the cloak of unreality. It reflects the doubtful, uncertain, indefinite, the unfulfilled, the impositive. It appears in the subordinate clause whenever the idea upon which that clause depends places it within the realm of the unreal. Here are some of the situations in which the concept of unreality produces the subjunctive.

A. The shadow of a doubt

When the idea of the main clause places the subordinate clause action in the shadow of doubt, the uncertain reality of that action is expressed by the subjunctive.

Dudo que nos haya visto. —¡Ojalá!
I doubt that he has seen us. —I hope you're right!

No están seguros de que sea ella. —¿Por qué no?
They aren't sure that it is she. —Why not?

If doubt is not cast on the subordinate clause action, there is no subjunctive.

Estoy seguro de que es él. —Yo también.
I am sure that it is he. —So am I.

B. Denial

When the idea of the main clause denies the existence of the subordinate clause action, the unreality of that action is also expressed by the subjunctive.

Negó que lo hicieran. —¿Ah, sí?
He denied that they did it. —Really?

No es verdad que lo dijera. Estás mintiendo.
It isn't true that he said it. You're lying.

But:

No negó que lo hicieron. —No pudo.
He didn't deny that they did it. —He couldn't.

C. Subjunctive and indicative with *creer*

The verb **creer** (*to think, to believe*) illustrates how the speaker's expression of doubt, and not the verb itself, determines whether the subjunctive or the indicative will be used.

1. **Creer,** used in an affirmative statement, is regularly followed by the indicative, because the speaker, in saying "I believe" does not normally want to imply "I doubt."[1]

Creo que vendrá. —Yo lo dudo.
I think he'll come. —I doubt it.

Creían que éramos sus enemigos. —¡Qué tontos!
They thought we were their enemies. —What fools!

Creemos que tienes razón esta vez. —Gracias.
We think you're right this time. —Thanks.

[1] When the speaker wishes to express serious doubt, the subjunctive is possible. **Creo que venga.** *I think he may possibly come.*

2. In questions or negative statements, **creer** will produce a subjunctive if the speaker wishes to cast doubt on the subordinate clause action, and the indicative if he makes no implication of doubt.

¿Cree Ud. que se atreva?	Do you think he will dare? (I doubt it.)
¿Cree Ud. que se atreverá?	Do you think he will dare? (I think so, or I have no opinion.)
No creo que lo acepten.	I don't think (I doubt) that they will accept it.
No creo que lo aceptarán.	I don't believe that they will accept it. (I fully believe that they will not accept it.)
¿No cree Ud. que ella es bonita? —**Muy bonita.**	Don't you think she's pretty? (I do.) —Very pretty.

EJERCICIOS

I. Cambie cada frase según las indicaciones:

1. No estoy segura de que sea **él**. (ellos)   2. Niega que su hijo lo haya **hecho**. (decir)   3. **Dudo** que lleguen a tiempo. (Dudaba)   4. **Creen** que hemos ganado. (Creían)   5. **Niegan** que sea culpable. (Negaron)   6. ¿Crees que **llamarán**? (volver)   7. No creo que **llamen**. (venir)   8. No **es** verdad que sean tan viejos. (era)

II. Haga negativas ahora las oraciones siguientes:

1. Dudo que lleguen a un acuerdo.   2. Negó que lo robaran.   3. Es verdad que faltó a la clase.   4. ¿Cree Ud. que se case pronto?   5. Es cierto que se han ido ya. 6. Dudaba que lo hubiéramos vendido a ese precio.   7. Creo que él comprende muy bien a los jóvenes.   8. Dudamos que necesiten nuestra ayuda.   9. Niego que haya dicho eso.   10. Es seguro que volverá mañana.

III. Conteste, por favor:

1. ¿Cree Ud. que lloverá mucho este mes?   2. ¿Cree que nevará?   3. ¿Cree que haga mucho calor?   4. ¿Cree Ud. que podamos acabar esta lección hoy?   5. ¿No cree Ud. que es interesante estudiar español?   6. ¿Debo creer que Ud. siempre dice la verdad?   7. ¿Cree Ud. que la mayor parte de los estudiantes de esta clase sepan más que Ud.?   8. ¿Es verdad que hayan cancelado todas las clases de mañana?   9. ¿No es verdad que esta escuela ofrece unas oportunidades magníficas?   10. ¿Está Ud. seguro de que haya comprendido este ejercicio?

43. Unreality (cont.): referring back to something indefinite

A. Indefiniteness is an integral part of the concept of unreality. Therefore, when the subordinate clause refers to someone or something that is *uncertain, indefinite, hypothetical,* or *nonexistent,* the subjunctive must be used.

¿Hay alguien que comprenda esto?	Is there anyone who understands this? (There may not be such a person.)
Busca un marido que sea guapo, inteligente y rico.	She is looking for a (hypothetical) husband who is handsome, intelligent and rich.
No hay nadie que la quiera. —¡Pobre!	There is nobody who loves her. (The person is nonexistent.) —Poor thing!
Lo que tú digas de aquí en adelante no me interesa nada.	What you may say from now on doesn't interest me at all. (It has not been said yet: therefore, indefinite.)
Haré lo que pueda.	I shall do what I can. (Future, thus indefinite.)
El estudiante que saque la mejor nota recibirá un premio.	The student who (whichever student) gets the best grade will receive an award.

B. But if the subordinate clause refers to someone or something that is specific, definite, or existent, the indicative is used.

Hay muchas personas que comprenden esto.	There are (there do exist) many people who understand this.
Tiene un marido que es guapo, inteligente y rico.	She has a husband who is handsome, intelligent, and rich.
Lo que tú dices no me interesa nada.	What you are saying doesn't interest me at all.
Hice lo que pude.	I did what I could.

C. If the subordinate clause describes an action that occurs as a general rule, the indicative must again be used. Obviously, there is nothing indefinite about such a circumstance or object of reference.

Hago lo que puedo.	I do what I can.
Cada año el estudiante que saca la mejor nota recibe un premio.	Each year, the student who gets the best grade receives an award.

EJERCICIOS

I. Cambie las frases siguientes según las indicaciones:
1. No hay nadie que lo **sepa** todavía.
   (tener, decir, creer, seguir, querer)
2. Buscaba una mujer que **supiera** cocinar.
   (ser rica, cantar bien, poder ayudarle, compartir su vida)
3. **Hará** lo que pueda.
   (Siempre hace, Hizo, Dijo que haría —*use imperfect subjunctive*)
4. **Hay** un almacén donde venden ropa barata.
   (Conozco, ¿Hay...? ¿Habrá...?, Había)

II. Conteste en español:
1. ¿Hay una clase este semestre que le interese más que las otras?   2. ¿Tiene Ud. un amigo que haya vivido en el extranjero (*abroad*)?   3. ¿Tiene Ud. un amigo que

haya nacido en el extranjero? ¿Dónde? 4. ¿Conoce Ud. a alguien que sepa hablar más de dos lenguas? ¿Quién es? 5. ¿Hay un almacén bueno por aquí donde vendan ropa barata? ¿donde vendan máquinas de escribir? ¿donde vendan libros usados? 6. ¿Ha visto Ud. alguna vez una obra de arte que considere perfecta? 7. ¿Conoce a una persona a quien considere perfecta? 8. ¿Le interesa más a Ud. una carrera que le haga rico o que ayude a la humanidad? ¿Qué piensa Ud. ser?

III. Complete según las indicaciones:

1. ¿Habrá un libro que...todas las respuestas? (tener)
2. Mira, Pedro. Acabo de encontrar un libro que las...(tener)
3. ¿Conoce Ud. una tienda donde yo... comprar discos? (poder)
4. Aquí cerca hay uno donde los... (vender)
5. No hay nadie, pero nadie que... hacerlo mejor que yo. (saber)
6. Nos gustaría hablar con alguien que... hecho ya el viaje. (haber)
7. Hay una señora en nuestro departamento que lo... hecho. (haber)
8. Busco una secretaria que... buena mecanógrafa y diligente. (ser)
9. ¿Has visto jamás una pluma que... en cuatro colores? (escribir)
10. Aquí tengo una que... en tres. (escribir)
11. No te preocupes. Haré todo lo que... (poder)
12. Jaime me engañó. Dijo que haría lo que... y no hizo nada. (poder)

44. Impersonal expressions with subjunctive or indicative

A. Impersonal expressions that contain subjunctive ideas will be followed by the subjunctive. Most impersonal expressions fall into these categories.

◆ Indirect or Implied Command

Conviene		It is advisable	
Es preferible		It is preferable	
Es mejor, Más vale	que venga.	It is better	that he come.
Urge		It is urgent	
Importa,[2] Es importante		It is important	
Es necesario		It is necessary	

◆ Emotion

Es lástima		It is a pity	
Es de esperar		It is to be hoped	
¡Ojalá!	que hayan ido.	If only...!	(that) they have gone.
Es lamentable		It is regrettable	
Es sorprendente		It is surprising	

[2] ¿Importa...? also is used with the meaning *Do you mind...?* Since the implication of command still remains, it is followed by subjunctive. **¿Le importa que abra la ventana?** *Do you mind if I open the window?*

◆ Unreality: Doubt, Uncertainty, Indefiniteness, etc.

Es (im)probable		It is (im)probable
Es fácil		It is likely
Es difícil		It is unlikely
Es (im)posible	que nos	It is (im)possible } that he knows us.
Parece mentira, Es increíble	conozca.	It is incredible
Es dudoso		It is doubtful
Puede ser		It may be

B. When an impersonal expression implies certainty, it is followed by the indicative.

Claro está		It is clear
Es verdad	que lo sabe.	It is true } that he knows it.
Es evidente		It is evident
No cabe duda de		There is no doubt

C. In many cases, the attitude of certainty or doubt, of belief or disbelief in the speaker's mind will determine whether to use indicative or subjunctive.

¿Es cierto que vienen?
(I think so, or I have no opinion.)

¿Es cierto que vengan?
(I doubt it.) } Is it true that they're coming?

D. Just as in English, when there is no change of subject, the impersonal expression is followed merely by the infinitive.

Es necesario hacerlo. —¿Pero ahora? · It is necessary to do it. —But now?

Era imposible estudiar allí. —Claro, con ese ruido. · It was impossible to study there. —Right, with that noise.

Now compare:

Es necesario que lo hagas. —¿Pero ahora? · It is necessary *for you* to do it. —But now?

Era imposible que estudiaran allí. —Claro, con ese ruido. · It was impossible *that they* could study there. —Of course, with that noise.

EJERCICIOS

I. Cambie:
1. Nos visitarán mañana.
   (Es posible que, Es mejor, Ojalá, Es difícil, Es verdad)
2. Tenían razón.
   (Era imposible que, Claro está, Puede ser, Parecía mentira)

3. Eso no se repetirá.

(Es evidente que, Conviene, Importa mucho, Es dudoso, ¡Ojalá)

4. Valía más de lo que pagamos.

(Era probable que, Es de esperar, No cabía duda de)

II. Conteste afirmativa o negativamente:

1. ¿Es probable que haga mucho frío este mes? 2. ¿Importa que terminemos esta lección hoy? 3. ¿Es posible que haya muchos estudiantes extranjeros en esta escuela? 4. ¿Es necesario practicar mucho para tocar un instrumento musical? 5. ¿Es cierto que es Ud. un famoso millonario? 6. ¿Es fácil que se encuentre una solución pronto para las guerras? 7. ¿Es verdad que hay más de diez mil estudiantes en esta universidad? 8. ¿Es verdad que su profesor(a) nació en un país hispano? 9. ¿Es preferible vivir aquí en la universidad o en casa de su familia? 10. ¿No será mejor acabar ahora este ejercicio?

Creación ((Gracias, Espíritu Santo...))

EL SEÑOR
DON DOMINGO DÍA...

falle...
43 a...
Su e...
Mons...
da de...
Góme...

RUEGA...
rá...
en...
rri...
La...
HO...
La...
DON...

✝
LA SEÑORA
ANA JOAQUINA CUEVAS DE VARÓN
DESCANSO EN LA PAZ DEL SEÑOR

Su esposo Arsenio Varón Gómez, sus hijos Fernando Varón C., señora Ana Tulia R. de Varón e hijo; Narciso Varón, señora Omayra P. de Varón e hijos, Emma Vda. de López e hijos; Abraham Varón, señora Josefina Varón de Varón e hijos; Daniel Leiva, señora Empera Varón de Leiva e hijos; Jaime Leiva, señora Bertha Varón de Leiva e hijos; Josué Mejía, señora Concha de Mejía e hijos; Gilberto García Varón, señora e hijos; Leandro Varón, señora e hijos; Hollman Varón, señora e hijos; Narciso Varón Puentes, señora Claudia de Varón agradecerán a sus amigos y relacionados la asistencia a las exequias que se verificarán hoy miércoles 15 de octubre a las 2 y 30 p.m. en la Iglesia de Santa Teresita y luego acompañarlos a los Jardines del Recuerdo.
Velación Capilla 'A' del piso 2 de la Funeraria Francisco Gaviria Ltda., Carrera 13 Nº 43-45 Tels. 454884, 458754 y 452498.

SEÑORA HONORABLE se ofrece para cuidar niños o como dama de compañía. Prefiere vivir en el extranjero. Escríbase: 213N

HOMBRE BIEN EDUCADO, 45 años desea oportunidad de comenzar de nuevo. Dispuesto a todo. 337B

COMPROMETIDOS: Giselda María Arandel y Leandro Suárez Peña contraerán matrimonio en privado, el viernes 24 del presente. Se

ESP...
SANTO

Espíritu Santo, tú que me aclaras todo, que iluminas todos los caminos para que yo ...cance mi ideal, tú que me das el don divino de perdonar y olvidar el mal que me hacen y que en todos los instantes de mi vida estás conmigo, yo quiero en este corto diálogo agradecerte por todo y confirmar una vez más que nunca quiero separarme de ti, por ... sea la ... estar ... quer ... quier ... para co...

(La ... el pedi... será ... más difí... cuanto ...

GRACIAS
Espíritu Santo
Por favor concedido
A. de M.

ANTONIO
GUAJARDO

L. P. VUELVE EN SEGUIDA. TODO SE OLVIDARÁ . . P. F.

Anuncios personales. Penas y alegrías humanas que se asoman entre las nuevas del mundo, y desaparecen con el periódico de ayer... "Gracias, Espíritu Santo", declara A. de M. Pero, ¿quién será esa persona? ¿Qué favor habrá recibido?... ¿Cómo pasaría su vida doña Ana Joaquina Cuevas de Varón? ¿Cómo se imagina Ud. su casa? ¿Qué nos dice de su familia?... ¿Por qué desea trabajar en el extranjero la "señora honorable"? ¿Cómo habrá vivido hasta ahora?... ¿Por qué quiere comenzar de nuevo el "hombre bien educado"? ¿Le será posible a esa edad?... ¿Por qué se casarán en privado Giselda María y Leandro? ¿Serán jóvenes o gente mayor?... ¿Por qué se ha ido L.P.? ¿Quién le estará escribiendo?

Bodas, compromisos, muertes, nacimientos. Oraciones, esperanzas, desesperación... "Gracias, Espíritu Santo..."

Lección doce

Tablas de repaso

THE THREE CONCEPTS OF THE SUBJUNCTIVE IN REVIEW

A. INDIRECT OR IMPLIED COMMAND

(When the main clause expresses one person's will that someone else do something)

Quiero que lo acabes hoy.	I want you to finish it today.
—Pero es imposible.	—But it's impossible.
Te rogamos que no lo hagas.	We beg you not to do it.
—Muy bien.	—All right.
Me pidió que esperara, pero no pude.	He asked me to wait, but I couldn't.
Es importante que lleguen temprano. —No se preocupe.	It is important that they arrive early. —Don't worry.

B. EMOTION

(When the main clause expresses hope, fear, anger, pleasure, surprise, regret, or any other emotion about the following action)

Me sorprende que Uds. digan eso. —¿Por qué?	I'm surprised that you should say that. —Why?
Se alegra de que lo hayamos invitado. —Sí. Es muy simpático.	He's happy that we have invited him. —Yes. He's very nice.
Sentíamos que estuvieran enfermos. —Yo también.	We were sorry that they were sick. —I was too.

Remember: If there is no change of subject, Spanish generally uses an infinitive instead of a second clause.

Me alegro de verlos.	I'm happy to see them.
Sentíamos estar ausentes.	We were sorry to be (that we were) absent.

C. UNREALITY

◆ Doubt, denial, uncertainty

Dudo que sea él. —¡Qué va!	I doubt that it is he. —Nonsense!
Niega que Uds. se lo hayan dado.	He denies that you have given it to him.
—Está mintiendo.	—He's lying.
No es verdad que lo dijera. —Sí es.	It isn't true that he said it. —Yes, it is.

But:

No dudo que es él.	I don't doubt that it is he.
No niega que Uds. se lo han dado.	He doesn't deny that you have given it to him.
Es verdad que lo dijo.	It is true that he said it.

◆ Conjunctions that express uncertainty or unreality

Some conjunctions always imply that the following action is uncertain, indefinite, or hypothetical. These include **en caso de que, a menos que, con tal que,** and **sin que.**

En caso de que vuelvan, dígales que esperen.	In case they come back, tell them to wait.
No lo haré a menos que tú me ayudes. —Muy bien.	I won't do it unless you help me. —All right.
Se marchó sin que lo viéramos. —Lástima.	He went away without our seeing him. —Pity.

Other conjunctions such as **aunque, dado que,** and **a pesar de que** are followed by either the subjunctive or indicative, depending on whether the speaker wishes to convey uncertainty or definiteness.

Aunque tenga dinero, es muy tacaño.	Although (Even though) he may have money, he's very stingy.
Aunque tiene dinero, es muy tacaño.	Although he has money, he's very stingy.

◆ Indefiniteness

(When referring back to someone or something that is indefinite, uncertain, hypothetical, or nonexistent.)

Busco alguien que pueda ayudarme. —Aquí no hay nadie que sepa hacerlo.	I'm looking for someone who can help me. —There's no one here who knows how to do it.

But:

Conozco a alguien que puede ayudarle.	I know someone who can help you.
Aquí hay un estudiante que sabe hacerlo.	There's a student here who knows how to do it.

◆ Unfulfillment

(When a conjunction of time—**cuando, hasta que, así que, después de que,** etc.—introduces an action that was not yet completed at the time of the action of the main clause. **Antes de que** is always followed by the subjunctive for this reason.)

Esperaré hasta que llamen. —Buena idea.	I'll wait until they call. —Good idea.
Cuando lo veas, dáselo. —De acuerdo.	When you see him, give it to him. —OK.
Lo condenaron antes de que pudiera defenderse. —Son terribles.	They condemned him before he could defend himself. —They're terrible.

But:

Esperé hasta que llamaron.	I waited until they called.
Cuando lo veo, se lo doy.	When I see him, I give it to him.

◆ Conditions contrary to fact

Si no tuviera que cuidar de mis hermanos, me casaría.	If I didn't have to take care of my brothers and sisters, I'd get married. (But I do have to take care of them.)
Si hubiera sabido que venían, los habría esperado.	If I had known that they were coming, I'd have waited for them. (But I didn't know.)

The only subjunctive that can be used after **si** (*if*) is a past subjunctive—either imperfect for a simple tense, pluperfect for a compound tense. In all instances other than a condition contrary to fact, **si** is followed by the indicative.

Si tengo que estudiar, no podré ir contigo.	If I have to study, I won't be able to go with you.
No sabemos si va a nevar o llover.	We don't know whether it's going to snow or rain.
Si lo dije, lo siento mucho. —No importa.	If I said it, I'm sorry. —It doesn't matter.

THE SEQUENCE OF TENSES WITH SUBJUNCTIVE

Main clause	*Subordinate (subjunctive) clause*
Present Future Present Perfect	Same tense as in English
Past Conditional	Imperfect subjunctive for a simple tense Pluperfect subjunctive for a compound tense

Descubriendo su mundo.

¡A trabajar!

Enfoque

Si alguien le preguntara: ¿Cuáles son los primeros recuerdos de su niñez?, ¿qué le contestaría? Pues así les preguntamos a varios amigos nuestros, y aquí tiene Ud. algunas de las respuestas:

childhood

«Mis primeros recuerdos? Pues recuerdo cuando nació mi hermano José. Yo tenía dos años y medio, y recuerdo que me quitaron mi **camita** y me dieron otra más grande porque decían que yo era **grandecita** ya y que el bebé iba a necesitar la mía. Y me sentí muy triste, como si **me hubieran desalojado** de mi justo lugar en la familia. Pero al mismo tiempo me sentía **orgullosa**, porque Joseíto era 'mi **nenito**' y yo iba a ser 'una hermana', mientras que antes había sido sólo 'yo'.»

little bed

nice and big

they had thrown me out

proud

baby

«Recuerdo mi primer viaje en avión. El piloto me dejó ver el **tablero** de los instrumentos de navegación, y yo estuve tan feliz, hasta que despegamos y me puse a vomitar.»

panel

Vida colectiva en un
«kibbutz» israelí.

Secretos de la infancia

«Recuerdo mi primer día en la escuela. Lloré como si me estuvieran matando, y no quise que mi madre me dejara. Todavía lloro en la escuela, pero sólo cuando veo mis **notas de fin de curso**.»

final grades

«Fuimos a ver a San Nicolás en un almacén grande y me preguntó qué deseaba para la Navidad, y le dije que quería un **camión de bombero**. Créame, si mis padres no me lo hubieran comprado, ¡ **hasta el día de hoy**, no creería **más** en San Nicolás !»

fire truck

to this very day...any more

«Recuerdo mi tercer cumpleaños. La vecina **de al lado** me trajo un teléfono verde con un largo cordón rojo y verde, y un **libro de colorear**. Yo realmente deseaba un rifle automático como los que **anunciaban** en la televisión.»

next door
coloring book

they advertised

«Recuerdo un día cuando yo tenía tres años, más o menos, y mamá esperaba a unos invitados importantes. Había pasado toda la semana **arreglando** la casa para que se viera bonita. **Hasta mis juguetes**, que me gustaba ver **regadas por todas partes**, fueron metidos **cuidadosamente** en los **estantes y armarios**. Ahora no sé por qué, pero cuando **sonó el timbre de la puerta, se me dio** la idea de **desbaratar** todos los estantes y sacar de los **cajones** y armarios toda mi ropa y **desparramarla por el suelo**. Aun cogí los **tiestos** de las plantas y las volteé **patas arriba**. ¡Había que ver la cara de mi pobre mamá cuando abrió la puerta de mi cuarto para presentarme a los **huéspedes**!»

    En fin, nadie conoce de verdad los secretos del cerebro infantil. Pero sí se sabe cómo ayudar en su **saludable desarrollo**. Como nos dicen los psicólogos:[1]

    *Los niños tienen la **asombrosa habilidad** de hacer uso de todos sus **conocimientos** y expresarlos en una forma muy artística y personal. Cuando un niño pinta, por ejemplo, no está tratando de producir una obra de arte. Simplemente está creando un **todo** artístico de lo que ve, escucha, y siente. Por eso, si un niñito le muestra una de sus «obras», **no se le ocurra** decirle: «Qué lindo, qué lindo!, pero…¿qué es?» Ud. no puede **pretender** que el joven «artista» vea las cosas como las ve Ud., y la explicación le resultará demasiado difícil, **ya que** él mismo la **desconoce** subconscientemente. Por la misma razón, **no le exija que ponga** título a su «obra». Es posible que él mismo no haya pensado sobre el tema en términos de nombre o situación. **Ni siquiera trate Ud.** de darle una explicación lógica a ese cielo amarillo, al mar **anaranjado**, o a la **vaca** sobre un árbol. Puede estar seguro de que el «artista» tiene sus razones personales para haberlos hecho así.*

    *El juego creativo es muy importante para la formación del niño porque le permite expresar lo que siente. Cuando a un niño muy pequeño **se le pasa un montón de cubos de madera**, lo más probable es que, al comenzar, **los tire en el suelo, los empuje de un sitio** a otro, **los amontone para botarlos luego,** ¡o tal vez sólo trate de **mascarlos**! Por supuesto, si se los está comiendo, **deténgalo**, pero nunca trate de enseñarle a construir casas. Es posible que todavía no esté interesado en aprenderlo, y más importante que esto: él lo hará **solo** muy pronto. Imagínese la satisfacción que sentirá cuando descubra por sí mismo que puede construir una puerta con dos cubos, dejando un **hueco** y colocando un tercero **encima**. En poco tiempo descubrirá cómo **armar** una casa completa, aun con garage para sus autos de juguete.*

Glosses (right column):
- fixing up...Even my toys
- strewn about
- carefully...shelves and closets
- the doorbell rang, I got
- taking apart...drawers
- scatter it on the floor...pots
- upside down
- guests
- healthy development
- amazing ability
- knowledge
- whole
- don't dream of
- expect
- since...doesn't know
- don't urge him to give a
- Don't you even try
- orange...cow
- is given a pile of wooden blocks
- he'll throw them down, push them from one place
- pile them up and knock them down...chew them
- stop him
- by himself
- hole...on top
- put together

[1] Lo siguiente está adaptado de «La importancia de los juegos creativos», *Vanidades Continental*, agosto 21 de 1973.

*Si Ud. le preguntara a un niño de cuatro años sus conocimientos de casa y garages, seguramente no encontraría las palabras. Pero al crear edificios con sus bloques de madera, está aprendiendo. Para estimular esta clase de actividad creativa, todo lo que tiene que hacer es **proporcionarle** los materiales básicos. Nunca le **fuerce** a pintar en el momento que a **Ud. le convenga que pinte**. Deje los materiales en un lugar accesible para que **los pueda coger** en el momento que desee. Esto tendrá un efecto beneficioso en su juego, convirtiéndolo en algo mucho más espontáneo y personal. Posiblemente el más importante de los juegos creativos es el de la improvisación : jugar a «**las visitas**», a «indios y **vaqueros**», a «**tenderos**», o «doctores y pacientes». **Déjelos a ellos** que sean los productores y actores de sus propias «obras», y **se asombrará de** la imaginación y creatividad que revelarán.*

provide for him...force
suits you for him to paint
he can pick them up

visiting...cowboys...store-
keepers
Let them (the children)
you'll be amazed

«Recuerdo a mi abuelita. Me besaba mucho y **olía a cocina**. Siempre me hacía pudín de chocolate.»

she smelled of cooking

«Recuerdo el día cuando murió mi tío Guillermo.»

«Recuerdo un enorme **palo de Navidad**. Y las luces y los regalos. Y mamá y papá y la tía **Enriqueta**. **¡Qué tipaza** era ella !»

Christmas tree
Henrietta...What a character

VAMOS A CONVERSAR

1. ¿Cuáles son los primeros recuerdos que tiene Ud. de su infancia ? ¿Ha tenido algunas de las experiencias o sensaciones que tuvieron nuestros amigos aquí ?
2. ¿Recuerda Ud. su primera fiesta de cumpleaños ? ¿Cuántos años tenía entonces ? ¿Qué recuerdos tiene Ud. de la Navidad o de otra fiesta importante ?
3. ¿A qué personas recuerda Ud. más de su infancia o niñez ? ¿Veía Ud. frecuentemente a sus abuelos ? ¿a los demás familiares ? ¿Tenía Ud. entonces algún amigo favorito ? ¿Lo tiene todavía ? ¿Tenía Ud. un amigo imaginario ? ¿Dónde están la mayor parte de sus viejos amigos ahora ?
4. ¿Qué otros episodios de sus primeros años recuerda Ud. ? ¿Algún viaje ? ¿Algún regalo ? ¿Algún suceso feliz ? ¿Algún momento triste ?
5. Según el psicólogo que nos habla aquí, ¿qué asombrosa habilidad tienen los niños ? ¿qué hace el niño cuando pinta ? ¿Qué no debemos preguntarle ? ¿Por qué ?
6. ¿Por qué es muy importante el juego creativo ? ¿Qué es lo más probable que ocurra cuando se le da a un niñito un montón de cubos de madera ? ¿Qué hará el niño más tarde, sin que nosotros insistamos en ello ? ¿Por qué nos recomienda el psicólogo que simplemente dejemos los materiales en un lugar accesible ?
7. ¿Qué otros juegos son muy beneficiosos para el niño ? Cuando Ud. era pequeño, ¿jugaba así ? ¿Qué juegos le gustaban más ? ¿Y ahora ?
8. Y una cosa más : ¿Cree Ud. que por lo general sus padres emplearon buena o mala psicología con Ud. ? ¿Por qué piensa así ?

ESTUDIO DE VOCABULARIO

1. Díganos por lo menos cinco cosas que asocie con cada una de las siguientes: la Navidad...un viaje en avión...la escuela primaria...el nacimiento de un niño... una fiesta de cumpleaños...pintar...

2. ¿Puede Ud. encontrar en el Grupo B un sinónimo para cada expresión del Grupo A?

   A. niñez, recuerdo, escuela, contestar, nene, respuesta, invitados, regar, patas arriba, ropa, artista, lindo, producir, encontrar

   B. responder, contestación, huéspedes, infancia, crear, hermoso, al revés, vestidos, pintor(a), memoria, hallar, desparramar, colegio, bebé

ESTRUCTURA

45. Unreality (cont.): condition contrary to fact

A condition contrary to fact is a most obvious case of unreality.

A. Exactly as in English, when a clause introduced by *if* makes a supposition that is contrary to fact (*if I had known*, but I didn't, etc.), it uses a past subjunctive. The imperfect subjunctive is used for a simple tense; the pluperfect subjunctive, for a compound tense.

Si la conocieras mejor, no dirías eso. —Puede ser.	If you knew her better (but you don't), you wouldn't say that. —Maybe so.
Si no hubieran llamado, habríamos ido sin ellos. —¡Qué suerte, eh!	If they hadn't called (but they did), we would have gone without them. —What luck, eh!
Comió como si jamás hubiera visto comida. —¡Qué hambre tendría!	He ate as if he had never seen food. (Of course, he had.) —Oh, how hungry he must have been!

The same contrary-to-fact construction may be used even with a future action to imply that it is unlikely.

Si me ofreciera un millón de dólares, no los aceptaría. —Yo sí.	If he were to offer me a million dollars, I wouldn't accept it. —I would.
Si alguien te lo preguntara, ¿qué contestarías? —No sé.	If someone should ask you, what would you answer? —I don't know.
Si te lo pidiera, ¿le prestarías tu coche? —Tendría que estar loco.	If he were to ask you, would you lend him your car? —I'd have to be crazy.

B. Under no other circumstances will the subjunctive ever be used after the word **si**.[2]

---

[2] **Si**, followed by the present indicative tense, has the meaning *assuming that*, and therefore is not considered in Spanish a conjunction of uncertainty.

| Si vienes, las verás | If you come, you will see them. |
| Si estuvo allí, no se aprovechó de ello. —Así es él. | If he was there (assuming that he was), he did not profit by it. —That's the way he is. |

C. Note particularly that the present subjunctive is NEVER used after the word **si**. Note also that when **si** means *whether*, the indicative must be used.

| ¿Sabes si llegan hoy o mañana? —No sé. | Do you know whether (if) they are arriving today or tomorrow? —I don't know. |

EJERCICIOS

I. Cambie las frases siguientes para indicar una condición contraria al hecho:

1. Si lo sé a tiempo, no lo haré.   2. Si está enfermo, me avisará.   3. Si llueve mañana, no saldremos a la calle.   4. Si nos escribe antes de venir, le esperaremos. 5. Si hace buen tiempo, daremos una vuelta (*we'll take a ride*) en coche.   6. Si te lo han ofrecido ya, no hay que insistir.   7. Si soy rica, compraré esta casa algún día.   8. Si caben tantas personas en el autobús, iremos todos juntos. 9. Si ensucias la casa, te castigará.   10. Si no nos cuesta nada, nos quedaremos.

II. Conteste ahora en...(¿hay otra lengua?):

1. ¿Qué haría Ud. si fuera millonario?   2. ¿Adónde iría Ud. si pudiera hacer un viaje a cualquier país?   3. ¿Cómo pasaría Ud. su vida si no se casara nunca? 4. ¿Qué habría hecho Ud. si no hubiera podido continuar sus estudios?   5. ¿A qué escuela habría asistido si no le hubieran aceptado en ésta?   6. Si Ud. pudiera ser otra persona, ¿quién sería?   7. Si pudiera vivir en otra época, ¿cuál escogería? 8. Si tuviera la oportunidad de conocer a una persona famosa, ¿a quién le gustaría conocer?   9. Si una persona desconocida (*stranger*) le pidiera ayuda, ¿se la daría?   10. Si una persona desconocida le ofreciera una cantidad de dinero, ¿la aceptaría?

III. Diga en español:

1. If you smoke too much, you'll get sick.   2. If I had the money, I would buy a new car.   3. He talks as if he knew it all.   4. Did they tell you whether they had seen him?   5. If we had gone with them, this wouldn't have happened.   6. If they should arrive early, what would we do?   7. If I said it, I'm sorry.   8. If he was sick, why didn't he tell us?

IV. Y un ejercicio más. Lea los diálogos siguientes, y después conteste:

1. —Si Carlos me hubiera rogado de rodillas (*on his knees*), no me habría casado con él. No me gustan los hombres demasiado guapos. Además, él siempre se interesaba por todas las chicas. Si le hubiera aceptado, créeme, no habría sido feliz.

—Pero te has quedado sola, Eugenia.
—No importa. Estoy mejor así.

Conteste:

a. Según Eugenia, ¿se habría casado con Carlos si él le hubiera rogado?
b. ¿La cree Ud.? ¿Por qué dice Ud. eso?
c. ¿Qué razones alega Eugenia por no haberse casado con él?
d. ¿Se casó con otro?
e. ¿Es feliz ahora?
f. ¿Cuántos años cree Ud. que tiene Eugenia ahora?
g. ¿Quién será la persona con quien está hablando?

2. —Perdone, señor Fernández, pero...¿puedo pedirle un gran favor?
—Cualquier cosa, Juan.
—Pues señor, si pudiera ayudarme... no sé si podrá, pero le estaría muy agra-
decido (*grateful*) si pudiese... pues,...
—¿Si pudiese qué, Juan?
—Pues... si pudiese adelantarme (*advance me*) el sueldo de la semana que viene
y...
—Ay, Juan, por su bien se lo voy a negar. Ud. debe aprender a guardar su
dinero, a no gastar...
—Gracias, señor, gracias...

Conteste:

a. ¿Quiénes serán el señor Fernández y Juan?
b. ¿Cómo sabemos que Juan le tiene miedo al señor Fernández?
c. ¿Qué favor le quiere pedir?
d. ¿Qué excusa ofrece el señor González para negárselo?
e. ¿Qué piensa Ud. de Juan? ¿y del señor González?

46. Unreality (cont.): conjunctions that express uncertainty or unreality

A. Some conjunctions, by their very meaning, always concede that the subordinate clause action is not a certainty. Such conjunctions include **a menos que** (*unless*) **en caso de que** (*in case*), **con tal que** (*provided that*). These are always followed by the subjunctive.

En caso de que venga, dígale que he salido. —¿Otra vez?

In case he comes, tell him that I have gone out. —Again?

A menos que ella insista, no se lo mostraremos. —De acuerdo.

Unless she insists, we will not show it to her. —I agree.

B. Other conjunctions such as **aunque** (*although, even though, even if*), **dado que** (*granted that*), **a pesar de que** (*in spite of the fact that*) will be followed by the subjunctive if the speaker implies uncertainty, and by the indicative if he implies a positive belief. In many cases, English will indicate uncertainty by using the auxiliary *may*.[3]

Aunque sea listo, no lo sabe todo.	Although he may be smart, he doesn't know everything.
Aunque es listo, no lo sabe todo.	Although he is smart, he doesn't know everything.
Dado que tenga Ud. razón, ¿qué vamos a hacer?	Granted that you may be right (but I have my doubts), what shall we do?
Dado que tiene Ud. razón...	Granted that you are right (and I think you are)...

C. The conjunction **sin que** (*without*) is always followed by the subjunctive because, by its very meaning, it negates the reality of the subordinate clause action.

Salieron sin que los viéramos. —¡Qué lástima!	They left without our seeing them. —What a shame!

Obviously, since the subordinate clause action did not take place, it is unreal or nonexistent.

Note that if there is no change of subject, we use the preposition **sin**, followed by the infinitive.

No salgas sin comer. —Muy bien.	Don't go out without eating. —All right.

EJERCICIOS

I. Cambie otra vez según las indicaciones:
1. **En caso de que** llame, no le diga nada.
    (A menos que, Aunque, A pesar de que, Dado que)
2. No **nos** dará nada a menos que se lo **pidamos.**
    (te, le, les, os, me)
3. **Salió** sin que yo lo supiera.
    (Volvió, No podría salir, No podrá salir, Nunca sale)

---

[3] Please keep in mind that the subjunctive belongs in the *subordinate* clause. When "may" appears in a main clause, it has two possible meanings: permission and uncertainty. Spanish uses the indicative of **poder** for both.

¿Puedo salir? *May I go out?*   Puede ser él. *It may be he.*

II. Busque en el Grupo **B** la conclusión de cada frase del Grupo **A**:

A	B
En caso de que conteste una mujer	jamás contestó...ya tiene su propia per-
Dado que sea pequeño	sonalidad...dile que llamabas otro número
Aunque lo llamamos tres veces	...prometan ayudarme...dudo que vayan
No sacarás buenas notas	con nosotros...a menos que estudies más
Lo haré con tal que Uds.	...no nos creyeron...¡Qué falta de cor-
No debes hacerlo	tesía!...sin que te den permiso...¡a veces
Aunque piense que lo sabe todo	comete unos errores regios!
A pesar de que les dijimos la verdad	
Entraron sin saludarnos siquiera.	
Aunque lleguen a tiempo	

47. Unreality (cont.): conjunctions that express unfulfillment

A. Uncompleted future action

After conjunctions of time, we use the subjunctive if the action is (or was) still pending. Conjunctions of time include **cuando** (*when*), **así que, tan pronto como** (*as soon as*), **hasta que** (*until*), **después de que** (*after*), etc. Clearly, an action that still has not (or had not) transpired must as yet be nonexistent.

Cuando lo descubra, se pondrá tan contento. —¡Ya lo creo!	When he discovers it, he'll be so happy. —Yes, indeed.
Esperemos hasta que vengan. —Si no es tarde.	Let's wait until they come. —If it isn't late.
Prometí ayudarlo hasta que terminara sus estudios. —Hiciste bien.	I promised to help him until he finished his studies. (He hadn't finished yet.) —You did the right thing.

1. If there is no suggestion of an uncompleted future action, the conjunction of time is followed by the indicative.

Cuando lo descubrió, se puso tan contento.	When he discovered it, he was so happy.
Esperamos hasta que vinieron.	We waited until they came.
Siempre esperamos hasta que vienen.	We always wait until they come. (It happens as a general rule.)

2. **Antes de que** (*before*) by its very meaning always indicates that the subordinate clause action had not yet happened at the time of the main clause. Therefore, **antes de que** will always be followed by the subjunctive.

Vámonos antes de que nos vean. —Seguro.	Let's leave before they see us. —Sure.
Se acercó al rey antes de que pudieran detenerlo. —¿Y qué hizo?	He approached the king before they could stop him. —And what did he do?

B. Purpose

1. Conjunctions of purpose are always followed by the subjunctive because at the time of the main clause action, the goal could not possibly have been fulfilled. **Para que** (*so that, in order that*) is the most common conjunction of purpose.

Deje los materiales para que el niño pueda usarlos.	Leave the materials so that the child can use them.
Trabaja para que sus hijos puedan asistir a la universidad. —Es muy bueno.	He is working so that his children may go to college. —He's very good.
Se lo explicaré para que no se confundan Uds. —¡Ay, gracias!	I shall explain it to you so that you won't be confused. —Oh, thanks!

2. If there is no change of subject, there is no need for two clauses. The idea is then summed up in one clause, with the preposition **para** followed by the infinitive.

Trabaja para poder asistir a la universidad.	He is working in order to be able to go to college.
Se lo explicó en pocas palabras para no confundirlos.	He explained it to them in few words in order not to confuse them.

EJERCICIOS

I. Conteste en español (¡por supuesto!).

1. ¿Qué piensa Ud. hacer cuando se gradúe de la universidad? 2. ¿Tendrá Ud. que trabajar así que termine sus estudios? 3. ¿Tendrá mucho que hacer cuando vuelva a casa hoy? 4. ¿Qué es lo primero que hace cuando se levanta por la mañana? ¿y lo último antes de acostarse? 5. ¿Piensa Ud. irse de vacaciones así que acabe este semestre? 6. ¿Cuánto tiempo nos queda ahora antes de que empiecen los exámenes finales? 7. ¿Piensa Ud. vivir con su familia hasta que se case? 8. ¿Dónde quiere vivir cuando se case? 9. ¿Cuántos años tenía Ud. cuando entró en esta escuela? 10. ¿Cuántos años tendrá cuando inicie su carrera profesional?

II. Cambie ahora según las indicaciones:

1. Lo estoy haciendo ahora **para** no tener que hacerlo después.
   (para que Julia, para que mis hijos, para que tú y Ana)
2. Nos lo dijo **para que** estuviéramos preparados.
   (de modo que, de manera que nuestros alumnos)
3. Se lo mandaré **para** estar seguro.
   (para que Ud., para que tú, para que Uds., para que todos)

III. Esta vez complete las frases usando **para** o **para que**.

1. ...ayudar más a un niño, deje que descubra las cosas por sí solo. 2. Tengo que lavar este vestido...esté listo mañana. 3. Ese joven se mata de trabajo...sacar buenas notas. —Y...sus padres estén orgullosos de él. 4. Te lo voy a explicar una vez más...lo sepas la próxima vez. —Muy agradecido. 5. ¿Por qué no nos

detenemos por un rato...descansar? 6. Detengámonos...los chicos puedan descansar. 7. Será mejor que dejes los materiales a la mano...el niño pueda usarlos cuando quiera. —De acuerdo.

48. Which subjunctive tense do we use?

A. There are only four subjunctive tenses—two simple (the present and imperfect subjunctives) and two compound (the present perfect and pluperfect subjunctives). This is how we use them.

Main Clause	Subordinate (Subjunctive) Clause
Present Future Present Perfect	Same tense as in English
Past Conditional	Imperfect subjunctive or Pluperfect subjunctive

B. If the main clause is in the present, future, or present perfect, the subordinate clause subjunctive is in the same tense as the English. Remember, of course, that the present subjunctive refers also to a future action.

Es lástima que no vengan.	It's a pity that they aren't coming (or won't come).
Es lástima que no hayan venido.	It's a pity that they haven't come.
Es lástima que no vinieran antes. [4]	It's a pity that they didn't come.

C. If the main clause is in the past or conditional, use only a past subjunctive: imperfect subjunctive for a simple tense; pluperfect subjunctive for a compound tense.

Sentían que él no estuviese allí.	They regretted that he was not there.
Sentían que él no hubiese estado allí.	They regretted that he had not been there.

EJERCICIOS

I. Cambie para indicar que la acción está recién concluida. Por ejemplo:

Espero que venga.   ***Espero que haya venido.***

1. Temo que muera. 2. Se alegra de que vuelvan. 3. ¡Ojalá que no sea Carmen! 4. Sentimos que estés tan cansado. 5. Me molesta que no quiera verme. 6. Nos

---

[4] When the main clause is in the present, the imperfect subjunctive is used primarily for a past action that is prior to another or that is considered definitely over. **Es lástima que no llamaran antes de que Luis se fuera.** *It's a shame they didn't call before Louis left.* **Es posible que muriera cerca de 1930.** *It is possible he died around 1930.* Otherwise, the present perfect subjunctive is more frequent after a present tense.

gusta que toquen esa pieza. 7. ¿Le sorprende que diga eso? 8. Esperamos que lo termine. 9. Es lástima que piense así. 10. Me enfada que no te ayuden.

II. Cambie al pasado las frases siguientes. Por ejemplo:

Quiero que lo haga.   ***Quería que lo hiciera.***

1. Quiero que lo llames en seguida.   2. Insisten en que se lo enseñemos.   3. ¿Temes que lo perdamos?   4. Me alegro de que ganes.   5. No me gusta que se levanten tan temprano.   6. Sienten que lo tomes así.   7. Lamentamos que tengan que irse. 8. Os ruego que volváis pronto.   9. Le pido que me pague.   10. Urge que lo resolvamos juntos.

III. Conteste ahora en español:

1. ¿Le gusta a Ud. que hablemos siempre en español?   2. ¿Le gustaría más que tuviéramos esta clase en inglés?   3. ¿Le gustaría que fueran más largas las vacaciones de Navidad? ¿y de verano?   4. ¿Se alegra Ud. de haber escogido esta escuela? 5. ¿Deseaban sus padres que asistiera a otra?   6. ¿Preferiría Ud. que no hubiera cursos obligatorios?   7. ¿Qué quiere Ud. hacer después de graduarse? 8. ¿Qué quiere su familia que haga?   9. ¿Espera Ud. que no haya examen de español esta semana?   10. ¿Le han pedido Uds. a su profesor(a) que no se lo dé?

Creación   Psicología infantil

Se dice que cuando los niños son pequeños, los padres tienen problemas pequeños, y que cuando son mayores, así son los problemas también. Se dice, pero no es verdad. Porque la manera de afrontar los problemas del niño puede afectar el resto de su vida. Por ejemplo, vamos a ver cómo soluciona Ud. algunos de los problemas más típicos de la niñez.

1. Paquito Narvaez es un niño de cuatro años. Es pequeño y flaco porque no le gusta comer. Su madre le ruega que coma, le ofrece toda clase de premios y golosinas (*"goodies"*) para que coma. Inventa juegos para obligarle a tragarse (*swallow*) la comida: «Una cucharadita (*spoonful*) por Papi...una cucharadita por la abuelita...» y hasta le permite ver la televisión mientras come. En vano. Paquito apenas come lo suficiente para mantenerse vivo. En realidad, el niño no está enfermo, pero su pobre mamá se está volviendo loca con él. ¿Qué le recomienda Ud.? (A propósito, ¿era Ud. así cuando era pequeño(a)? ¿Conoce un caso semejante?)

2. Mariano Vega, de diez años de edad, siempre ha sido un problema. Aun de pequeño (*as a little child*), lloraba mucho, tiraba la comida y los juguetes al

suelo cuando estaba de mal humor, y le daban frecuentes rabietas (*he threw a lot of tantrums*). Todavía es un niño desobediente, aunque no siempre. Se lleva mal con sus hermanos y tiene pocos amigos. Fuera de eso, es un chico normal. Goza de buena salud, es más bien inteligente, saca notas aceptables en la escuela y no es nada mal parecido (*not at all bad-looking*) de cuerpo ni de cara. Sus padres lo han castigado muchas veces de diversas maneras, aun llegando a golpearlo (*hit him*) fuerte, pero sin resultado. ¿Qué les recomienda Ud. que hagan? (Díganos, ¿era Ud. obediente o desobediente cuando era niño(a)? ¿Conoce a algún niño como Mariano?)

3. Luisita González, que tiene doce años de edad, es una niña excepcional en todos los sentidos. Es más bonita que sus dos hermanas, es muy talentosa en arte y en música, y es sin duda la mejor alumna de su clase. Sus maestras, sus parientes, sus vecinos, todos la adoran. Aun los chicos de catorce y quince años han comenzado a interesarse por ella. El problema es que las hermanas de Luisita están celosas de Luisa. Se resienten de la atención que todo el mundo le prodiga (*showers on her*), y las peleas entre las tres chicas están convirtiendo la casa en un infierno. El otro día, el director de la escuela ofreció adelantar (*advance*) a Luisa al grado octavo porque ya no puede aprender más en el séptimo. Su hermana Carmen, que tiene trece años está ahora en el octavo, y es

Cuna (Cradle) de ambiente controlado. A eso de 1947, los famosos psicólogos B. F. Skinner y su esposa crearon para su segunda hija esta caja higiénica y climáticamente controlada. La niña pasó en ella gran parte de su infancia, alejada tanto de la contaminación de la atmósfera como de la agitación usual de la vida familiar.

una estudiante mediana (*average*). ¿Qué recomienda Ud. que se haga en este caso? (¿Ha habido alguna vez un problema de este tipo en su propia familia?)

4. Felipito Cárdenas es un niño de cinco años de edad. Es un muchacho precioso, bien portado (*behaved*) e inteligente. Lo único que les preocupa a sus padres es que a Felipito le gusta jugar con muñecas (*dolls*) y, por eso, pasa la mayor parte de su tiempo jugando con niñas. Rara vez se interesa por los deportes ni por jugar con otros niños. Si Ud. fuera sus padres, ¿se preocuparía también? ¿Por qué?

La doctora Julie Vargas, hija mayor de Skinner, contempla la cuna automática en la que fue criada su hermana menor. El experimento no tuvo las esperadas repercusiones científicas ni el deseado éxito popular.

13

Lección trece

Tablas de repaso

THE PASSIVE VOICE

Spanish has two "voices"—active and passive. In the active voice, the subject performs the action. In the passive voice, the subject does not do, but *receives* the action. The true passive in Spanish uses **ser** + a past participle + **por** (or **de**). Other ways of expressing a passive action when the doer is not given are the impersonal *they* and a reflexive construction. Here is a summary of their uses:

Latest form of Birth Control...

Anti-Stork Gun

A. When the *agent* (the doer of the action) is expressed, the true passive must be used.

Don Quijote fue escrito por Cervantes.	*Don Quixote* was written by Cervantes.
Será recibido por el rey mismo.	He will be received by the king himself.

B. When the agent is not expressed, there are three possible ways of stating the passive idea.

    1. The true passive, when an agent is strongly implied

Don Quijote fue publicado en 1605.	*Don Quixote* was published in 1605.
Será bien recibido.	He will be well received.

    2. The impersonal *they* (third personal plural)

Publicaron *Don Quijote* en 1605.
Le recibirán bien.

    3. The reflexive

    ◆ Normal reflexive construction when the subject is not a person

Se publicó *Don Quijote* en 1605.

    ◆ Impersonal reflexive (**se** = *one*) when the subject of the English passive construction is a person

Se le recibirá bien.

CONJUNCTIONS

A. **y, e** (before a word beginning with **i** or **hi**—but not **hie!**)   and

Pedro y María; Pedro e Inés; padre e hijo; acero y hierro

B. **o, u** (before a word beginning with **o** or **ho**)   or

seis o siete; siete u ocho; un sanatario u hospital

C. **sino**   but (when the first part is negative, and the second part *contradicts* it)

No es joven, sino viejo. No son maestros, sino estudiantes.

D. **sino que**   but (used like **sino**, except that it precedes a *clause*)

No es que sea muy inteligente, sino que estudia todo el tiempo.

E. FORMATION OF CONJUNCTIONS

Many conjunctions are formed by adding **que** to a preposition.

sin	**sin que**	antes de	**antes de que**
para	**para que**	después de	**después de que**

Album de recuerdos. Los padres Quinlan repasan de nuevo la historia de su lucha judicial.

Enfoque

Karen Quinlan – La lucha por la muerte

La desafortunada Karen Quinlan poco antes de su calamidad.

Abril, 1975. Una joven de veintiún años ha sido admitida a un hospital de Nueva Jersey, sufriendo de una posible **dosis excesiva** de drogas y de numerosas **heridas** misteriosas. Mientras la policía investiga el asunto, la hermosa muchacha **permanece** en un estado de total **inconsciencia**, manifestando muy pocas **señales** de vida. **Se espera** que los aparatos elétricos que **se le han aplicado** puedan despertarla de su profundo coma, reparando los **daños** causados al cerebro y...

overdose
injuries
remains
unconsciousness...signs...
It is hoped...have been applied to her
damage

Octubre, 1975.[1] Por seis meses ya, Karen Quinlan, de veintiún años, **yace sumida** en la más absoluta inconsciencia, conectada a un aparato que **la vincula débilmente a la vida**. Diariamente, los médicos se acercan al hospital Saint Clare en Nueva Jersey, pero esa **asistencia** sólo sirve para **comprobar las huellas** del proceso irreversible. Reducida a la mitad de su peso normal y sin signos manifiestos de vida, la antes hermosa Karen va adoptando lenta pero inevitablemente la característica posición fetal. También **se aproximan** diariamente a su **lecho** sus padres adoptivos, Joseph y Julia Ann Quinlan, y a veces le hablan suavemente **al oído**. Saben, sin embargo, que la joven jamás podrá escucharles. Pero el matrimonio Quinlan no se limita a **velar la agonía interminable**. Para ellos, prolongar el estado de coma de Karen por medios artificiales es una crueldad inútil, **ya que** según la opinión médica, la recuperación es totalmente imposible. El daño de su cerebro es tan extenso que no permite la menor esperanza, la respiración artificial es permanente, y sus funciones **conscientes** ya prácticamente no existen.

lies plunged
keeps her barely alive
medical attention
support the evidence

approach...bed

into her ear
watch the unending death process

since

conscious

A veces casos similares **se resuelven** de manera mucho menos pública. No es infrecuente que los médicos acepten suspender la aplicación de implementos técnicos que mantengan al paciente artificialmente vivo cuando no hay posibilidades de recuperación.

are resolved

[1] La parte siguiente ha sido adaptada de *Siete Días Ilustrados*, Buenos Aires, Año IX (1975), No. 439.

Pero esta vez, **ya fuera por** razones **éticas** o por **temor a que se les acusara de mal ejercicio** de su profesión, los médicos **se rehusan** a desconectar el **pulmotor**.

    «Debe permitirse que Karen pueda morir dignamente»—**claman** sus padres, mientras que el **fiscal** argumenta que la ley no permite la interrupción de tratamientos **imprescindibles** para mantener la vida de los pacientes. «Al principio **rezaba** desesperadamente para que Karen **se curara**»—confesó su madre adoptiva. —«Ahora sólo pido a Dios **que se la lleve**.» Pero los abogados del hospital no están de acuerdo. Para ellos, mientras se detecte actividad cardíaca y respiración, aunque sea sólo bajo medios artificiales, el paciente **se considera vivo. De acuerdo** con esa concepción, desconectar los aparatos que mantienen a Karen **en el límite** de la vida sería un caso de eutanasia. Y en los casos habituales de eutanasia, cuando se inyecta una droga para terminar con la vida de **quien** sufre una condición incurable, la ley norteamericana es clara: el responsable será condenado por homicidio **intencionado**.

    En vista de todo eso, **se ha aportado** un nuevo argumento. «Joseph Quinlan, como **tutor** de su hija»—expresó su abogado— «tiene la responsabilidad de **velar por sus** intereses. Y éstos incluyen el derecho de la joven a morir con dignidad.» Pero **esa postura ha sido rechazada por el fiscal general**. «No existe ningún derecho constitucional que autorice a **elegir** morir. Más aún, difícilmente se puede aceptar que un tutor tenga el derecho a **disponer** la muerte de su hijo.»

    El martes pasado, el juez que **entiende en la causa** llegó a su veredicto: no se podrá desconectar el pulmotor porque eso equivaldría a un homicidio. Los padres de la joven han decidido apelar esa decisión ante la Corte Suprema. **De lo que** finalmente decida la Justicia dependerá, en buena **medida, el criterio** que en los Estados Unidos **se siga** en el futuro con respecto a casos similares. Si se autoriza la interrupción del tratamiento, **se corre el riesgo** de que el precedente sea utilizado algún día **de mala fe**, para provocar o **apresurar** una muerte con el **fin** de recibir una **herencia**, por ejemplo. Por otra parte, dado el alto coste de la atención médica, una familia podría alegar que el tratamiento de un paciente **desahuciado** se extiende con el único objeto de seguir **cobrando los servicios**.

1º de abril, 1976. La Corte Suprema de Nueva Jersey ha decidido unánimemente que se podrá permitir desconectar el pulmotor que mantiene técnicamente **viva** a la joven Karen Quinlan, con tal que los médicos **convengan** en la opinión de que la paciente no tiene ninguna posibilidad de recuperación. Ya **se han iniciado** varias dili-

---

perhaps for...ethical...fear of being accused of malpractice...refuse artificial respirator

plead

State's attorney

necessary

I used to pray

would be cured

to take her

is considered alive. In accordance

on the edge

one who

intentional

has been introduced

guardian

watch over her

position has been rejected by the attorney general

elect

decide on

is hearing the case

On what

measure, the rule

will be followed

one runs the risk

in bad faith

hasten...purpose... inheritance

hopeless

charging for their care

alive

agree

have been begun...inquiries

gencias a ese respecto, y se cree que la última decisión **no tardará** will not be long en hacerse pública.

Octubre de 1976. Cuatro meses después de desconectarse el aparato que la ayudaba a respirar, Karen Quinlan sigue viviendo, sumida todavía en la inconsciencia. Ahora se les presenta a los médicos otro dilema moral, el dilema de...

VAMOS A CONVERSAR

1. ¿Cómo comenzó el caso de Karen Quinlan?
2. Para octubre de 1975, ¿en qué condición se encontraba ya por muchos meses la joven? ¿Por qué se consideraba imposible la recuperación? ¿Por qué se negaron los médicos a desconectar el pulmotor?
3. ¿Cuál era la posición de sus padres adoptivos a ese respecto? ¿Cuál era la posición de los abogados del hospital? ¿y del fiscal? ¿Con cuál está Ud. de acuerdo? ¿Sería capaz Ud. mismo de desconectar el pulmotor?
4. Según el señor Quinlan, ¿qué derecho tenía la muchacha? ¿Qué decidió el juez? ¿Y la Corte Suprema? ¿Cómo se resolvió por fin el caso?
5. En los casos habituales de eutanasia, ¿qué dicta la ley norteamericana? ¿Cree Ud. que la ley se debe cambiar? ¿Por qué?
6. ¿Qué riesgo se corre si se autoriza la interrupción del tratamiento en tales (*such*) casos? Por otra parte, ¿qué podría alegar la familia de un paciente incurable? De los dos riesgos, ¿cuál estaría Ud. más dispuesto a aceptar?
7. Volviendo a consideraciones más personales, díganos Ud.: ¿Cree Ud. en Dios? ¿Cree Ud. que sólo Dios tiene el derecho de dar y de quitar una vida humana? En su opinión, ¿se puede justificar en alguna circunstancia la eutanasia? ¿el aborto? ¿la pena de muerte? ¿la guerra?

ESTUDIO DE VOCABULARIO

1. ¿Qué es lo primero que se le ocurre a Ud. al oír las palabras siguientes: homicidio ...hospital...la Corte Suprema...el cerebro...fiscal...médico...abogado...dentista ...herencia...aparatos...respiración...droga...Dios...?
2. ¿Puede Ud. hallar en el artículo sobre Karen Quinlan cuatro palabras relacionadas con funciones fisiológicas humanas? ¿cuatro palabras relacionadas con la justicia? ¿cinco palabras que comiencen con el prefijo (*prefix*) in- o im-?
3. ¿Puede Ud. emplear en oraciones originales las expresiones siguientes: depender de...de acuerdo con...por otra parte...resolverse...correr el riesgo...?

ESTRUCTURA

49. What is the passive voice?

In Spanish as well as in English, there are two voices—the active and the passive. In the active voice, the subject performs the action of the verb.

El decano lo invitará.	The dean will invite him. (The subject—the dean—is doing the inviting.)

In the passive voice, the subject does not do, but receives the action.

Será invitado por el decano.	He will be invited by the dean. (The subject—He—is receiving the inviting.)

50. The true passive

A. The true passive voice in Spanish is formed exactly as in English.

Important:
This construction MUST be used when the doer of the action is expressed.

Subject	+	ser	+	Past Participle	+ por
Nuestra escuela		**fue**		**fundada**	**por el estado.**
Our school		was		founded	by the state.
Estos libros		**serán**		**publicados**	**por Zigzag.**
These books		will be		published	by Zigzag.

Notice that the past participle agrees with the subject.

B. At times, **de** is used instead of **por** to indicate the agent (the doer of the action), particularly when the action is mental or emotional.

Son	**amados**	**de todos.**
They are	loved	by everyone

C. When the agent is not mentioned, the true passive (of course, without **por** or **de**) may still be used in many cases.[2]

La Mona Lisa	**fue**	**pintada**	**a eso de 1500.**
The Mona Lisa	was	painted	around 1500.
Muchos árboles	**han sido**	**plantados**	**por aquí.**
Many trees	have been	planted	around here.
Juan	**será**	**enviado**	**a Nueva York.**
John	will be	sent	to New York.

[2] Unless the doer of the action is stated, the true passive should *not* be used when the person to whom the action is done is only its *indirect* recipient. For example: He has been given a job. (A job has been given *to* him. What has actually been given is the *job*, not him!)

D. Remember that the passive voice always involves an action that is being done to the subject. If the sentence expresses a state, not an action, **estar** is used and there is no passive voice. (See Lesson 9, 34C.)

La casa está rodeada de un hermoso jardin.	The house is surrounded by a beautiful garden. (No action.)
Estaban sentados cerca de la ventana.	They were seated near the window.

EJERCICIOS

I. Cambie las frases siguientes según las indicaciones:

1. **La postura** fue rechazada por el fiscal.
   (argumento, reclamos, demandas, apelación)
2. **Los papeles** han sido confiscados por el gobierno.
   (contrabando, drogas, obra, pasaportes)
3. **La casa** será reconstruida pronto.
   (edificio, motor, tiendas, aparatos)
4. Los aviones fueron **secuestrados** por los terroristas.
   (atacar, dinamitar, destruir, llevar a otro país)
5. Una nueva **cura** ha sido descubierta.
   (método, técnicas, medicamentos, tratamiento)

II. Conteste afirmativa o negativamente, empleando siempre la voz pasiva. Por ejemplo:

¿ Pepe pintará la casa ?   *Sí, la casa será pintada por...*
    No, la casa no...

1. ¿Destruyó muchas casas el huracán? (Sí, muchas casas...)   2. ¿Han vendido el negocio ya? (Sí, el negocio ha sido...)   3. ¿Han desconectado el pulmotor? 4. ¿Tu tío escribió ese poema?   5. Miguel Angel pintó ese cuadro, ¿verdad? 6. ¿La policía ha cogido al ladrón?   7. ¿El fiscal aceptará esa postura?   8. ¿Llevarán el caso a la Corte Suprema?   10. ¿La compró un famoso millonario?   11. ¿Lo amaban todos? (Sí, era...)

51. The impersonal «*they*» in place of the true passive

Just as in English, the third person plural may be used in Spanish as a substitute for the passive voice when the agent is *not* expressed.

Dicen que no será candidato.	It is said (they say) that he will not be a candidate.
Le dieron el premio a María.	Mary was given (they gave Mary) the prize.
Acaban de construir un nuevo edificio.	A new building has just been erected. (They have just erected...)

EJERCICIOS

I. ¿Cómo relacionaría las observaciones de los Grupos **A** y **B**?

A	B
Llevarán el caso a la Corte Suprema.	Con tal que no haga viento también, no me importa.
En aquellos tiempos no conocían la electricidad.	Al contrario. Todo el mundo votará por él.
Dicen que va a llover.	¡Ojalá que se resuelva a su favor!
Anunciarán la decisión mañana.	Así que nuestro corresponsal en Arabia nos la comunique.
Este año llevan las faldas un poco más largas.	Claro. Por eso usaban quinqués de querosene.
Creen que el presidente no será reelegido.	Así dijeron la semana pasada y no la anunciaron.
¿Saben cuándo llegará la noticia?	¿Qué importa? Yo no sigo nunca las modas.

II. Exprese la voz pasiva usando siempre la tercera persona plural. Por ejemplo:

¿Será evacuado el pueblo?   *¿Evacuarán el pueblo?*
¿Fue avisada?   *¿La avisaron?*
¿Ha sido elegido?   *¿Lo han elegido?*

1. ¿Será conectado el aparato?   2. ¿Han sido escritas ya las cartas? (¿Ya han...) 3. ¿Serán examinadas sus cuentas (*accounts*)?   4. ¿Será llevado al hospital? (¿Lo...)   5. ¿Seremos invitados? (Nos...)   6. ¿Fuimos escogidos?   7. ¿Ha sido comprobada la teoría? (¿Han...)   8. ¿Has sido recomendado para el puesto? (¿Te han...)   9. ¿Ha sido recibida la comunicación?   10. ¿Seré expulsado por eso? (¿Me...?)

52. The reflexive to express passive voice

An active reflexive construction is often used to express the passive voice when the doer of the action is not mentioned.

A. If the subject of the passive sentence in English is not a person, it becomes the subject of a normal reflexive construction in Spanish (as if it had done the action to itself, or they, to themselves).

Se dice que no vienen.	It is said that they're not coming.
Se vendió la casa hace dos meses.	The house was sold two months ago.
¡Ojalá que se resuelvan pronto sus problemas!	How I hope his problems are resolved soon!

Incidentally, the reflexive verb normally precedes its subject when it is used passively.

B. When the subject of the passive sentence *is* a person (or anything that conceivably could do the action to itself), Spanish uses **se** + a verb in the third person singular. Literally, "One..." does the action, and the person to whom the action is done is the object of the verb.

Se mató al dictador.[3]	The dictator was killed. (One killed the dictator.)
Se la veía allí a menudo.	She was seen there often. (One used to see her there often.)
Se me ha dicho que no vienen.	I have been told that they are not coming. (One has told me...)

Note:

The impersonal reflexive construction can take either a direct or an indirect object.

Se la mandó.	She was sent. (One sent her. *Direct object*)
Se le ofreció un empleo.	She was offered a job. (One offered a job to her. *Indirect object*)

However, only **le** and **les** may be used for a third person masculine object, direct or indirect.

Se le halló.	He was found.
Se les llevó.	They were taken.
Se le habrá dejado una fortuna.	He has probably been left a fortune. (One has probably left it to him.)

C. Very frequently, a reflexive passive is used instead of an active verb to imply that the action is accidental or unexpected.

¡Dios mío! Se me olvidaron los billetes. —¿Otra vez?	Oh, my! I forgot the tickets. (They slipped my mind.) —Again?
Se le ha perdido la carta. —¡Ay, no!	He has lost the letter. (It has disappeared on him.) —Oh, no!
Se nos ocurre una idea. —¿Cuál es?	We have an idea. (An idea occurs to us.) —What is it?
Dejó caer la caja y se le rompieron todas las tazas. —¡Por Dios!	He dropped the box and broke all the cups. (They got broken on him.) —For Heaven's sake!

EJERCICIOS

I. Conteste en español ahora:

1. Si un niño miente mucho, ¿se le castiga o se le alaba (*praise*)? 2. ¿Cree Ud. que los niños «malos» deben ser castigados mucho por sus padres? 3. ¿Le castigaban mucho a Ud. cuando era niño? 4. Si un niño se comporta mal en la

---

[3] Do you see what would happen if we used the normal reflexive construction here?

Se mató el dictador.   The dictator killed himself!

escuela, ¿debe ser castigado corporalmente por el maestro? 5. Si una persona es acusada de un crimen, ¿se le mete en la cárcel o se le da la oportunidad de defenderse primero? 6. ¿Le han acusado a Ud. injustamente alguna vez? 7. Si un invitado se porta (*behaves*) mal en una fiesta, ¿se le invita otra vez? 8. ¿Ha sido Ud. invitado a una fiesta esta semana? 9. Si un estudiante sale mal en los exámenes, ¿se le suspende en seguida o se le ayuda a hacer mejor? 10. Si una persona se distingue en su trabajo, ¿se le asciende (*promote*) o se le despide (*fire*)? 11. ¿Se le ha ofrecido a Ud. recientemente una buena oportunidad?

II. Cambie las oraciones siguientes por una construcción reflexiva:

1. El caso ha sido resuelto ya. (**Ya se ha**...) 2. Los trabajos no han sido iniciados. (**No se han**...) 3. Las puertas fueron abiertas. 4. Mañana pintarán el apartamento. 5. Le ofrecieron un buen puesto. 6. La decisión fue anunciada. 7. Así evitarán el riesgo. 8. Los premios fueron entregados hoy. 9. Han cancelado todas las visas. 10. Dicen que va a llover.

III. Exprese ahora en español:

1. The decision was announced yesterday by the judge. —Was it approved by the Supreme Court? 2. The article has been published in more than one hundred newspapers. —Of course. It is considered a monumental case. 3. We have been given another chance. —Congratulations. I'm glad that the opportunity hasn't been lost. 4. When was the mirror broken? —During the fight. —What a pity! 5. The document will be signed (**firmar**) tomorrow. (3 ways) —Finally! 6. "Poems are made by fools like me, but only God can make a tree." —Well said!

53. Some special notes about conjunctions

A. Y > e and

    1. Y becomes **e** before a noun that begins with **i** or **hi**.

Este semestre estudiamos historia y geografía. —¿Ambas?	This term we are studying history and geography. —Both?
El semestre que viene estudiaremos geografía e historia. —Para cambiar, ¿eh?	Next term we shall study geography and history. —For a change, eh?

    2. Notice, however, that y remains before the diphthong **hie**.

plomo y hierro lead and iron   **vino y hielo** wine and ice

B. O > u or

    1. O becomes **u** before a noun that begins with **o** or **ho**.

Cualquier hombre o mujer de mediana inteligencia sabe eso. —Yo no.	Any man or woman of average intelligence knows that. —*I* don't.
Esa mina dará plata u oro. —¿Está seguro?	That mine will produce silver or gold. —Are you sure?

2. O... o means *either... or.*

O sigues mi consejo, o lo sentirás mucho. —¡Qué va!	Either you follow my advice, or you'll be sorry. —Nonsense.

Remember:

Ni...ni is the opposite of **o...o**. Except for special emphasis, the first **ni** may be omitted.

No somos (ni) viejos ni jóvenes.	We are neither old nor young.

C. *Pero, sino* but

1. **Sino** is used for *but* only when the first part of the sentence is negative, and the second part contradicts it. In all other cases, **pero** is used.

Es listo, pero no saca buenas notas.	He is smart, but he doesn't get good grades. (First part is affirmative.)
No es rico, sino pobre.	He is not rich, but poor. (First part is negative; second part contradicts it.)
No es rico, pero vive bien.	He is not rich, but he lives well. (First part negative, but *no* contradiction.)

2. **Sino que** generally replaces **sino** to introduce a clause.

No lo compró, sino que lo pidió prestado. —Así es él.	He didn't buy it, but he borrowed it. —That's the way he is.

D. How to form conjunctions from prepositions

Many conjunctions that serve to introduce a subordinate clauses are derived by adding **que** to a preposition. Here are just a few.

hasta, hasta que	until	antes de, antes de que	before
sin, sin que	without	después de, después de que	after

EJERCICIOS

I. Cambie según las indicaciones:

1. Pronto vendrán Marta y **Elvira.** (Inés)   2. Tenemos unos seis o **siete.** (ocho)
3. ¿Se han casado ya Carlos e **Irene**? (Anita)   4. Es de plata o **platino** el anillo.
(oro)   5. ¿Me puedes prestar aguja (*a needle*) y **tela**? (hilo)   6. Cualquier sanatorio o **clínica** la admitiría. (hospital)   7. Lo harán de cobre y **aluminio.** (hierro)
8. No nos quedan más de diez o **quince** pesos. (once)   9. Me contestó con sinceridad y **entusiasmo.** (interés)   10. Basta de (*Enough*) sueños e **ilusiones.** (fantasías)
11. Lo llamarán Víctor o **Miguel.** (Octavio)

II. Ahora conteste negativamente las preguntas siguientes:

1. ¿Está lloviendo o nevando ahora? (No está lloviendo ni...)   2. ¿Es Ud. el mejor o el peor estudiante de la clase?   3. ¿Está Ud. alegre o triste en este momento?   4. ¿Me lo vas a dar o prestar?   5. ¿Estudias filosofía o psicología este

año? 6. ¿Sois riquísimos o pobres? (No somos ni...) 7. ¿Vienen los González o los Madero?

III. Diga finalmente en español:

1. He isn't smart but lucky (**afortunado**). 2. John isn't a good student, but he is very charming (**simpático**). 3. We aren't brilliant, but we're not the worst in the class. 4. There aren't sixty, but fifty-five. 5. He didn't come with me but with Arnulfo. 6. They have always worked hard, but they're still poor. 7. He didn't steal the money, but he found it.

Creación ¡Debate!

En vista del trágico caso de Karen Quinlan, vamos a pensar hoy en algunas cuestiones más serias. He aquí, por ejemplo, cinco proposiciones. ¿Qué posturas defenderá Ud.?

☐ Sí. ☐ No. 1. Que se debe legitimar la eutanasia en el caso de todo enfermo incurable, sobre todo si el mismo enfermo la pide.

☐ Sí. ☐ No. 2. Que se debe legitimar la eutanasia en el caso de la extremada demencia o idiotez.

☐ Sí. ☐ No. 3. Que no se puede justificar en ninguna circunstancia la pena de muerte.

☐ Sí. ☐ No. 4. Que se debe prohibir, salvo en casos extremados, los abortos sobre demanda.

☐ Sí. ☐ No. 5. Que «Dios está muerto», y el hombre tiene que actuar por sí solo.

☐ Sí. ☐ No. 6. Que se debe promulgar una enmienda (*amendment*) constitucional garantizando los derechos iguales de la mujer.

¡A discutir!

La conocida escritora Gloria Steinem dirigiendo una manifestación feminista»
en Nueva York... En su opinión, ¿existe realmente un «papel (role) distintivo
femenino»? ¿un «papel distintivo masculino»? ¿A quién le toca mayormente la
responsabilidad de cuidar de los niños? ¿de mantener económicamente a la familia?
¿de cocinar? ¿Está Ud. contento (contenta) con su papel actual? ¿Están contentos
sus padres?

Lección catorce

A. Para vs. por

para → goal
destination
objective

por

1. in order to →

Para ir al centro hay que tomar el tren.
Estudio **para** (ser) maestra.

2. destined for →

Tengo algo **para** Ud.
—¿ Es **para** mi cuarto?
Mañana salgo **para** México.

3. to be used for →

papel **para** cartas   *letter paper*
una taza **para** té   *a teacup*
    But:
una taza de té   *a cup of tea*

4. by or for (a certain date or time) →

La lección **para** mañana…
Volveré **para** el 1° de mayo.

5. for, considering, compared with,
   with respect to

Para Ud. no será nada.
Para una muchacha es muy grande.

1. Tangible or physical uses (location,
   position, etc.)
◆ by (an agent or means)

POR AVION
El árbol fue derribado **por** el viento.

◆ through, along, by

Pase **por** aquí.
Caminábamos **por** las calles.
Salgan **por** la otra puerta.

◆ during, for (a period of time)

Mañana **por** la tarde…
Llámenos **por** la mañana.
Se fueron **por** tres meses.

◆ in exchange for

¿Cuánto me da **por** este anillo?
No lo haríamos **por** nada.

◆ per

cien **por** cien   100%
40 millas **por** hora
Cobran por el día, no **por** la semana.

2. motive
   impulse ← **por**
   origin

◆ for the sake of, on behalf of, in
favor of

Hágalo **por** mí.
Rogó **por** su hijo.
Estoy **por** el otro candidato.

◆ out of, because of, through

Lo haré **por** compasión, no **por**
obligación.

◆ for, in search of, in quest of

Manda **por** el médico en seguida.
Se fue **por** la comida.

por ~ (opp.) contra

RELATIVE PRONOUNS

A. que   who, that, which; whom (as direct object of a verb)

el dinero que te presté; el vecino que vive a la izquierda; el chico que invitaron

B. quien(es)   who (infrequent); whom

la joven con quien se casó; los poetas de quienes hablamos; el dueño de la tienda, quien murió ayer

C. el cual, la cual, los cuales, las cuales   who, which

    1. To clarify, in case of ambiguity

El esposo de María, el cual trabaja para el gobierno...

    2. To translate *which* after long prepositions and after **por** and **sin**

los asientos debajo de los cuales estaban los paracaídas
la puerta por la cual habíamos entrado

D. el que, la que, los que, las que   who, which; the one(s) who or that, he who, those who

    1. To replace **el cual,** etc., in case of ambiguity

El esposo de María, el que trabaja para el gobierno

    2. To translate *which* after long prepositions and after **por** and **sin**

los asientos debajo de los que estaban los paracaídas
la puerta por la que habíamos entrado

    3. To express *the one*(s) *who, those who,* etc. (**el cual,** etc., can not be used, here)

El que me habló fue el jefe mismo.
Las que se casan primero son las más hermosas.

E. lo que   what; which (referring back to a whole idea)

No sé lo que quiere. No estudió, lo que explica por qué lo suspendieron.

F. cuyo, cuya, cuyos, cuyas   whose
la obra cuyo autor nos habló ayer   **el señor cuyos hijos ganaron**

El hombre más buscado del mundo,
con su segunda familia en Rio de Janeiro, Brasil.

El fugitivo Biggs, hombre de muchas caras y disfraces (disguises).

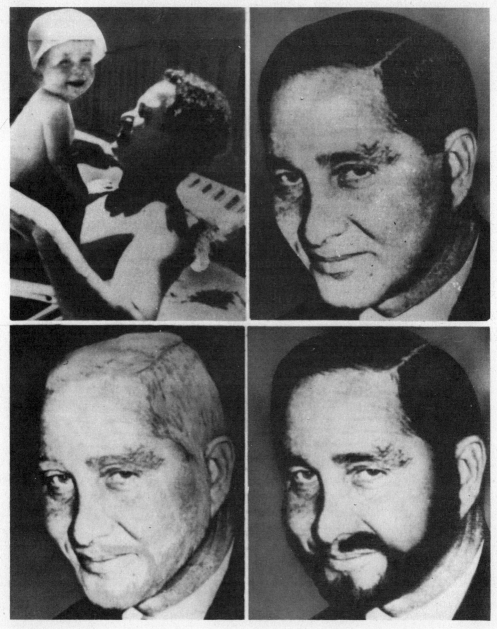

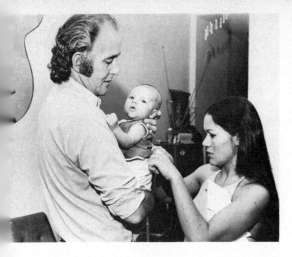

Enfoque

El hombre más buscado del mundo

El 8 de agosto de 1963, a las tres y cuarto de la **madrugada**, uno de los cuatro trenes secretos de la **Dirección General de Correos** Británica se dirigía a Londres llevando en sus **sacas** una cantidad de dinero que se aproximaba a los tres millones de **libras esterlinas**. De repente, una luz roja **al borde de la vía** indicó al **maquinista** que se detuviera. Como aquella **parada** no estaba **prevista**, el ayudante del conductor se dirigió al **poste de señales, junto al cual** había un teléfono, para **averiguar** el motivo. **No tardó en darse cuenta de** que los cables telefónicos habían sido **cortados, por lo que**, temiendo lo peor, corrió a avisar al maquinista. Sin embargo, **no logró** su objetivo, pues varios hombres **salieron a su encuentro**, le atacaron y le dijeron: —«Si gritas, eres hombre muerto.» Mientras esto ocurría, otro grupo de **delincuentes** habían **reducido** al maquinista. Luego procedieron a **desenganchar** la locomotora y los dos primeros **vagones, hecho lo cual**, ordenaron al conductor a **poner en marcha la máquina** de nuevo. Unos quinientos metros más adelante le indicaron que la detuviese. Otro grupo que **aguardaba** allí **asaltó** los vagones que conducían el dinero, reduciendo a los cinco guardas que estaban dentro. **Concluido el traslado de** las sacas, los ladrones **montaron en** sus vehículos y rápidamente **huyeron**. El robo más grande en la historia de los **ferrocarriles** ingleses había terminado con éxito.

Uno de los diecisiete ladrones que habían intervenido en el «robo del siglo» se llamaba Ronald Arthur Biggs. Nacido en 1929 de una familia humilde, pero no pobre, ya mostró **de joven** ciertas tendencias delincuentes. **Al estallar** la segunda guerra mundial, fue evacuado de Londres, **viéndose** separado de sus padres. La familia con que **le tocó** vivir no le trató nada bien, y el **chaval** se convirtió en un pequeño rebelde. Reunido con sus padres, asistió por un tiempo a una escuela buena donde tal vez **hubiera podido** reformarse. Pero **a poco** murió su madre y su padre no tardó en meter a otra mujer en la casa. Ronald se rebeló otra vez, fue expulsado de la

morning
Post Office Service
mailbags
pounds sterling
on the edge of the road...
engineer
stop...planned
signal post, next to which
find out the reason...He
soon realized
cut, for which reason
he didn't achieve
surrounded him

thieves...captured
unhook...cars, and when
done...start up the engine

was waiting...attacked

Having transferred...got into
fled
railroads

as a youth
At the outbreak of
finding himself
he was assigned...young
boy

he might have been able
shortly thereafter

escuela, y su padre le puso a trabajar. **Se alistó** en la RAF, de la cual
también fue expulsado y poco después fue condenado a prisión por
una serie de robos.

En 1958, tres años después de salir de la cárcel, conoció a
Charmian Powell, una joven rubia, **esbelta** e inteligente, quien se
enamoró de él. A pesar de sus antecedentes criminales, Charmian
se fió de sus promesas de cambiar de vida y **se fugó** con él. Pero
Ronald no tardó en **reanudar** su carrera **delictiva**. Un día **se volvió a
encontrar** con un antiguo amigo de la prisión, quien le propuso «un
golpe que los haría ricos para toda la vida». Y así se concibió el
asalto al **tren estafeta**.

Ronald no había dicho nada a Charmian sobre el robo, **así que**
cuando regresó a su casa con una maleta **atestada de billetes**, su
sorpresa fue inmensa. Pero, ¿qué podía hacer ella? El ladrón era
su marido y era **impensable** denunciarle a la policía. Mientras tanto,
la policía había encontrado algunas **pistas**, y poco a poco el **cerco se
iba estrechando** sobre el bando.

Ronald Biggs fue capturado el 24 de agosto, diecisiete días
después del robo, **por lo que** tuvo tiempo de **poner a buen recaudo** el
dinero, **confiándolo** a varios amigos. Condenado entonces a treinta
años de prisión, pronto comenzó a elaborar un plan de **fuga**. Un
compañero de prisión, que estaba a punto de **cumplir su condena**,
se ofreció a ayudarle, y otro se unió a ellos para participar en la
huída. Los planes consistían en **alquilar un camión de mudanzas**
que se colocaría junto a los **muros del penal que daban a** uno de
los patios interiores en que los **presos realizaban** sus ejercicios
físicos. En el **techo** del camión **se abriría una trampilla** y se instalaría
una plataforma **móvil** que, **mediante** un mecanismo **accionado
desde dentro**, se elevaría sobre el techo, con lo cual se lograría una
altura suficiente para alcanzar el **borde superior** del muro. De ahí
lanzarían al otro lado una escalerilla por la que pudieran subir los
presos, caer sobre la plataforma móvil y luego **introducirse en el**
camión.

Por increíble que pueda parecer, los planes funcionaron **a las mil
maravillas**, y a las tres de la tarde del jueves 8 de julio de 1965, Ronald
se hallaba en libertad. **Provistos de** pasaportes falsos, los fugitivos
fueron a **Amberes**, y desde allí a París, donde tuvieron una operación
de **cirugía** plástica para cambiarles el **rostro**. Meses más tarde
partieron para Australia, donde sus respectivas mujeres esperaban
poder reunirse con ellos.

Perseguido siempre por la policía, Biggs **se trasladó** a Panamá, de
allí a Venezuela, y últimamente al Brasil donde **se radicó** definitivamente, estableciendo una segunda familia con una joven brasileña.

	He enlisted
	slim
	trusted in...ran off
	renewing...criminal
	he met again
	"caper"
	mail train
	so
	stuffed with bills
	unthinkable
	clues...net was closing in
	and for that reason... carefully put away
	entrusting it
	escape
	completing his term
	escape...hiring a moving van
	walls of the jail that faced
	prisoners did
	roof...a trap door would be made
	moving...by means of... worked from inside, would be raised over the roof, and would rise high enough to reach the upper edge...a ladder would be thrown over by means of which...get into
	No matter how incredible it may seem...perfectly
	Provided with
	Antwerp (Belgium)
	surgery...face
	they left for
	Pursued...went
	he settled

Por fin, cansado de la vida que llevaba y encontrándose siempre en **apuros** económicos, se puso en contacto con un periodista inglés, ofreciéndole por una fuerte cantidad de dinero la historia exclusiva de su vida. Mientras tanto, se había promulgado en Inglaterra una nueva ley que autorizaba poner en libertad a aquellos delincuentes que hubieran cumplido ya una tercera parte de su condena. Si él pudiera **acogerse a** esa ley... si tuviera que estar en la cárcel sólo el tiempo necesario para completar diez años... *difficulties*

take advantage of

Pero Ronald no tuvo tiempo de realizar esta vez sus planes. El primero de febrero de 1974, fue **localizado** por Scotland Yard y llevado a la prisión en Río de Janeiro para esperar la extradición. Parecía que ahí mismo se iba a cerrar el último capítulo de la historia aventurera de Biggs. Pero una vez más ocurrió lo inesperado. El gobierno brasileño, entendiendo que su amante brasileña, Raimunda, estaba esperando un hijo, se negó a conceder la extradición. *located*

El 16 de agosto de 1974, Raimunda **dio a luz** a un niño y volvió a vivir con sus padres. Ronald sigue en libertad provisional, **lo que le impide,** entre otra cosas, tener un empleo fijo. Ha compuesto un álbum musical titulado «Mailbag Blues», y espera poder dedicarse a los negocios. Raimunda, por su parte, piensa abrir una tienda de artículos para **recién nacidos.** Y **en cuanto a** Charmian, continúa en Australia con sus hijos. Ha obtenido su **licenciatura** en lengua y literatura inglesas y tiene además un buen empleo. **Tras** meses de silencio ha empezado a **cartearse** con Ronald, pero no es probable que se reúnan de nuevo. *gave birth*
which prevents him

newborn babies...as for
master's degree
After
correspond

(Adaptado de un artículo por Joaquín Esteban Perruca, *Actualidad*, Madrid, 24 de noviembre de 1975.)

VAMOS A CONVERSAR

1. ¿Qué piensa Ud. de Ronald Biggs? ¿Lo encuentra simpático o antipático? ¿Por qué? ¿Le gustaría conocerlo?
2. ¿Qué piensa Ud. de su esposa Charmian? ¿Puede Ud. colocarse en la posición de ella? En su opinión, ¿hizo bien o mal no denunciándolo a la policía?
3. ¿Podría Ud. enamorarse de un(a) delincuente, conociendo sus antecedentes criminales? ¿Continuaría Ud. viviendo con él (o con ella) si descubriera después de casarse lo que era? ¿Tendría Ud. hijos con él (o con ella)?
4. ¿Qué haría Ud. si descubriera que su esposo (o esposa) era asesino (asesina)? ¿si descubriera que era falsificador(a) de billetes (*a counterfeiter*)? ¿si descubriera que era espía (*a spy*) de otro gobierno? ¿Lo denunciaría a la policía?
5. ¿Qué haría Ud. si descubriera que su padre era una de esas cosas? ¿Continuaría amándolo? ¿Continuaría aceptando su dinero?
6. Volviendo a la historia de Ronald Biggs, ¿cuándo ocurrió el robo del tren estafeta? ¿Cuánto dinero llevaba? ¿Cuántos hombres participaron en el asalto?

7. ¿Por qué se detuvo el tren? ¿Por qué no pudo avisar al maquinista el ayudante del conductor?

8. ¿En qué año nació Biggs? ¿Qué sucesos influyeron en su juventud? ¿A quién conoció después de salir la primera vez de la cárcel? ¿Cuándo fue preso por el asalto al tren?

9. ¿Cómo se escapó de la cárcel? ¿Adónde fue entonces? ¿Qué operación tuvo? ¿Adónde se dirigió cuando dejó París? De allí, ¿a dónde se trasladó? ¿Dónde se radicó definitivamente?

10. ¿Qué pasó cuando fue localizado finalmente por la policía británica? ¿Por qué se negó a conceder la extradición el gobierno del Brasil? ¿Cómo está viviendo ahora? ¿y su amante Raimunda? ¿y su esposa Charmian? En su opinión, ¿es verdad que «la delincuencia no vale la pena» (*crime doesn't pay*)? ¿Valió la pena en este caso?

ESTUDIO DE VOCABULARIO

1. «Por increíble (difícil, costoso, etc.) que sea» es una expresión idiomática que significa en inglés: *"No matter how incredible (difficult, expensive, etc.) it may be."* Por supuesto, emplea normalmente el subjuntivo. ¿Puede Ud. usarla con otros adjetivos en tres frases originales?

   ¿Puede Ud. terminar de una manera original las siguientes?

   Por mucho que trabaje...
   Por más que prometa...
   Por imposible que parezca...
   Por despacio que hable...
   Por fácil que sea...

2. ¿Puede Ud. hallar en este artículo por lo menos cinco palabras que se refieran a trenes? ¿cuatro palabras relacionadas con la prisión? ¿Conoce Ud. tres sinónimos para la palabra «chico»? ¿dos sinónimos para el adjetivo «criminal»?

3. ¿Cuántas palabras sabe Ud. que se relacionen lingüísticamente con cada una de las siguientes: gancho...encuentro...maquinista...asaltar...huir...mudar...móvil... altura...escalerilla...rebelde...autorizar...parar...?

ESTRUCTURA

54. Uses of *para*

Para, which is translated most frequently in English as *for* or *in order to*, is characterized by looking ahead→toward the goal, the objective, the destination of the action.

```
         goal
para →  destination
         objective
```

Almost all of its principal uses conform to this concept. Its important meanings are given below.

A. In order to → goal

Estudia para (ser) médico. —¡Magnífico!	He is studying to be a doctor. —Wonderful!
Formularon un plan para huir de la cárcel. —¿Y qué pasó?	They made a plan (in order) to escape from jail. —And what happened?

B. Destined for → goal, destination

Esto es para ti. —Gracias.	This is for you. —Thank you.
Salen para Inglaterra mañana. —¿Para qué?	They are leaving for England tomorrow. —What for?

C. To be used for → objective

ropa para señoras   ladies' clothes
un vaso para vino   a wine glass

    But:

un vaso de vino   a glass of wine

D. By or for (a certain date or time) → objective

Para mañana, lean Uds. el capítulo diez. —¿Todo?	For tomorrow, read Chapter 10. —The whole thing?
Volverá para la semana que viene. —¡Ojalá!	He will be back by next week. —I hope so!

E. Considering, compared with, with respect to

Para un muchacho de diez años, sabe mucho. —Demasiado.	For a ten-year-old, he knows a lot. —Too much.
Para algunos estudiantes, esto será difícil; para Uds., es fácil, ¿verdad? —Falso.	For some students, this may be hard; for you, it's easy, right? —Wrong.

EJERCICIOS

I. Cambie según las indicaciones:

1. **Tengo** algo para ti. (No tengo...)   2. **Ahora** venden ropa para niños. (Antes)
3. Volverán para **fines** de marzo. (principios)   4. Salieron para Australia **ayer**. (la semana que viene)   5. ¿Me quieres dar un vaso de **vino**? (cerveza)   6. ¿**Estudian** para abogado? (vosotros)   7. **Dice** que lo tendrá para el miércoles. (Dijo)   8. Si lo **compras** para mi cuarto, será mejor. (compraras)

II. ¿Puede Ud. hallar en el Grupo **B** una respuesta lógica para cada comentario o pregunta del Grupo **A**?

A	B
Llegarán para el 15, ¿no?	¿Para mañana no sirve?
Tengo un regalo para Juanita.	Déjeme ver los sobres, por favor.
Para un viejo, es muy fuerte.	Con suerte, para el 10.
Téngalos listos para esta noche.	Temo que pierdan el tren.
¿Qué les compraré para su aniversario?	¿Y para mí nada?
Aquí tiene Ud. un papel muy fino para cartas.	Para un joven también.
Salieron para la estación hace media hora.	Sí. ¿Le puedo pedir una taza de té?
¿Desea Ud. algo caliente?	No hace falta. Tu traje no está sucio.
¿Me puedes prestar un cepillo para la ropa?	¿Ah, sí? Creía que había tranvía.
Para ir al centro hay que tomar el autobús.	Tal vez un servicio para la mesa, o tazas para té.

55. Uses of *por*

Por has two general types of usages. One refers to tangible or physical actions: *by, through, around, along,* etc. The other type looks back ← to the motive, the impulse of the action.

A. Tangible or physical uses (location, position, etc.)
◆ By (an agent), by means of

POR AVION	VIA AIRMAIL
Nos llamó por teléfono. —¿A qué hora?	He telephoned us. —At what time?
La iglesia fue destruida por el incendio. —¡Ay. no!	The church was destroyed by the fire. —Oh, no!

◆ Through, along, around, in

Me paseaba por el parque un día…	I was strolling through (in) the park one day…
Les gusta andar por la orilla del río. —A mí también.	They like to walk along the river bank. —I do too.
Estará por aquí. —¿Estás segura?	It must be around here. —Are you sure?

◆ During, for (a period of time)

Mañana por la mañana…	Tomorrow morning…
Vámonos por la tarde. —Mejor por la noche.	Let's go during (in) the afternoon. —Better in the evening.
Se han ido a Quito por tres meses. —¿Por tanto tiempo?	They have gone to Quito for three months. —For so long?

◆ In exchange for

Me dio su encendedor por mi reloj. —Te engañó.	He gave me his lighter for my watch. —He cheated you.
Pagué dos dólares por esta corbata. —Es hermosísima.	I paid two dollars for this tie. —It's gorgeous.

◆ Per[1]

Máxima velocidad: 80 kilómetros por hora	Maximum speed: 80 kilometers per hour
el noventa por ciento de los votantes	90 percent of the voters

B. Motive, impulse ← *por*

◆ Motive, impulse ← out of, because of, through

Se casó con ella por compasión, no por amor. —No lo creo.	He married her for pity, not for love. —I don't believe it.
Lo dijeron por miedo. —Es imposible.	They said it out of fear. —That's impossible.

◆ Motive, impulse ← for the sake of, on behalf of, in favor of

Haría cualquier cosa por su hijo. —Lo consiente mucho.	He would do anything for his son. —He spoils him terribly.
¡Por Dios! Ayúdenla.	For Heaven's sake! Help her.

◆ Motive, impulse ← for, in quest of, in search of

Fue por agua.	He went for water.

(Not *destined for* water, but *motivated by the desire to get* or *bring back* water.)

Mandaron por el médico. —¿Tan enfermo estaba?	They sent for the doctor. —Was he *that* sick?

EJERCICIOS

I. Complete las frases siguientes empleando **por** o **para**:

1. ...vivir en esa casa, hay que tener dinero.   2. ¿Cuánto te pidieron...ese coche?   3. ...llegar más rápidamente al centro, tome la autopista (*expressway*).   4. Vuelvan Uds. mañana...la mañana, ¿está bien?   5. ¿Le ruego que lo tenga listo...el lunes próximo? —Si es...Ud., con el mayor gusto.   6. Habla muy bien el castellano...un extranjero.   7. El verano pasado salimos...Holanda en junio y después viajamos... toda Europa.   8. Están ahorrando (*saving*) su dinero...poder casarse. —¡...fin! 9. Esta carta no es...ti. —¿...quién es entonces?   10. Todos los puentes han sido destruidos...el enemigo. —¡...Dios!   11. ...favor, dile que vaya a la tienda...leche. Se nos acabó. —¿...cuándo las necesitas?   12. Me hacen falta (*I need*) nuevas tazas...té. Las tazas que tengo no sirven...invitados.   13. Nos pagarán veinte pesos...hora. —¡Qué bien!   14. Ese tipo nunca hace nada...nadie. —Sí, es muy

---

[1] *Per* may also be translated by using the definite article: *Thirty cents a* (*per*) *dozen*. **Treinta centavos la docena.** This usage is especially common when quoting prices.

egoísta. 15. Se dice que un perro ha sido mordido (*bitten*)...un hombre. —¡Caramba! 16. ¡Rápido, vete...el médico! —¿...qué? ¿Qué pasó?

II. Emplee ahora en oraciones originales cinco de las expresiones siguientes:
por la mañana (tarde, etc.), por aquí, por ejemplo, por favor, por seis meses, el noventa por ciento, por hora (día, mes, año), por avión, por miedo, por mí.

56. The most common relatives—*who, which, that*

Relative pronouns, like conjunctions, link the clauses of a sentence. Unlike conjunctions, they refer back to an already mentioned noun.

A. *Que*

Que is the most frequently used of the relative pronouns. It means *who, that,* or *which,* and, as direct object of a verb, *whom.* It refers to both persons and things, singular and plural, and its form never changes.

El hombre que vino a cenar...	The man who came to dinner...
Los muebles que compramos el año pasado...	The furniture that (or which) we bought last year...
El muchacho que vieron en la calle.	The child whom they saw on the street.

B. *Quien, quienes*

Quien(es) means *who* or *whom.* It refers only to persons and has singular and plural forms. There is no special feminine form.

1. **Quien(es)** stands for *whom* after a preposition.

Mamá, ésta es la muchacha de quien te he hablado. —¡Me voy a desmayar!	Mom, this is the girl about whom I have spoken to you. —I'm going to faint!
Los chicos con quienes iremos son de nuestra clase. —Así es mejor.	The boys with whom we'll go are from our class. —It's better that way.

2. It also is used for *who* when the relative is separated from the main clause, or when a distinction must be made between a person and a thing.

El dueño del teatro, quien ha sido denunciado por el fiscal...	The owner of the theater, who has been denounced by the district attorney...

C. *El que* and *el cual*

El que, la que, los que, las que and **el cual, la cual, los cuales, las cuales** are sometimes used in place of **que** or **quien.**

1. They translate *which* after long prepositions and after **por, para,** or **sin.**[2]

Esta es la cortina detrás de la cual (la que) el ladrón se escondía. —¡Imagínese!	This is the curtain behind which the thief was hiding. —Imagine!

[2] Obviously, **por**+**que**, especially in oral use, would give the immediate impression of *because* and would obliterate completely the real meaning of the sentence. **Sin que, para que, antes de que,** etc., also would be confused with conjunctions.

| La puerta por la que (la cual) había salido todavía estaba abierta. | The door through which he had gone out was still open. |
| He perdido mis gafas, sin las cuales (las que) no veo nada. —¿Qué harás? | I have lost my glasses, without which I can't see a thing. —What will you do? |

2. **El que**, etc., has an additional use that **el cual** does not have. It means *he who*, *the one who*, and in the plural, *those who*.

| El que ríe último, ríe más. | He who laughs last, laughs best. |
| Los que no vengan mañana serán expulsados. —Bien dicho. | Those who don't come tomorrow will be expelled. —Good idea. |

EJERCICIOS

I. Lea en voz alta y después cambie:

1. **El señor** que vive en la casa de al lado...
   (La familia, los niños, el perro)

2. **La película** que vimos ayer...
   (El cuadro, los policías, las modelos, los ejemplos)

3. El joven **de** quien hablo...
   (con, a, por, ante)

4. Esta es **la caja** dentro de la cual encontraron el tesoro.
   (las cajas, el cajón, los depósitos)

II. Ponga ahora el pronombre relativo apropiado (**que, quien, el que, el cual,** etc.)

1. Las señoras...vinieron con mi tía son sus vecinas.   2. La persona de...le estuve hablando es parienta suya   3. Los otros libros, sin...no puedo preparar el examen, no están en la biblioteca. —¡Qué lío, eh!   4. Esa novela...me trajiste es fascinante, ¿sabes? —¿Mejor que...te presté la otra vez? —Sin duda.   5. El sillón por...subí al desván (*attic*) está roto. —¡Lástima! ¿No hay otro...puedas usar?   6. El guía con...fuimos a Toledo me acaba de llamar. —Todos...fueron con él lo estiman mucho. —Sí, es magnífica persona.

III. Lea los pequeños diálogos y después conteste:

1. —Rosario, ¿te he mostrado la vajilla (*dinnerware*) de plata que compramos en México este verano?
   —No, Adela. Déjame ver... Ah, pero, ¡qué bonita! Es más hermosa que la otra por la que pedían mil dólares aquí. Te felicito por la ganga.

   Conteste:
   a. ¿Qué vajilla le muestra Adela a su amiga Rosario?
   b. ¿Serán ricas, pobres o de la clase media estas señoras? ¿Por qué piensa Ud. así?

2. —Los López, a quienes conocimos en el viaje, son recién casados. Pero ambos (*both*) tienen hijos casados del primer matrimonio.
   —¿No son mucho mayores que vosotros?
   —Sí, pero no importa. Son simpatiquísimos.

Conteste:

   a. ¿Cómo se llaman los recién casados con quienes hicieron el viaje?
   b. ¿Son jóvenes o mayores de edad? ¿Cómo lo sabe Ud.?
   c. ¿Qué edad piensa Ud. que tienen sus nuevos amigos?

3. —Los pintores contemporáneos que me gustan más son Picasso y Dalí.
   —¿Quiénes?
   —Picasso y Dalí.
   —Yo creía que ésos eran automóviles.

Conteste:

   a. ¿Conoce Ud. a los pintores de quienes se habla aquí? ¿Le gusta su obra?
   b. ¿Hay otro pintor moderno que le guste más? ¿Quién es?

57. *Lo que* and *lo cual*

A. Lo que and lo cual mean *which*, but only when referring back to a *whole idea*, not to a specific noun.

No han llegado todavía, lo que (lo cual) significa que algo habrá pasado. —No necesariamente.	They haven't arrived yet, which means that something must have happened. —Not necessarily.
Los cables habían sido cortados, por lo cual supimos que algo andaba mal.	The cables had been cut, for which reason we realized that something was wrong.
Saludó a todos sus invitados, ¡después de lo cual se fue a acostar!	He greeted all his guests, after which he went to bed!

B. Lo que (NOT lo cual!) corresponds to the English relative pronoun *what*.

Amigo mío, bien sé lo que quieres. —¿Así piensas?	My friend, I know very well what you want. —You think so?
Lo que hace es distinto a lo que dice. —Siempre.	What he does is different from what he says. —Always.

EJERCICIOS

I. Busque en el Grupo **B** la terminación de cada frase del Grupo **A**:

A	B
Lo que no me explico	por lo cual se rebeló contra ellos...es
Primero detuvieron el tren	por qué seguía confiando en él...lo que la
Baila muy bien	hace muy popular en las fiestas...por
Su nueva «familia» le trató muy mal	lo cual tuvo que ir a trabajar...con lo
Fue expulsado de la escuela	cual alcanzaron suficiente altura...
Nos costó trabajo comprender	después de lo cual desengancharon la
Lo elevaron sobre el techo	locomotora...lo que decían

II. Termine de una manera original, ¿está bien?

1. Lo que tú quieres... 2. No han llamado todavía, lo cual... 3. Tomamos una comida ligera, después de lo cual... 4. Lo que más le preocupaba era... 5. Lo que su esposa no sabía... 6. No entiendo exactamente lo que... 7. El teléfono no funcionaba, por lo cual...

58. The relative possessive *cuyo* (whose)

Cuyo, cuya, cuyos, cuyas, an adjective meaning *whose*, is never used as an interrogative. It always agrees in gender and number with the noun that follows it.

El artista cuyos cuadros vimos...	The artist whose paintings we saw...
Este es el joven cuya obra ganó el premio. —Le felicito.	This is the young man whose work won the prize. —Congratulations.
But:	
¿De quién son estos libros? —Son míos.	Whose books are these? —They're mine.

EJERCICIOS

I. Sólo para practicar, cambie:

1. Mi amigo, cuyo **primo** vive cerca, vendrá con él esta tarde.
   (novia, tíos, primas, parientes, padres)
2. Este es el Sr. Cárdenas, cuya primera **novela** se acaba de editar.
   (obras, drama, ensayos, comedias, poemas—*masc. pl.*)

II. Conteste ahora:

1. ¿Hay una persona en su clase cuya familia haya nacido en España? 2. ¿Hay un profesor en su escuela cuya fama se extienda por toda la nación? 3. ¿Habrá un artista norteamericano cuyas obras se conozcan en todo el mundo? ¿o un escritor? ¿un compositor? 4. ¿Conoce Ud. a un escritor moderno cuyos dramas estén al nivel de los antiguos? 5. ¿Habrá en este mundo una persona cuya paciencia no tenga límites? 6. ¿Es Ud. la persona cuyo perro me mordió ayer? (Tal vez no debiera contestar.)

Creación   *Diario de un delincuente*

Imagínese Ud. que ha podido encontrar las memorias de un famoso criminal. Día por día iba apuntando en su diario los «golpes» que planeaba, sus éxitos, sus fracasos, sus huídas de la policía, sus sueños, sus temores, sus amores, su desesperación. Piensa por un momento y díganos: ¿Puede Ud. reconstruirlas?

15 de marzo de 1975. Me levanté tarde esta mañana. Anoche...

Escena de tiros. Acción policíaca en Nueva York.

What's the difference between?

"What's the difference between...?" contains an analysis of one hundred and fifty common English words whose varied translations in Spanish often cause confusion. Use the word list below to help you find "the difference between." The Spanish words and expressions are treated in the section that follows, on pages 245 through 303; the numbers beside each of the words (below) indicate the paragraph(s) in which they appear.

a causa de, 15
a eso de, 1, 11
a fin de que, 115
a mediados de, 77
a oscuras, 30
a pesar de todo, 9
a su lado, 20
abajo, 19
abandonar, 66
abofetear, 57
abrigado, 142
acá, 55(a)
acalorado, 58
acerca de, 1
acertar, 57
acostarse, 113
acostumbrarse, 140
actual, 3
actualmente, 3
a decir verdad, 3
adelantado, 7
adelante, 7
además, 20
además de, 20
afectuoso, 142
ahí, 130 (a)
ahí está, 130 (a)
ahorcar, 52
ahorrar, 107

al fin, 41
al lado de, 20
alcanzar, 98
alegre, 53
algo, 97
alguien, 8
algunos, 116
alquilar, 56
alrededor, 11
alrededor de, 11
allá, 130 (a)
allí, 130 (a)
allí es, 130 (b)
allí está, 130 (b)
amar, 71
anciano, 83(a)
anoche, 65
ante, 17
antes, 17
antes de, 17
antes de que, 17
antes que, 17, 97
antiguo, 83(a)
apagar, 136
aparato, 109
apresurarse, 60
aprisa, 60
apurarse, 60
aquí, 55 (a)

aquí es, 55 (b)
aquí está(n), 55 (b)
aquí tiene Ud., 55 (b)
arder, 22
arreglar, 43
arriba, 2
arrojar, 132
así, 115, 144
así, así, 37
asistir a, 13
asunto, 72
atender a, 13
atrás, 18
atrasado, 18
aun, 120
aún, 35, 120
ayudar, 13

bajar, 50
bajo, 95, 110, 137
barca, 20
barco, 20
bastante, 64
(el) bien, 105
blanco, 37
bocacalle, 28
botar, 132
bote, 21

1. about

◆ **sobre, acerca de**   *about, concerning, dealing with* (usually a topic)
   Sobre is used somewhat more frequently.

Es un libro sobre (acerca de) la revolución francesa.	It is a book about the French Revolution.

◆ **de**   *about, concerning* (usually, though not necessarily, concerning a person)

He oído hablar mucho de él.	I have heard a great deal about him.
No sé nada de su familia.	I don't know anything about his family.
No hablemos de eso.	Let's not talk about that.

◆ **a eso de**   *about, approximately* (used before a number, and generally refers to time of day)

Llegaron a eso de las once y media.	They arrived about 11:30.

   Sobre is often used colloquially in this sense.

Nos veremos sobre las ocho, ¿eh?	We'll meet around eight, OK?

◆ **cerca de**   *about, nearly, almost* (used primarily with numbers or hours of the day)

La China tiene cerca de novecientos millones de habitantes.	China has about (close to) nine hundred million inhabitants.

◆ **unos**   *about, approximately* (used before numbers, but not to express time of day)

Mi tía tiene unos cincuenta años.	My aunt is about fifty years old.

◆ **más o menos**   *more or less* (may also be translated "about")

Tiene cincuenta años más o menos.	She is about fifty years old.

2. above

◆ **arriba** (adv.)   *above, overhead* (unlimited, not necessarily relative to the position of another object); OPPOSITE: **abajo**   *below*

Arriba, un cielo nublado y tormentoso; abajo, un torbellino de aguas turbulentas.	Above, a cloudy, stormy sky; below, a whirlpool of turbulent waters.

◆ **encima** (adv.)   *above, on top* (usually relative to the position of another object) ;
OPPOSITE : **debajo**   *underneath*

Primero pondrás el ungüento, y encima, la venda.	First you'll apply the ointment and on top (above), the bandage.
Se me cayó encima.	It fell right on top of me.
Debajo hay miles de corrientes ; encima no se ve nada.	Underneath there are thousands of currents ; on top (above), nothing is visible.

◆ **encima de** (prep.)   *(piled) on top of; suspended above*

Lo puse encima del armario.	I put it on top of the wardrobe.
¿Por qué no lo colgamos encima del sofá ?	Why don't we hang it above the sofa ?

◆ **sobre** (prep.)   *above, over; on top of*
   Sobre, though essentially synonymous with **encima de,** implies a closer position to the object, a feeling often of almost touching, resting upon it. Also, **sobre** may be used figuratively.

Sobre todo, cuide de no ofenderlos nunca.	Above all, take care never to offend them.

◆ **por encima de**   *over and above* (not merely "suspended above")

Volamos por encima de los Andes.	We flew over (above) the Andes.

3. *actual(ly)*

   The English word **actual** has two meanings : (1) *real,* (2) *present, current.*

◆ **actual**   *present, current, contemporary*

La situación actual de la economía peruana...	The present situation of the Peruvian economy...
El presidente actual es el Sr. Domínguez.	The current president is Mr. Domínguez.

◆ **verdadero, real, efectivo**   *actual* (in the sense of real or true)

El jefe verdadero (**real** or **efectivo**) es García.	The actual (real) leader is García.
La razón verdadera fue...	The actual (real) reason was...

◆ **en la actualidad, actualmente**   *nowadays, currently, at present*

En la actualidad vive en Chile.	At present, he is living in Chile.

◆ **en realidad, a decir verdad**   *actually, really, truthfully*

En realidad, ella no era su madre.	Actually, she wasn't his mother.
A decir verdad, no sabía la respuesta ; la adiviné.	Actually (to tell the truth), I didn't know the answer ; I guessed it.

4. after

◆ **después de** (prep.)   *after (in the sense of time)*

Después de poner la mesa, metió las chuletas en el horno.

After setting the table, she put the chops in the oven.

◆ **tras** (prep.)   *after (in a sequence or series); after, right behind* (location)

Día tras día, hora tras hora…
Corrió tras él.

Day after day, hour after hour…
She ran after him.

◆ **después de que** (conj.)   *after (introduces a clause referring to time)*

Después de que se gradúe su hermano mayor, Pepe asistirá también a la Universidad.

After his older brother graduates, Joe will attend college too.

◆ **después** (adv.)   *afterwards, later, then*

Primero, llamó a la policía. Después, salió en busca de los ladrones él mismo.

First, he called the police. Then he went out in search of the thieves himself.

5. again

◆ **otra vez**   *again, another time (as before)*

Repita otra vez.
¿No quieres cantármela otra vez?

Repeat again.
Won't you sing it for me again?

◆ **de nuevo**   *again, anew (from a fresh start), all over again*

Hágalo de nuevo.
Cinco minutos después se presentó de nuevo con otra demanda.

Do it over again.
Five minutes later he turned up again with another demand.

◆ **una vez más**   *one more time, once again*

Por favor, diga una vez más: *perro, perro*…

Please, say once more: *perro, perro*…

◆ **volver a** (+ infinitive)   *to do (something) again*

Me volvió a llamar a la medianoche. ¿Qué te crees?

He called me again at midnight. How about that?

6. (to) agree

◆ **estar de acuerdo**   *to be in agreement on an issue; to agree with someone*

En eso estamos de acuerdo todos.
—Pues yo no estoy de acuerdo con Uds.

On that we all agree. —Well, *I* don't agree with you.

◆ **estar conforme**   *to agree to something; to go along with*

Creo que debiéramos invitarlos.
—Estoy conforme.

I think that we ought to invite them.
—I agree. (It's all right with me.)

◆ **convenir en, quedar en**   *to agree to do something*

Convinieron en reunirse todos los martes. | They agreed to meet every Tuesday.

Quedamos en vernos al día siguiente. | We agreed to see each other on the following day.

◆ **de acuerdo**   *Agreed.; It's a deal.; OK, I agree.*

Entonces, hasta la una. ¿Está bien? —De acuerdo. | Till one o'clock then. All right? —Agreed.

7. *ahead*

◆ **adelante** (adv.)   *up ahead, farther on; onward, forward;* OPPOSITE: **atrás**

No importa. Seguiremos adelante. | It doesn't matter. We'll keep going ahead.

Los encontrarás un poco más adelante. | You'll find them a little farther up ahead.

◆ **adelantado** (adj.)   *ahead, advanced*

Mi reloj anda algo adelantado. | My watch is runnning a little ahead (fast).

Está muy adelantada para su edad. | She is far ahead for her age.

◆ **más adelantado que, más adelante que, delante de**   *ahead of*

Este niño está más adelantado que (más adelante que, delante de) los demás de su clase. | This boy is ahead of the other pupils in his class.

8. *anyone*

◆ **cualquiera, cualquier persona**   *anyone (at all)*

Cualquiera (Cualquier persona) podría hacer eso. | Anyone at all could do that.

◆ **alguien**   *anyone (in a question),* someone

¿Hay alguien que me pueda ayudar? | Is there anyone (someone) who can help me?

◆ **nadie**   *anyone* (after a negative)

No hay nadie hoy. | There isn't anyone here today.

9. *anyway*

◆ **en fin**   *well, to sum up, anyway, so*

En fin, decidió ir con nosotros al campo. | Anyway, he decided to go with us to the country.

◆ **en todo caso**   *anyway, in any case or event*

En todo caso partirán antes del quince. | Anyway (in any event) they'll leave before the fifteenth.

◆ a pesar de todo, de todos modos   *anyway, despite everything*

A pesar de todo (De todos modos),   He'll have to pay us anyway.
nos tendrá que pagar.

10. *appointment*

◆ cita   *a date—a social or* (less frequently) *business appointment*

¿Tienes cita con Juan el sábado?   Do you have an appointment (date)
with John Saturday?

◆ compromiso   *an appointment* (sometimes social, often business or professional)

No hay tiempo para más compro-   There is no time for more appointments
misos hoy.   today.

◆ hora   *a doctor's appointment*

¿Me puede dar hora mañana el Dr.   Can Dr. Ulcera give me an appoint-
Ulcera?   ment tomorrow?

◆ nombramiento   *appointment* (to a position)

¿Quién conseguirá el nombramiento   Who will get the appointment to the
ante las Naciones Unidas?   United Nations?

11. *around*

◆ alrededor (adv.)   *round about, all around, on all sides*

Alrededor había fuentes y árboles y   All around were fountains and trees and
hermosas flores.   beautiful flowers.

◆ alrededor de (prep.)   *around, in a circle about*

Formaron un círculo alrededor del   They formed a circle around the
campeón.   champion.

◆ por (prep.)   *around, in the vicinity of, through the general area of*

Tiene que estar por aquí.   It has to be around here.
¿Por qué no damos una vueltecita   Why don't we take a little turn around
por el parque?   (in) the park?

◆ a eso de, sobre   *around* (referring to time of day) (see "about," p. 245)
◆ unos, más o menos   *around, about, approximately* (see "about," p. 245)

12. *(to) ask*

◆ pedir   *to ask for (to ask to be given something, etc.); to make a request to
someone*

No le pediré nada aunque me muera   I won't ask him for anything even if I
de hambre.   starve to death.
Pídale que vuelva.   Ask him to come back.

◆ preguntar   *to ask (a question), to inquire*

Pregúntale cuándo volverá.   Ask him when he'll come back.

◆ **hacer una pregunta**   *to ask a question*

No me hagas tantas preguntas.   Don't ask me so many questions.

◆ **preguntar por**   *to ask for (about)*, *to inquire about*

Acabo de ver a Carmen y ella   I have just seen Carmen and she asked
  preguntó por ti.   for you.

* ***at***   en, a (*see* English-Spanish vocabulary, p. 366)

13. *(to) attend*

◆ **atender a**   *to attend to* (a matter, a person, etc.)

Atiende a sus propios asuntos sin   He attends to his own affairs without
  interesarse por otra persona.   taking an interest in anyone else.
La dependienta está atendiendo a su   The clerk is attending to her first
  primer cliente.   customer.

◆ **asistir a**   *to attend* (a school, a function, etc.)

Asistimos al Instituto.   We attend the Institute.

   Important:

Asistir does not normally mean *to assist, help*. **Ayudar** is used in this sense.

Ayuda a su padre en el negocio.   He assists his father in the business.

   Note:

Los asistentes...   Those in attendance...
El ayudante del general...   The assistant (aide) to the general...

* ***(to be)*** (*see* ser-estar, Chap. 9)

14. *(to) be cold*

◆ **hacer frío**   *to be cold* (refers to climate, weather, or room temperature)

Hace mucho frío, ¿no?   It's very cold (out here, or in here),
                                                        isn't it?

◆ **tener** *or* **sentir frío**   *to be cold* (describes a person's reaction to cold)
   Sentir implies a sudden chill.

Tengo (siento) frío. —Y yo siempre   I am (feel) cold. —And I am always
  tengo calor.   warm.

◆ **ser frío**   *to be cold* (depicts a characteristic of a person or thing); *to be distant,*
aloof, impassive

No me gusta ese hombre. Es   I don't like that man. He's too cold
  demasiado frío.   (distant, frigid).
La nieve es fría.   Snow is cold.

◆ **estar frío**   *to be in a cold state or condition*

La olla ya está fría.   The pot is already cold.
Mi sopa está fría.   My soup is cold.

15. because

♦ **porque** (conj.) *because* (+ clause)

No le interesa porque no lo entiende.	It doesn't interest him because he doesn't understand it.
No van a comer de eso porque no les gusta.	They won't eat that because they don't like it.

♦ **a causa de** (prep.) *because of, due to* (+ a noun or pronoun)

A causa del aumento de los precios, se trasladarán a otra ciudad.	Because of the increase in prices, they will move to another city.
No pudimos acabarlo a causa de él.	We couldn't finish it because of him.

♦ **debido a** (prep.) *because of, due to* (+ a noun)

Debido a is synonymous with **a causa de**, except that it usually refers only to nonpersonal nouns.

Debido a circunstancias fuera de nuestro control...	Due to circumstances beyond our control...

♦ **por** (prep.) *because of, for the sake of; out of, motivated by*

Trabaja sólo por ella.	He works only for her sake (because of her).
Lo hizo por miedo.	He did it because of (out of) fear.

16. *(to) become*

♦ **llegar a ser** *to become* (something—usually as the culmination of a series of events)

Después de diez y ocho años en el Senado llegó a ser presidente.	After eighteen years in the Senate, he became president.

♦ **hacerse** *to become* (usually a member of a profession or trade); *to become* (rich); *to change into*

Su hijo se ha hecho cura.	His son has become a priest.
El agua se hace hielo a los treinta y dos grados.	Water becomes ice at 32°.

♦ **ponerse** (+ adj.) *to become* (to adopt, acquire, assume, take on a certain condition or state—usually a person)

Si no te cuidas, te pondrás enfermo.	If you don't take care of yourself, you'll get sick.
Se puso pálido (rojo, enojado).	He became pale (red, angry).

Frequently, a transitive verb used reflexively conveys the same meaning as **ponerse** (+ adjective).

Se enojó, se enfadó.	He became angry.
Se alegrará cuando oiga las noticias.	He will be (become) happy when he hears the news.

◆ **volverse** *to become* (as by a sudden change)*; to turn (into)*

El pobre se ha vuelto loco.	The poor fellow has become (gone, turned) crazy.

◆ **convertirse en** *to become, turn into, change into* (a physical change)

La cera se convierte en sustancias gaseosas cuando se quema.	Wax turns into (becomes) gaseous matter when it burns.
De noche, el ilustre Doctor Jekyll se convertía en (o se hacía) un monstruo diabólico.	At night, the illustrious Dr. Jekyll became a diabolical monster.

◆ **meterse a** *to become; to set one's mind on a new course of activity or plunge into a new endeavor*

Meterse a often has somewhat derogatory implications or connotations of impermanence.

Ahora se ha metido a pintor. ¿En qué va a pensar después?	Now he has become a painter (taken up painting). What will he think of next?

◆ **ser de, hacerse de** *to become (of), to happen to*

¿Qué será de mí?	What will become of me?
¿Qué se ha hecho de Felipe?	What has become of Phil?

◆ **quedarse** *to become, be left in a certain condition* (usually a thing)

La casa se ha quedado muy sucia.	The house has become very dirty.

17. *before*

◆ **antes de** (prep.) *before* (referring to time)

Antes de ponerte la nueva camisa, no dejes de quitarle todos los alfileres.	Before putting on your new shirt, be sure to take out all the pins.

◆ **antes** (adv.) *before* (in time), *first*

El cantó antes, ella después.	He sang first, she afterwards.

◆ **antes de que** (conj.) *before* (introduces a clause referring to time, and is always followed by the subjunctive)

Vámonos ahora mismo antes de que llueva.	Let's go right now, before it rains.

◆ **antes que** (prep.) *before, rather than* (does not stress time)

Se dejaría echar a la calle antes que pedir prestado a nadie.	He would let himself be thrown out into the street rather than borrow from anyone.

◆ **delante de** *before, in front of, ahead of* (refers to location, not time)

Tiene una labor tremenda delante de ella.	She has a tremendous job before her.
Estaban sentados delante del hogar.	They were seated in front of (before) the fireplace.

◆ **ante**   *before, in front of* (a person, an altar, a court, etc.), *faced with*
   Ante usually implies some relation of deference.

Se arrodilló ante el altar (el rey, el juez, etc.)	He kneeled before the altar (the king, the judge, etc.)
Ante la perspectiva de una empresa tan difícil, comenzó a titubear.	Before (faced with) the prospect of such a difficult venture, he began to waver.

18. *behind*

◆ **detrás de** (prep.)   *behind, in back of* (something); OPPOSITE: **delante de**

Los niños estaban escondidos detrás del sofá.	The children were hiding behind the sofa.

◆ **tras** (prep.)   *behind, following, after*

Pedrito se fue corriendo, y tras él, todos los demás muchachos.	Little Peter went off running, and behind him, all the other children.

◆ **atrás** (adv.)   *behind, in back* (not specifically relative to the position of another object); OPPOSITE: **adelante**

Los heridos se han quedado atrás.	The wounded have remained behind.
Dio tres pasos hacia atrás.	He took three steps back(wards).

◆ **atrasado** (adj.)   *behind, backward*

El proyecto anda un poco atrasado.	The project is a little behind (schedule).
El reloj está atrasado.	The clock is behind (slow).

19. *below*

◆ **abajo** (adv.)   *below, underneath* (not relative to the position of something else); OPPOSITE: **arriba**

Abajo corría un arroyo tumultuoso.	Below there ran a tumultuous stream.
No mire nunca hacia abajo; siempre, hacia arriba.	Don't ever look below (down); always look up.

◆ **debajo** (adv.)   *below, under* (with respect to something else); OPPOSITE: **encima**

Ahí lo puso debajo.	He put it there underneath.
Encima se veía una cara sonriente; debajo, una mueca terrible.	On the surface one saw a smiling face; below, a terrible grimace.

◆ **debajo de, bajo** (prep.)   *under, below, underneath* (see "under," **137**, p. 299)

Debajo de la superficie hay valiosas minas de plata.	Below the surface there are valuable silver mines.

20. *beside(s)*

◆ **además de**   *beside, aside from*

Además de su mucho trabajo en casa, estudia de noche.	Beside the great amount of work she does at home, she studies at night.

◆ al lado de, a su lado *beside, next to, at one's side* (location)

Joaquín está al lado de su madre.	Jack is beside his mother.
A su lado estaban todos sus hijos y nietos.	Beside him were all his children and grandchildren.

◆ además *besides, moreover, furthermore*

Además, nunca había salido de su pueblecito.	Besides, he had never left his village.

21. *boat*

◆ barco, buque *large boat, ship*

un barco (buque) de guerra	a warship

◆ vapor *steamship, boat, steamer*

El vapor entrará en muelle a las siete.	The steamship will dock at 7 o'clock.

◆ bote *a small boat, usually a rowboat*

Se metieron los dos en el bote y empezaron a remar.	The two got into the boat and began to row.

◆ barca *a fairly small ship, used for fishing, etc.*

La barca abandonada había servido para llevar contrabando.	The abandoned boat had been used for carrying contraband.

◆ lancha *a small boat* (often with a motor), *launch*

Fuimos conducidos a tierra en lanchas.	We were taken ashore in launches (boats).

◆ ir por mar *or* en barco *to travel by boat or ship*

¿Iréis en avión o por mar (en barco)?	Will you go by plane or by boat?

22. *(to) burn*

◆ arder *to be on fire; to be burning*

La casa estaba ardiendo.	The house was burning.

◆ quemar *to burn, scorch, sear* (something or someone); *to destroy by fire*

¡Ay, por Dios! Me he quemado los dedos.	Ouch! I have burnt my fingers.
La quemaron viva.	They burnt her alive.

◆ quemarse (intransitive) *to burn down* (or *up*)

Se quemó el establo.	The stable burned down.

◆ pegar (o poner) fuego a *to set on fire, burn down*

El loco pegó (o puso) fuego a la barraca.	The madman set fire to (burned) the cabin.

23. but

◆ **sino**   *but, on the contrary*

Sino is used only when the first part of a sentence is negative, and the second part contradicts it. **Sino que** introduces a clause.

No es valiente, sino cobarde.	He is not brave, but cowardly.
No estudia, sino que pasa el tiempo jugando.	He doesn't study, but spends his time playing.

◆ **pero**   *but* (in all its uses except that noted for **sino**)

Es cobarde, pero todos creen que es valiente.	He is a coward, but every one thinks he is brave.

Mas is a literary synonym for **pero**.

◆ **menos, salvo**   *but, except*

Nadie lo sabe menos (salvo) yo.	No one knows but I.

◆ **si no fuera por**   *but for, except for, if it weren't for*

Si no fuera por él, todos habrían muerto.	But for him, they would all have died.

24. by

◆ **por**   *by* (an agent) *; by means of* (in which the physical nature of the action itself is stressed)

Las velas fueron apagadas por el viento.	The candles were blown out by the wind.
Nos llamó por teléfono.	He called us by (on the) telephone.

◆ **de**   *by* (an agent or accompanying factor).

De implies an emotional or mental attitude, or a physical state already achieved.

Era muy amado de sus empleados.	He was very much loved by his employees.
Está rodeada de amigos y parientes.	She is surrounded by friends and relatives.

◆ **en**   *by* (a means of transportation, but referring almost exclusively to persons)

Iremos en avión, no en barco.	We'll go by plane, not by ship.

But:

Mandaron la carta por avión.	They sent the letter by (via) airmail.

◆ **para**   *by a future time*

Para mañana deben terminarlo.	They ought to finish by tomorrow.

25. can

◆ **poder**   *can* (to be able, physically capable) *; may, can* (colloquial English—to be allowed)

Puedes hacerlo si quieres.	You can do it if you want to.
No puedo levantarlo.	I can't lift it up.
Mi madre dice que puedo ir.	My mother says that I can (may) go.

◆ **saber**   *can* (in the sense of "to know how to")

Sabe hablar siete lenguas.	He can speak seven languages.
¿Sabe Ud. tocar el piano?	Can you play the piano?

26. *clerk*

◆ **dependiente, dependienta**   (generally) *a salesclerk*

◆ **contador**   *a bank clerk; bookkeeper*

◆ **empleado**   (usually) *a nonselling clerk; an employee of a store, office, etc.*

Le expliqué el caso al empleado de Correos.	I explained the case to the postal clerk.

◆ **escribano**   *a clerical worker; court clerk*

El escribano apuntará su nombre y dirección.	The clerk will take down your name and address.

◆ **mozo**   *a general helper (grocery clerk, etc.)*

27. *confidence*

◆ **confianza**   *confidence, faith, reliance, trust*

Tengo la mayor confianza en Uds.	I have the greatest confidence in you.

◆ **confidencia**   *a confidence, something that is being confided; confidence, secrecy*

Me lo dijo en confidencia.	He told me it in confidence.
Nunca se debe revelar una confidencia.	One should never reveal a confidence.

28. *corner*

◆ **esquina**   *street corner* (sidewalk); *an outside corner*

Te esperaremos en la esquina, ¿está bien?	We'll wait for you on the corner, all right?

◆ **rincón** (*m.*)   *(an inside) corner; nook*

La mesa nueva cabrá ahí en el rincón.	The new table will fit there in the corner.

◆ **bocacalle** (*f.*)   *street corner* (intersection in the road)

El policía dirigía el tránsito en la bocacalle.	The policeman was directing traffic at the corner.

29. *country*

◆ **país**   *country, nation*

Hay muchos países que no tienen puertos de mar.	There are many countries that don't have seaports.

◆ campo *the country* (as opposed to the city)

Pasamos el verano en el campo.   We spent the summer in the country.

◆ patria *country, fatherland, homeland* (often emotional or poetic)

Murió por la patria.   He died for his country.

◆ tierra *native land, home province, etc.*
     Tierra is also used figuratively to mean *the land, earth, world,* etc.

Mi tierra es Andalucía.   My land is Andalucía.

◆ terreno *country, lay of the land, topography, terrain*

El terreno era áspero y escabroso.   The country was rough and rugged.

30. *dark*

◆ oscuro *dark* (in color) ; *not lighted*

Mi traje nuevo es de un verde oscuro.   My new suit is dark green.
Vive en una calle oscura.   He lives on a dark street.

◆ a oscuras *(in the) dark, with the lights out* (**A oscuras** is also used figuratively.)

El cuarto estaba a oscuras.   The room was dark.
Están tanteando a oscuras.   They're groping in the dark.

31. *date*

◆ fecha *a date of the month or year*

No se sabe la fecha exacta de su   The exact date of his birth is not
  nacimiento.   known.
¿Qué fecha es hoy?   What is today's date?

     The idioms **¿A cuántos del mes estamos?** and **¿Qué fecha tenemos?** also ask
What is today's date?

◆ cita *a date, an appointment to meet somebody* (usually socially)

Tengo cita con él mañana.   I have a date with him tomorrow.

◆ compromiso *a date, an appointment, an engagement* (either social or business)

Ya tiene compromiso para esta tarde.   He already has an appointment for this
     afternoon.

◆ citarse *to make a date*

Nos citamos para hoy.   We made a date for today.

32. *(to) destroy*

◆ destruir *to destroy completely, annihilate*

No se puede destruir nunca el alma   Man's soul can never be destroyed.
  del hombre.

◆ **destrozar**   *to destroy, ruin, devastate*

La tormenta destrozó gran parte del edificio.	The storm destroyed (wrecked) a large part of the building.

33. *ear*

◆ **oído**   *(inner) ear; hearing*

Tiene una herida en el oído.	He has an injury in his ear.
Me lo susurró al oído.	He whispered it into my ear.

◆ **oreja**   *(outer) ear*

Le cortaron una oreja.	They cut off his ear.
Tenía vendada la oreja derecha.	His right ear was bandaged.

34. *(to) enjoy*

◆ **divertirse, pasarlo bien**   *to enjoy, amuse oneself; to have a good time*

Nos divertimos mucho en el club.	We enjoy ourselves very much at the club.
Lo pasé muy bien anoche.	I had a very good time last night.

◆ **gozar de**   *to enjoy, take pleasure or pride in, reap satisfaction from; to enjoy the benefits of* (good health, etc.)

Siempre ha gozado de buena salud.	He has always enjoyed good health.
Goza de sus nietos.	She enjoys her grandsons.
Gozan de mucha fama en su pueblo.	They enjoy a great reputation in their home town.

◆ **disfrutar (de)**   *to enjoy, take pleasure and advantage from*

Disfruta de la vida.	He enjoys life.

◆ **gustarle (mucho) a uno**   *to enjoy* (a book, show, etc.)

¿Qué tal le gustó el concierto?	How did you enjoy the concert?
No me ha gustado nunca su compañía.	I have never enjoyed his company.

35. *even*

◆ **hasta, aun, incluso** (adv. and prep.) *even, furthermore* (surprisingly), *in addition; including*

Although these are usually interchangeable, **aun** is less emphatic than **hasta** or **incluso**, and **incluso** is less frequent as an adverb.

Hasta (Aun) sabe leer y escribir japonés.	He even knows how to read and write Japanese.
Hasta (Aun, Incluso) los niños iban armados por las calles.	Even the children went about armed in the streets.
Todos han aprobado el examen, incluso tú.	Everyone passed the exam, even (including) you.

◆ (ni) siquiera   *(not) even*

No tiene (ni) siquiera un amigo.   He doesn't have even one friend.
Ni siquiera gasta para la comida.   He doesn't even spend for food.

◆ par (adj.)   *even* (of a number)

Primero vamos a decir los números   First let's say the even numbers.
  pares.

◆ justo, exacto, igual   *even* (in quantity, size, etc.)

Córtelo en pedazos iguales (justos),   Cut it into even pieces, all right?
  ¿está bien?
Quedó exacto por los dos lados.   It came out even on both sides.

36. *(to) fail*

◆ fracasar   *to fail, not to succeed; to make a fiasco*

Esta vez no voy a fracasar.   This time I won't fail.

◆ suspender   *to fail* (somebody in a course)

Lo suspendieron por haber faltado al   He was failed for having missed the
  examen final.   final exam.

◆ ser (quedar) suspendido   *to fail* (a course)

Han sido (o quedado) suspendidos   Only two students have failed this year.
  sólo dos estudiantes este año.

   Fracasar is also used in the sense of *to fail a course:*

El único que fracasó fue Miguel.   Mike was the only one who failed.

◆ dejar de   *to fail to* (do something)

No dejes de cerrar la puerta cuando   Don't fail to shut the door when you go
  salgas.   out.

◆ faltar (a)   *to fail, disappoint, deceive* (somebody): *to fail in*

Yo no te faltaré nunca. Te lo prometo.   I'll never fail you. I promise you.
No debes faltar a tus obligaciones.   You shouldn't fail in your obligations.

   The preterite of almost any verb may translate *failed to* when the English
implies merely a simple past action.

Prometió venir, pero no se presentó.   He promised to come, but he failed to
                                            appear.

37. *fair*

◆ justo   *fair, just*

Eso no es justo.   That's not fair.

◆ **mediano, regular; así, así**   *fair, so-so, average*

Carlos es un estudiante mediano (regular).	Charles is a fair student.
¿Cómo estás hoy? —Regular. (Así, así.)	How are you today? —Fair. (O.K., So-so.)

◆ **claro**   *fair, light in color*

Elda tenía unos ojos clarísimos.	Elda had very light (fair) eyes.

◆ **blanco**   *fair* (skin)

Su cutis blanco contrastaba con el pelo oscuro	Her fair skin contrasted with her dark hair.

◆ **rubio**   *fair* (haired and/or skinned)

A él le gustan sólo las mujeres rubias.	He likes only fair women.

38. *fear*

◆ **temor** (m.)   (a specific) *fear, or* (plural) *fears*

Todos sus temores resultaron infundados.	All his fears turned out unfounded.
Le estremeció un temor repentino.	A sudden fear shook him.

◆ **miedo**   *fear* (as an abstraction)

El miedo representa un peligro en sí.	Fear represents a danger in itself.
Lo hizo por miedo.	He did it out of fear.

   Notice that **miedo** is never plural.

◆ **tener miedo de** or **a (una persona)**   *to be afraid of; to be in fear of*

No tengas miedo. Ese perro no muerde... ¡Ay! Disculpa.	Don't be afraid. That dog doesn't bite... Oh, my! I'm sorry.
Tiene miedo al profesor.	She is afraid of the teacher.
Tuve miedo de decírselo.	I was afraid to tell it to you.

◆ **temer**   *to fear; to be concerned or worried*
   Temer is usually less emphatic, less emotional than **tener miedo**.

Teme las consecuencias de su acción.	He fears the consequences of his action.
El niño temía (tenía miedo) a su padrastro.	The boy feared (was afraid of) his stepfather.
Temo que llueva mañana.	I'm afraid it will rain tomorrow.

39. *(to) feel*

◆ **sentir**   *to feel* (something)*; to feel* (to sense, to believe) *that...*

No le sentimos ninguna compasión.	We don't feel any compassion for him.
Sentía su presencia en todas partes.	He felt her presence everywhere.
Siento que todo va a salir bien.	I feel that everything will turn out all right.

◆ **sentirse** (+ adj.)   *to feel* (in a certain condition or state)

Me siento honrado…	I feel honored…
Se sintió avergonzado delante de sus parientes y amigos.	He felt ashamed in front of his relatives and friends.

40. *few*

◆ **pocos**   *few, not many*
     Pocos always has a negative implication.

Ese tiene pocos amigos.	That fellow has few friends.

◆ **unos pocos, unos cuantos**   *a few, several, some* (positive implication)

¿Cuadernos? Sí, quedan unos pocos (unos cuantos).	Notebooks? Yes, there are a few left.

41. *finally*

◆ **al fin**   *finally, at last, in the end*

Al fin, decidimos telefonearles.	Finally, we decided to telephone them.

◆ **por fin**   *finally, at (long) last*
     Por fin is more exclamatory than **al fin**, and implies a feeling of relief.

Por fin lo han acabado.	At last, they have finished it! (They have finally finished it.)

◆ **en fin**   *finally, in short, to sum up*

En fin, recuperaron lo perdido y se acabó el asunto.	Finally (in short), they recovered what had been lost and the matter was concluded.

42. *(to) find*

◆ **hallar, encontrar**   *to find, locate* (someone or something)

Lo hallamos (encontramos) en su casa.	We found it in his house.
La hallaron (encontraron) dormida en el bosque.	They found her asleep in the woods.

◆ **descubrir**   *to find, discover, uncover* (usually a physical object, a territory, etc.)

Han descubierto un tesoro de diamantes y perlas.	They have found (discovered) a treasure of diamonds and pearls.

◆ **hallarse, encontrarse**   *to be* (*to find oneself*)
     Hallarse is more frequent when the verb is followed by an adjective.

Al día siguiente, se hallaban (encontraban) en Sevilla.	On the following day, they were in Seville.
Me hallo obligado a advertirles que…	I am obliged to advise you that…

43. *fix*

◆ **arreglar, componer**   *to fix (an apparatus, etc.) ; to arrange*

¿Han arreglado (compuesto) ya el televisor?	Have they fixed the television set yet?
No te preocupes. Yo te lo arreglaré todo.	Don't worry. I'll fix everything for you.

◆ **fijar**   *to affix, fix; to fasten, make fast*

Fijen bien la araña para que no se caiga, ¿está bien?	Fix the chandelier so that it won't fall, all right?

44. *(to) fly*

◆ **ir en avión**   *to fly, take a flight, go by air*

¿Cómo iréis? —En avión.	How will you go? —We'll fly.

◆ **volar**   *to be in flight; to fly (over some place, etc.)*

Volamos sobre los Andes.	We flew over the Andes.

◆ **pilotear (un avión)**   *to fly (a plane)*
◆ **tripular**   *to fly (pilot) a commercial plane, head the crew*

Mi sobrino pilotea su propia avioneta.	My nephew flies his own little plane.
Hacía años que tripulaba aviones de chorro.	He had been piloting jets for years.

45. *free*

◆ **libre**   *free, independent; open, accessible*

Garantizan el libre acceso a la frontera.	They guarantee free access to the border.
Así debe actuar un hombre libre.	That's how a free man should act.

◆ **gratis** (adv.)   *free, without demanding payment*

¿Cuánto te cobró? —Nada. Me lo dio gratis.	How much did he charge you? —Nothing. He gave it to me free.

◆ **gratuito** (adj.)   *free of charge*

Esta tarde habrá un número de entradas gratuitas para la ópera.	This afternoon there will be a number of free admissions to the opera.

46. *from*

◆ **de**   *from (emanating from a place, person, etc.); from (a point in time or space)*

El humo proviene de las muchas fábricas.	The smoke comes from the many factories.
La carta es de mi hermano.	The letter is from my brother.
De aquí a Nueva York hay 100 millas.	It is 100 miles from here to New York.

◆ **desde** *from, since* (a certain point in time); *from* (a certain place)

    Desde places greater emphasis on location or position in time or space. Frequently, it is followed by **hasta** *(until).*

Nos gritó desde la colina.	He shouted to us from the hill.
Vive con nosotros desde el primero de marzo.	He has been living with us since the first of March.
Estarán aquí desde junio hasta septiembre (o de junio a septiembre).	They will be here from June to September.

47. *funny*

◆ **gracioso** *funny, comical; witty, charming*

Un chiste muy gracioso	A very funny joke
Su marido es tan gracioso.	Her husband is so funny (witty).

◆ **hacerle gracia a uno** *to strike someone as being funny*

No sé por qué, pero eso siempre me hace gracia.	I don't know why, but that always strikes me funny.

◆ **tener gracia** *to be funny, humorous, witty* (applied especially to ideas, etc.)

Todo lo que dice tiene mucha gracia ¿no?	Everything he says is very funny (witty), don't you think so?

◆ **divertido** *funny, amusing, witty* (persons, situations, etc.)

La comedia es divertida en extremo.	The play is extremely funny.

◆ **cómico** *comical, "laughworthy"*

No veo nada cómico en eso.	I don't see anything funny in that.

◆ **curioso, extraño, sorprendente** *funny (strange, odd, curious, surprising)*

Es curioso que lo dijera *ella*, y no *él*.	It's funny that *she* should have said it, and not *he*.

48. *game*

◆ **juego** *a type of game; gaming, gambling; play*

Han popularizado un nuevo juego de naipes.	They have popularized a new card game.
Un juego de palabras	A play on words

◆ **partido** *a specific performance of a game; a contest, match*

El partido se celebra a las tres.	The game starts at three o'clock.

◆ **deporte** (m.) *a sport, an athletic game* (not contest)

Mi deporte favorito es el fútbol.	My favorite game (sport) is soccer.

49. *glance*

◆ **mirada** *a glance* (at someone or something); *a way of looking*

Me echó una mirada curiosa.	He gave me a curious glance.
Con una mirada tal, se podría enfriar el sol.	With a look like that, the sun could freeze over.

◆ ojeada   *a glance* (through a book, etc.), *a rapid perusal*

Hoy le puedo dar sólo una ojeada rápida.	Today I can give it only a quick glance.

50. *(to) go*

◆ ir   *to go*

Voy a verlo mañana.	I am going to see him tomorrow.
Va con nosotros.	He is going with us.

◆ irse, marcharse   *to go away*

Ya se ha ido (marchado). Llegaste tarde.	He has already gone away. You came too late.

◆ salir (de)   *to leave; to go out (of)*

Salió hace media hora.	He went out half an hour ago.
Saldrán del edificio al mediodía.	They will leave (go out of) the building at noon.

◆ salir a   *to go out into* (the street, the hall, etc.)

Acaba de salir a la calle.	He has just gone out into the street.

◆ salir para   *to leave for; to go away to*

Salimos para la capital mañana.	We are leaving for the capital tomorrow.

◆ bajar   *to go down*

No bajes la escalera tan aprisa.	Don't go down the stairs so rapidly.

◆ subir (a)   *to go up or aboard*

Ha subido a su cuarto.	He has gone up to his room.
Subieron al tren.	They went aboard the train.

◆ entrar en   *to go into* (in Spanish America: **entrar a**)

Entraron en (or a) aquella tienda.	They went into that store.

51. *half*

◆ medio (adj. and adv.)   *half*

Son las cinco y media.	It is half-past five.
Es medio indio, medio blanco.	He is half Indian, half white.
Está medio loco de hambre.	He is half-crazy with hunger.

◆ mitad (n.)   *a half*

La dividieron en dos mitades.	They divided it into two halves.
Una mitad para ti, la otra para mí.	Half for you, the other half for me.

52. *(to) hang*

◆ colgar   *to hang up* (something)

Colgaron su retrato en el salón.	They hung up his portrait in the living room.

◆ estar colgado   *to be hanging (up)*

El abrigo estaba colgado en el armario.

The coat was hanging in the closet.

◆ pender   *to be hanging or suspended* (from something)*; to be pending*

La espada pendía de un solo hilo de seda.

The sword was hanging from a single thread of silk.

◆ ahorcar   *to hang, execute* (someone)

Lo ahorcaron sin darle oportunidad de defenderse.

They hanged him without giving him a chance to defend himself.

53. *happy*

◆ feliz   *basically happy* (a characteristic)

un matrimonio feliz
un desenlace feliz

a happy marriage or couple
a happy ending

Feliz is generally used with **ser** since it refers to an intrinsic quality.

Seré feliz contigo.

I'll be happy with you.

◆ alegre   *happy, gay, joyous, jovial* (either a characteristic or a chance state of mind or disposition)

Estuvieron muy alegres anoche.
Es un tipo muy alegre.

They were very gay last night.
He's a jovial kind of person.

◆ contento   *happy, satisfied, content, pleased*

Estaría muy contenta de pasar toda mi vida allí.

I would be very happy to spend my whole life there.

¿Quién puede estar contento siempre de sí mismo?

Who can always be satisfied with himself?

54. *(to) hear*

◆ oír   *to hear (to perceive and recognize sound); to listen* (in a command)

¿Oyes lo que te digo?
Oye, Juan…

Do you hear what I'm saying to you?
Listen, John…

◆ oír decir que   *to hear (it said) that…* (as news, a fact, etc.)

He oído decir que el gobierno va a rebajar los impuestos. —Imposible.

I have heard that the government is going to lower taxes. —Impossible.

◆ oír hablar de   *to hear about* (a person, an event, etc.)

Hemos oído hablar de su tío y de su mucha riqueza.

We have heard about his uncle and his great wealth.

◆ escuchar   *to hear, listen to*

Me gusta escuchar los programas musicales que se presentan por la tarde.

I like to listen to (hear) the musical programs that are presented in the afternoon.

¿Me escuchas, hijo?

Are you listening to me son? (Do you hear me?)

55.(a) *here*

◆ aquí   *here* (near me)

Su madre vive aquí cerca.   His mother lives around here.

◆ acá   *here* (toward me)

   Acá is used with verbs of motion, particularly with **venir**.

Ven (para) acá, Manuel.   Come this way, Manuel. (Come here.)

   (b) *here is, here are*

◆ aquí está(n)   *here is, are (located, situated)*

Aquí está mi mesa.   Here is my desk. (It is located in this
                                            spot.)

◆ aquí tiene Ud.   *here is, are (I am handing you, offering you...)*

Aquí tiene Ud. su reloj.   Here is your watch. (Here it is. Take it.)

◆ he aquí   *here is, are (behold, witness); this is, these are*

   He aquí appears in a list of names or addresses, in newspaper captions, radio
announcements, and in limited literary usage.

He aquí las estrellas que participarán   Here are (these are) the stars who will
   en nuestra próxima presentación...   take part in our next presentation...

◆ aquí es   *here is the place (where)...*

Aquí es donde vivo.   Here is where I live.

56. *(to) hire*

◆ emplear   *to hire, employ* (a person)

Dicen que van a emplear a dos mil   They say they're going to hire 2000
   obreros más.   more workers.

◆ alquilar   *to hire, rent* (a car, hall, apartment, etc.)

En Cali alquilaremos un coche.   In Cali we'll rent a car.

57. *hit*

◆ pegar   *to hit, strike* (someone)

No le pegues, por favor.   Don't hit him, please.

◆ golpear, abofetear   *to hit, beat* (someone)

Los golpearon (abofetearon) hasta   They hit (beat) them until they were
   que quedaron sin sentido.   unconscious.

◆ acertar   *to hit (the mark); to get the right answer, get the point, etc.*

La bala le acertó en el muslo   The bullet hit him in the left thigh.
   izquierdo.
¡Felicitaciones! Has acertado otra vez.   Congratulations! You've done it again.

◆ chocar   *to hit, crash into, collide with*

El automóvil chocó con un árbol.   The car hit a tree.

58. *hot*

◆ caliente   *hot; warm*
    Caliente refers to the temperature of objects, liquids, etc., not to persons.

No hay agua caliente hoy.   There's no hot water today.
Vive en un clima caliente.   He lives in a hot (warm) climate.

◆ cálido   *hot* (and often *humid* or *moist*)

En los países cálidos, la vida es más   In hot (humid) countries, life is more
   difícil.   difficult.

◆ caluroso   *hot, giving off heat* (as the weather, a day, etc.); *ardent, warm*
(figurative)

Hemos sufrido unos días calurosísimos   We've had some very hot days this
   este verano.   summer.
Me dio un saludo caluroso.   He gave me a warm greeting.

◆ acalorado   *hot, heated, impassioned, enthusiastic* (a discussion, fans, etc.)

Parece que interrumpíamos una   It seems we were interrupting a heated
   discusión acalorada.   argument.

◆ picante   *hot, spicy* (food)

La comida mejicana es más picante   Mexican food is hotter than Spanish.
   que la española.

    But:

◆ hacer calor   *to be hot out*

Ayer hizo mucho calor, ¿verdad?   It was very hot yesterday, wasn't it?

◆ tener calor   *to be (feel) hot* (a person)

¿Tienes calor? —No, estoy bien.   Are you hot? —No, I'm all right.

59. (a) *how!*

◆ ¡cómo!   *how, how well, how badly!* (describes the manner in which something is done)

¡Cómo canta! ¡Cómo baila!   How she sings! How she dances!

◆ ¡cuánto!   *how, how much!*

¡Cuánto te quiero!   How (much) I love you!

◆ ¡qué (+ adj. or adv.)   *how* (good, bad, smart, tired, fast, etc.)

¡Qué amable es!   How nice he is!
¡Qué bien recita!   How well he recites!

(b) *how?*

◆ **¿cómo?** *how, in what way or manner?*

¿Cómo puedo explicártelo?	How can I explain it to you?
¿Cómo te gusta el café —con crema o con leche?	How do you like coffee —with cream or with milk?

◆ **¿qué tal?** *how, what do you think of?*

¿Qué tal? asks for an evaluation.

¿Qué tal estuvo la charla?	How was the talk?
Hola. ¿Qué tal?	Hello. How goes it?

(c) *how...*

◆ **Lo** (+ adjective or adverb + **que**) *how* (when indicating degree or extent)

No se daba cuenta de lo cansados que estaban.	He didn't realize how tired they were.
Me maravillaba de lo bien que cantaba.	I was amazed at how well he sang.

The indirect exclamation **qué** may substitute for **lo... que** in this construction.

No se daba cuenta de qué cansados estaban.	He didn't realize how tired they were.
Me maravillaba de qué bien cantaba.	I was amazed at how well he sang.

60. *(to) hurry*

◆ **tener prisa, estar de prisa** *to be in a hurry*

No te puedo hablar más ahora. Tengo mucha prisa. (Estoy de prisa.)	I can't talk to you any more now. I'm in a real hurry.

◆ **darse prisa, apresurarse; apurarse** (in Spanish America) *to hurry up*

¡Date prisa! (¡Apresúrate! ¡Apúrate!) No hay tiempo que perder.	Hurry up! There's no time to waste.

◆ **de prisa, aprisa** *in a hurry, hurriedly*

Resultó mal porque lo hizo de prisa (aprisa).	It turned out badly because he did it in a hurry.

61. *(to) ignore*

◆ **no hacer caso de** or **a** (a person) *to ignore, not to pay attention to* (something or what someone is saying or doing)

No le hagas caso.	Ignore him. (Don't pay any attention to him.)

◆ **pasar por alto** *to ignore, overlook* (usually a statement or an action)

Sí, lo dijo, pero yo lo pasé por alto.	Yes, he said it, but I ignored it.

◆ desconocer   *to ignore* (someone)

Le saludé, pero me desconoció.   I greeted him, but he ignored me.

◆ ignorar   *not to know; to be ignorant or unaware of*

Se ignora la verdadera causa del   The real cause of the accident is not
  accidente.   known.

62. *(to) introduce*

◆ introducir   *to introduce* (a new subject, etc.); *to bring in(to) or up*

Introdujo la resolución en el Senado.   He introduced the resolution in the
                                                 Senate.

◆ presentar   *to introduce* (somebody to someone)

¿Quieres presentarme a tu prima?   Will you introduce me to your cousin?

63. *just*

◆ justo   *just, fair; exactly right, fitting or enough*

Hay que ser justo siempre.   One must always be just.
Lo midieron tan bien que salió justo.   They measured so well that it came out
                                           just right.

◆ sólo   *just, only*

Te pido sólo un día más.   I ask you for just one more day.
¿Quiénes viven aquí? —Sólo mi   Who lives here? —Just my brother
  hermano y yo.   and I.

64. *(to) know*

◆ saber   *to know* (something, a fact, etc.); *to know by heart or thoroughly; to
know how to do something*

No sé si ha vuelto todavía.   I don't know whether he has come back
                                           yet.

¿Sabe Ud. este poema?   Do you know this poem (by heart or
                                           thoroughly)?

Sabe tocar la guitarra.   He knows how to play the guitar.

◆ conocer   *to know* (a person, a city, etc.); *to be acquainted or familiar with*

¿Conoce Ud. a mi hermano?   Do you know my brother?
No conozco ese poema.   I don't know (am not familiar with) that
                                           poem.

65. *last*

◆ último   *last, final one* (of a series); *last (month)* (business)

El último rey borbónico…   The last Bourbon king…
Ahora cursamos el último año del   Now we are in our last year of college.
  bachillerato.
Su favor del último…   Yours of last month…

◆ **pasado**   *last, recently past* (the series is still continuing)

la semana pasada   last week
el semestre pasado   last semester
       But:
anoche   *last night*

Nos telefoneó anoche.   He phoned us last night.

66. *(to) leave*

◆ **salir (de)**   *to leave* (a place); *to go out (of), depart (from)*

Salió de la Habana en el "Egipto."   He left Havana on the *Egypt.*
¿A qué hora sales?   At what time are you leaving?

◆ **salir para**   *to leave for* (a destination)

Saldrán para la capital el viernes que   They will leave for the capital next
   viene.   Friday.

◆ **dejar**   *to leave* (something or someone) *behind* (either on purpose or through an oversight)

Lo dejé olvidado en casa.   I left it (forgotten) at home.
Raúl, no me dejes sola.   Ralph, don't leave me alone.
       Recall:
Dejar also means *to let, allow, permit.*

No le dejarán hacerlo.   They won't let him do it.

◆ **abandonar**   *to leave* (something or someone) *behind* (intentionally) ; *to abandon*

Tuvieron que abandonar el coche en   They had to leave the car in the middle
   medio del camino.   of the road.

67. *(to) let*

◆ **dejar**   *to let, allow, permit*

Déjale ir, si quiere.   Let him go, if wants to.

     In the sentence above, one person is requesting permission of another.

No nos dejarán verla.   They won't let us see her.

◆ **Vamos a** (+inf. *or* 1st pers. pl. pres. subj.)   *Let's* (do, go, buy, see, etc.)
    This is a direct command involving *you* and *me.*

Vamos a ver.   Let's see.
Sentémonos aquí.
Vamos a sentarnos aquí.   Let's sit down here.

◆ **que** (+3rd pers. pres. subj.)   *let (permit, allow)*
    This is an indirect command, in which one person expresses his will that someone else do something. There is no implied request for permission.

| Que lo haga Jorge. | Let George do it. (I want George to do it.) |
| Que se diviertan mientras puedan. | Let them enjoy themselves while they can. (May they enjoy themselves, I want them to...) |

68. *(to) like*

◆ **gustarle a uno** *to find pleasing, to have a certain inclination toward* (persons, things, activities)

Me gusta viajar.	I like to travel.
¿ Le gustó la película ?	Did you like the film ?
No nos gustan nada esos hombres.	We don't like those men at all.

◆ **querer** *to like* (a person or, at times, an animal) ; *to feel affection for*

| Le quiero mucho a Juanito. | I like Johnny very much. |

69. *little*

◆ **pequeño** *little, small in size*

| una casa pequeña | a little house |

◆ **poco** (adj.) *little,* (in amount), *not much* ; (pl.) *few, not many*

| Tiene poca astucia. | He has little shrewdness. |
| Es hombre de pocas palabras. | He is a man of few words. |

◆ **poco** (adv.) *little, not much*

| Come poco para su edad. | He eats little for his age. |

◆ **un poco de** (n.) *a little (bit of)*

| Con un poco de paciencia, se alcanza lo imposible. | With a little (bit of) patience, one can achieve the impossible. |

70. *(to) look*

◆ **parecer** *to look, appear, seem to be, resemble*

| Pareces cansado hoy. | You look tired today. |
| Parece no estar conforme. | He seems to disapprove. |

◆ **estar** *to look, seem, be*

   Estar gives a more subjective evaluation than does **ser** to the quality described by the adjective. However, it still retains its primary sense of *to be* and is not wholly synonymous with **parecer**.

| Estás muy bonita esta noche. | You look (are) very pretty tonight. |

   Parecer could not be used in this sentence.

◆ **mirar** *to look at*

| Me miró con verdadero odio. | He looked at me with real hatred. |

◆ **buscar** *to look for*

Busco a mi marido. ¿Lo ha visto Ud.?   I'm looking for my husband. Have you
                                            seen him?

      Notice that the English *for* is included within the meaning of **buscar**, and so
Spanish uses no preposition.

◆ **parecerse a** *to look like, resemble*

Se parece a su padre.   He looks like his father.

◆ **ver** *to see* (occasionally means "to look at")

Debieras verlo con los ojos, no con el   You should look at him (see him) with
  corazón.   your eyes, not your heart.

◆ **tener buena (mala) cara, verse (mal)**   *to look well (bad)*

Tiene Ud. muy mala cara hoy.   You look very bad today.
Se ve muy mal hoy.

71. *(to) love*

◆ **querer** *to love* (a person or, occasionally, an animal)
  Querer includes most of the concepts of *to love*.

Te quiero con toda el alma.   I love you with all my heart.

◆ **amar** *to love* (with great affection or passion)
  Amar is somewhat more ardent than **querer**.

No podré amar nunca a otro.   I will never be able to love any other
                                   man.
Ama a sus padres.   He loves his parents.

◆ **enamorarse de** *to fall in love with*

Se ha enamorado locamente de él.   She has fallen madly in love with him.

◆ **enamorar** *to make someone fall in love with one; to court*

A don Juan le gustaba enamorar a   Don Juan liked to make women fall in
  las mujeres sólo para abandonarlas.   love with him just to abandon them.

◆ **encantarle a uno** *to love* (something)

Me encanta su voz.   I love her voice.

72. *matter*

◆ **materia** *substance,* (physical) *matter*

La materia no se puede destruir.   Matter cannot be destroyed.

◆ **asunto** *(a) matter, question (at hand)*

¿Por qué no hablamos primero de   Why don't we talk first about another
  otro asunto?   matter?

◆ **Se trata de**... *It is a matter of...; This matter deals with...*

Ahora se trata de una princesa que se quiere casar con...	Now it is a matter (question) of a princess who wants to marry...

◆ **Da lo mismo.** *It doesn't matter.* (Either way is equally all right.)

¿Quieres ir al cine o al teatro esta noche? —(Me) da lo mismo.	Do you want to go to the movies or to the theater tonight? —It doesn't matter. (I like both.)

◆ **No importa.** *It doesn't matter; It's not important, nothing to be concerned about.*

¿Sabes? Se me olvidó traer la pluma que me prestaste. —No importa.	You know? I forgot to bring the pen you lent me. —It doesn't matter.

◆ **¿Qué tienes? ¿Qué te pasa?** *What's the matter (What's wrong) with you?*
◆ **¿Qué pasa?** *What's up? What's going on? What's the matter?*

73. (to) make

◆ **hacer** *to make* (something); **hacer** (+ infinitive) *to make* (someone) *do something; have something done*

Te haré pasar todo el día en tu cuarto.	I'll make you stay in your room all day long.
La hicieron construir en el mismo sitio.	They had it built on the same site.

◆ **dar (hambre, sed, miedo, etc.)** *to make* (someone) *hungry, thirsty, afraid, etc.*

El aroma que sale de esa olla me da un hambre feroz.	The smell that's coming from that pot is making me ravenously hungry.
Ese hombre nos da miedo.	That man scares us (makes us scared).

74. may

◆ poder *may*

Poder is used to translate *may* when the meaning indicates *to be allowed to* or *able to*.

Puedes irte ahora, si quieres.	You may go now, if you want to.

Notice that the indicative of **poder** is used, since **poder** is the main verb of a principal clause.

Poder may also be used to indicate uncertainty, either in a main clause or after an expression of belief. Notice again that the indicative of **poder** is used in these circumstances.

Pueden tener razón.	They *may* be right.
Admitió que podía estar equivocado.	He admitted that he *might* (could) be mistaken.
Creo que puede ser él.	I think it *may* be he.

The subjunctive of any verb is used to translate *may* after conjunctions indicating uncertainty or indefiniteness. *May* then has the meaning *to be possible, but not certain.*

Aunque le vea, no hablaré con él.	Although I may see him, I won't speak to him.

◆ **puede que, es posible que** *may*

    Puede que or **Es posible que** is used in a main clause to translate *may,* meaning possibility or uncertainty and must be followed by the subjunctive.

Puede que vengan.	They *may* come.
Es posible que vengan.	

75. *(to) mean*

◆ **significar** *to mean* (as a word, etc.) ; *to have the meaning or significance*

¿Qué significa esta palabra?	What does that word mean?
Eso significa que pronto llegarán a un acuerdo.	That means that soon they'll come to an agreement.

◆ **querer decir** *to mean (to say) ; to signify*

    Notice that although **querer decir** is often synonymous with **significar,** only **querer decir** can have a personal subject.

¿Qué quiere decir (significa) eso?	What does that mean?
Iremos en seguida… quiero decir, tan pronto como sea posible.	We'll go at once… I mean, as soon as it's possible.
¿Qué quiso decir el profesor?	What did the professor mean?

76. *(to) meet*

◆ **encontrar (a)** *to meet* (someone or something), *either by appointment or by chance*

Vamos a encontrar el barco en Gibraltar.	We're going to meet the ship at Gibraltar.
Encontré a tu amiga Clara en el centro hoy.	I met your friend Claire downtown today.

◆ **conocer** *to meet* (someone) *for the first time; to be introduced to*

Conocí a tu cuñado ayer.	I met (was introduced to) your brother-in-law yesterday.

◆ **verse con** *to meet by appointment ; to have a meeting with*

Me veo con él mañana por la mañana para discutirlo.	I'm meeting him tomorrow morning to discuss it.

◆ **dar con, tropezar con, encontrarse con** *to meet* (by accident); *to happen upon,* "*bump into,*" *come across*

Di con ellas en el tren.	I met them (bumped into them) on the train.
Tropezamos con el autor de esta novela cuando estábamos en Cádiz.	We met (came upon) the author of this novel when we were in Cadiz.

If **conocimos** were used in the last sentence above, it would mean *we were introduced to, made the acquaintance of...*

◆ **reunirse** *to meet* (as a group, a club, etc.)

El Centro Hispano se reúne todos los viernes a las dos.	The Spanish club meets every Friday at two o'clock.

◆ **buscar** *to go to meet* (someone at a station, etc.)

Tengo que buscarla en el aeropuerto.	I have to meet her at the airport.

77. *middle*

◆ **medio** (n). *(the) middle;* (adj.) *middle, average*

Estamos en el medio de la página 179.	We are in the middle of page 179.
La clase media es la que domina.	The middle class is the one that rules.

◆ **a mediados de** *around the middle of* (a month, century, etc.)

Volverán a mediados de agosto.	They'll return around the middle of August.

◆ **en medio de** *in the midst of, surrounded by*

No puedo ahora. Estoy en medio de un montón de trabajo.	I can't now. I'm in the middle of a pile of work.

◆ **mediano** *(approximately) middle; average, mediocre*

Es de edad mediana.	He is middle-aged.
Poseía una inteligencia mediana.	He had an average (mediocre) intelligence.

78. *(to) miss*

◆ **perder** *to miss* (a train, etc.)

Escucha, querida. Llegaré un poco tarde. Acabo de perder el tren.	Listen, dear. I'll be a little late. I've just missed the train.
No pierdas la ocasión de hablar con él.	Don't miss the chance to talk with him.

◆ **echar de menos, extrañar** *to miss, long for the presence of* (someone or something)

Parece echar más de menos (or extrañar más) a su perro que a sus padres.	He seems to miss his dog more than his parents.

◆ **faltar a** *to miss* (a class, lecture, performance, etc.), *not to be present at a specified occasion*

Faltó a la clase dos veces la semana pasada. | He missed class twice last week.

◆ **errar el tiro** *to miss* (a target)

Apuntó con cuidado, pero erró el tiro. | He aimed carefully, but missed.

◆ **no coger** *to miss; to fail to catch* (a train, a ball, etc.) ; *to fail to meet*

Me tiró la pelota, pero no la cogí. | He threw me the ball, but I missed it.

◆ **no encontrar** *to miss, fail to catch* (a person)

Pasé por su oficina, pero no lo encontré. | I went to his office, but I missed him.

79. *must*

◆ **hay que** *one must* (impersonal)

Hay que tener cuidado siempre. | One must always be careful.

◆ **tener que** *to have to* (indicates strong personal necessity or compulsion)

Tuve que dárselo. | I had to give it to him.

◆ **deber** *should* (moral obligation)

At times **deber** acquires the force of *must.*

Debo ir con ellos. | I should (must, have to) go with them.

◆ **deber (de)** *must* (in the sense of probability) (The **de** is not required, however.)

Debe (de) haber cantado ya. | He must have sung already.

◆ FUTURE OF PROBABILITY *must* (in the sense of conjecture or probability)

Será Juanita. | It must be (probably is) Joan.

80. *neither*

◆ **ni... ni** *neither... nor*
    Ni, when used alone, means *nor* or *not (even).*

Ni él ni su hermano han sido bautizados. | Neither he nor his brother has been baptized.
Ni siquiera ella lo sabe. | Not even she knows.
¡Ni por pienso! | Not by any means!
¡Ni mucho menos!

◆ **tampoco** *neither (also... not), either* (in negative sentences)

Yo no voy tampoco. | I'm not going either. (I also am not going.)

Ni nosotros tampoco. | Nor we either. (We too aren't going.)

81. *next*

◆ siguiente   *next, immediately following*

Al día siguiente, se hallaban en París.   (On) the next day, they were in Paris.

◆ próximo   *next* (though not necessarily immediately following), *future*

La próxima vez que te vea hacerlo,   The next time I see you do it, I'll call
  llamaré a tu madre.   your mother.

◆ que viene   *next, forthcoming* (usually refers to periods of time—weeks, months, etc.)

Lo veremos la semana que viene.   We shall see him next week.

◆ junto a   *next to, adjacent to*

Estaba sentado junto al hogar.   He was sitting next to the fireplace.

◆ de al lado, contiguo   *next to, adjoining* (as a house)

Viven en la casa de al lado.   They live in the house next door.

82. *office*

◆ oficio   *office, position* (public, professional, etc.), *occupation, trade* (viewed as an abstract entity)

No le considero calificado para el   I don't consider him qualified for the
  oficio.   office.
El oficio de sacristán...   The office of sexton...

◆ Cargo or puesto is used frequently when referring to a specific office or position;
el cargo (puesto) de subdirector   *the job (office) of assistant manager.*
◆ oficina   *office, place of doing business, government office, etc.* (now in general usage for almost all types of office)

No me gustaría trabajar en una oficina.   I wouldn't like to work in an office.
La oficina del Ministerio de la Guerra.   The office of the Ministry of War.

◆ bufete   *a lawyer's office*

Mi marido piensa abrir bufete en   My husband is planning to open an
  Barcelona.   office in Barcelona.

◆ consulta, sala de consulta   *doctor's office*

La sala de consulta estaba llena de   The doctor's office was full of people.
  gente.
Horas de consulta: 9 a 12:30   Office hours: 9 to 12:30.

◆ clínica   *dentist's or doctor's office*

Mi dentista tiene su clínica en la calle   My dentist has his office on Armando
  Armando.   Street.

   Gabinete is also used in Spain in this sense.

83.(a) *old*

◆ **viejo**   *old* (applied to persons or things) ; When placed before the noun, it may mean *long-standing*.

un profesor viejo	an old (elderly) professor
un viejo amigo	an old (long-standing) friend

◆ **antiguo**   *old, ancient, antique*
   Recall: **antigüedades**   antiques
   When it is placed before the noun, **antiguo** may mean *former*. This adjective is generally not applied to persons, except when it means *ancient, former,* or *long-standing*.

una silla antigua	an old (antique) chair
los antiguos iberos	the ancient Iberians
el antiguo Ministro de Hacienda	the former Secretary of the Treasury
un antiguo amigo mío	an old friend of mine

◆ **anciano**   *old, of very advanced age* (applies only to persons and lends a rather poetic or affectionate connotation)

El anciano estaba sentado junto al hogar.	The old man was sitting by the fireplace.

(b) *older*

◆ **mayor**   *older* (establishes a comparative relationship between two persons, regardless of whether they are young or old)

Es mayor que yo. Tiene unos veinticinco años.	He is older than I. He is about twenty-five.

◆ **más viejo**   *older, more aged* (compares the adjective "old")

Es más viejo que Matusalén.	He is older than Methuselah (both are old!).

◆ **más antiguo**   *more ancient, most ancient*

La catedral más antigua del Nuevo Mundo.	The oldest cathedral in the New World.

84. *on*

◆ **en**   *on, resting upon or leaning against*

Su retrato estaba colgado en la pared.	His portrait was hanging on the wall.
La vajilla ya está en la mesa.	The silverware is already on the table.

◆ **sobre**   *upon, on top of, resting upon or suspended above*

Sobre su cabeza apareció una aureola de luz.	Over his head there appeared a halo of light.
La puso sobre la vitrina.	She put it on the showcase.

   Note: **En la vitrina** might imply *in* the showcase.

85. *only*

◆ sólo, solamente (adv.) *only* (applies to persons, things, numbers, etc.)

Notice that the accent mark on **sólo** differentiates it from the adjective **solo** (*alone*).

Sólo él y yo lo sabemos.	Only he and I know.
Habla sólo (solamente) con sus amigos.	He speaks only with his friends.
Nos quedan sólo cinco dólares.	We have only five dollars left.

But:

Estaba solo.	He was alone.

◆ no… más que (adv.) *only;* (to do, have, etc.) *nothing but*

No tiene más que diez dólares.	He has only ten dollars.
No hace más que llorar.	She does nothing but cry.
No me dejes. No tengo más que a ti.	Don't leave me. I have only (nothing but) you.

◆ único (adj.) *only (one), single, unique*

Un hijo único es un hijo consentido.	An only child is a spoiled child.
Es la única esperanza que le queda.	It's the only hope he has left.

Solo also appears in this sense.

86.(a) *order* (n.)

◆ la orden *order, command;* also, *a religious or military order*

Dio la orden de retirarse.	He gave the order to withdraw.
Las órdenes dominica y franciscana…	The Dominican and Franciscan orders…

◆ el orden *order, orderliness, system, arrangement*

El gobierno ha restablecido el orden.	The government has reestablished order.
Todo está en perfecto orden.	Everything is in perfect order.

◆ pedido, encargo *business order*

(b) *(to) order*

◆ mandar *to order* (someone to do something)

Le mandó darnos la llave.	He ordered him to give us the key.

◆ pedir *to order* (something in a restaurant, store, etc.)

¿Qué vas a pedir? —Un bisté.	What are you going to order? —A steak.

◆ hacer un pedido or encargo *to order, place an order* (for merchandise)

Le haremos un pedido (encargo) si rebaja el precio.	We'll give you an order if you lower the price.

◆ encargar *to order* (merchandise)

Se lo encargaremos a otra firma.	We shall order it from another company.

87. *(to) pay*

◆ **pagar**   *to pay somebody; to settle an account; to pay for*

¿Pagaste al médico?	Did you pay the doctor?
Ya pagué el alquiler.	I already paid the rent.
Nos pagará lo que hizo ayer.	He will pay us for what he did yesterday.

Notice that Spanish requires no preposition to translate *for*, unless the amount is mentioned or implied.

◆ **pagar... por**   *to pay* (a certain amount of money) *for something*

Pagó diez dólares por esa corbata. —¡Qué barbaridad!	He paid ten dollars for that tie. —How awful!

◆ **hacer una visita**   *to pay a visit*

Mañana haré una visita a mi tía Clara.	Tomorrow I shall visit my Aunt Claire.

◆ **prestar atención**   *to pay attention; to fix one's mind on*

No prestábamos atención a lo que decía el orador.	We weren't paying attention to what the speaker was saying.

◆ **hacer caso de** (or **a**)   *to pay attention to; to heed, listen to*

The preposition **a** is more frequent than **de** when referring to a person.

No le haga caso. No sabe nada.	Don't pay any attention to him. He doesn't know anything.

88. *people*

◆ **gente**   *people* (in general—as an abstraction or as a group)
   Note: **La gente** is a collective noun.

La plaza estaba llena de gente.	The square was filled with people.
Hablando se entiende la gente.	By speaking, people understand each other.

◆ **personas**   *people* (as individuals), *persons*
   Only **personas** can be used with specific numbers.

Hay muchas personas que no saben leer.	There are many people who don't know how to read.
Caben setenta personas en ese café.	That café holds seventy people.

◆ **gentes**   *people* (as a group, but with some implication of their individual identities within the whole)
   Gentes is not used as frequently as **gente** or **personas**.

Las gentes se arremolinaban fuera del palacio.	The people were milling outside the palace.

◆ **pueblo**   *the people, the masses; a people, a race, a nation*

Los pueblos de Asia.	The peoples of Asia.
El pueblo no lo consentiría nunca.	The people would never consent to it.

◆ público   *the people, the public*

Está tratando de engañar al público.	He is trying to deceive the public (people).
Eso no se debe hacer en público.	That shouldn't be done in public.

89. (a) *plan* (n.)

◆ plan (m.)   *a plan, scheme*

Se me ocurre un plan maravilloso.	I've just thought of a great plan.

◆ plano   *plan, sketch, diagram* (of a house, etc.)

¿Nos deja ver el plano de la casa?	Will you let us see the plan of the house?

(b) *(to) plan*

◆ planear   *to plan, make plans or designs for*

En el futuro planeamos para este sitio un nuevo sanatario.	In the future we're planning a new sanitarium on this site.

◆ pensar (+ infinitive)   *to plan* (to do something), *intend*

¿Adónde piensas ir este verano?	Where are you planning to go this summer?

90. *(to) play*

◆ jugar   *to play* (a game, sport, etc.)

jugar a las cartas	to play cards
jugar al tenis	to play tennis

◆ tocar   *to play* (an instrument)

¿Sabe Ud. tocar el violín?	Do you know how to play the violin?

91. *position*

◆ posición   *physical position; relative position* (social, business, etc.) *stature, status; condition*

La posición del satélite indica que muy pronto va a agotarse.	The position of the satellite indicates that it will expend itself very soon.
Quiso mejorar su posición social, pero sólo se creó enemigos.	He tried to improve his social position, but he only made enemies.
Estamos en una posición poco envidiable.	We are in an unenviable position.

◆ puesto, cargo   *a position, post, situation, job*

Van a ofrecerle un puesto (cargo) importantísimo.	They are going to offer him a very important position.

92. *(to) put*

◆ **poner** *to put or place* (in almost all senses)

Puso una moneda en el mostrador.	He put a coin on the counter.

◆ **ponerse** *to put on* (an article of clothing, etc.)

Se puso el sombrero y salió sin más ni más.	He put on his hat and left without further ado.

◆ **meter** *to put within or inside of*

Se metió la mano en el bolsillo y sacó la cartera.	He put his hand in his pocket and took out his wallet.

◆ **colocar** *to put; to place; to arrange* (in a specific order, position, or location)

Colocó la vasija de modo que todos pudieran verla al entrar.	She placed the vase in such a way that everyone could see it upon entering.

93. *quality*

◆ **cualidad** *a quality* (of character, etc.)

Tiene muchas buenas cualidades.	He has many good qualities.

◆ **calidad** *quality* (of merchandise, etc.)

Esta tela es de la mejor calidad.	This cloth is of the finest quality.

The plural **calidades** may be used synonymously with **cualidades** in referring to moral traits, etc.

94. *question*

◆ **pregunta** *a question, an inquiry*

Me hizo muchas preguntas personales que no quise contestar.	He asked me many personal questions that I refused to answer.

◆ **cuestión** *a question, an issue, a matter*

La cuestión que tenemos que decidir es si es culpable o inocente el acusado.	The question (issue) that we must decide is whether the accused is guilty or innocent.

◆ **tratarse de** *to be a question or matter of, to concern*

Se trata del derecho de los estudiantes a protestar.	It is a question of (concerns) the students' right to protest.

95. *quiet*

◆ **callado** *quiet, silent, hushed, not speaking; laconic* (with **ser**)

¿Quién puede quedarse callado al oír tantos disparates?	Who can remain quiet when he hears so much nonsense?

◆ quieto   *quiet, unmoving, still*

Todo estaba quieto, como si el mundo   Everything was quiet, as if the world
   hubiera dejado de respirar.   had stopped breathing.

◆ sereno, tranquilo   *quiet, peaceful, serene*

Era una noche serena (tranquila), llena   It was a quiet night, filled with peace
   de paz y de amor.   and love.

◆ poco hablador   *quiet, laconic, reserved, unaccustomed to talking much*

Mi hermano es muy poco hablador   My brother is quiet (doesn't talk much)
   (muy callado), pero es   but he's very intelligent.
   inteligentísimo.

◆ bajo   *quiet, soft, not loud*

Hablen en voz más baja, por favor.   Speak more quietly, please.

96. *(to) raise*

◆ levantar   *to lift up, pick up*

Levanten la mano derecha.   Raise your right hands.
La levantó en sus brazos.   He picked her up in his arms.

◆ subir   *to raise, carry, bring or take up ; to raise* (price, quality, etc.)

Tengo que subir un poco esta falda.   I have to raise this skirt a little. It's very
   Me queda muy larga.   long on me.
¿Me hace el favor de subir la celosía?   Will you please raise the blind?
Ése siempre sube los precios.   That fellow always raises his prices.

◆ criar   *to raise* (a baby or child) ; *to raise animals*

Lo crió desde niño y ahora no la   She raised him from a child and now he
   reconoce siquiera.   doesn't even recognize her.
Criamos ovejas y cabras.   We raise sheep and goats.

◆ educar   *to raise, bring up, educate* (in courtesy, etc.), *rear*

Ese niño está muy mal educado.   That boy is very badly raised.

◆ cultivar   *to raise* (crops)

Por aquí cultivan trigo y maíz.   Here they raise wheat and corn.

97. *rather*

◆ algo   *rather, somewhat, a bit*

Creo que el examen será algo difícil   I think the exam will be rather difficult
   para ellos.   for them.

◆ bastante   *rather, quite, considerable, considerably*

Hace bastante calor en junio.   It is rather (quite) warm in June.

◆ **más bien** *rather, instead*

Yo diría más bien la evolución, no la revolución tecnológica.	I would say rather (instead) the technological evolution, not revolution.

◆ **antes que** *rather than*

Decidieron morir luchando antes que rendirse.	They decided to die fighting rather than surrender.

◆ **preferir, gustarle más a uno** *prefer, would rather*

Preferiría (Me gustaría más) arriesgarme con ellos que esperarlos en casa.	I would rather take a chance with them than wait for them at home.

Antes... que may also be used in this case.

Antes que esperarlos en casa me
arriesgaría con ellos.

98. *(to) reach*

◆ **llegar a** *to reach, arrive at* (a certain point or destination)

Llegamos a Córdoba por la mañana.	We reached Cordoba in the morning.

◆ **alcanzar** *to attain : to reach for ; to catch up with*

Salieron temprano, pero los alcanzaremos para el mediodía.	They left early, but we'll reach them by noon.
Ha alcanzado un nuevo nivel de perfección.	He has reached a new level of perfection.
¿Me puedes alcanzar aquella cajita ?	Can you reach that little box for me ?

99. *(to) realize*

◆ **realizar** *to realize, make real, fulfill, put into effect*

Nadie puede realizar todos sus sueños.	Nobody can realize all his dreams.

◆ **darse cuenta de** *to realize* (a fact, etc.) ; *to become aware of ; to take into account*

No se daba cuenta de las consecuencias de su conducta.	He didn't realize the consequences of his behavior.

100. *(to) refuse*

◆ **negarse a** *to refuse to do something*

Se negó a hincarse de rodillas ante el rey.	He refused to kneel before the king.

◆ **no querer** (pret.) *to refuse ; to be unwilling to do something*

No quiso ir con nosotros.	He refused (didn't want) to go with us.

◆ **rechazar** *to refuse* (an offer, a suitor, etc.)

No debes rechazar una oportunidad como ésa.

You shouldn't refuse an opportunity like that.

◆ **rehusar** *to refuse* (something) ; *to refuse to do* (something)

Rehusó la oferta.
Se lo pidieron, pero rehusó.

He refused the offer.
They asked him, but he refused.

101. *(to) remain*

◆ **quedar** *to remain* (in a certain state or condition) ; *to be remaining or left over*

Quedó pasmado por la noticia.
Quedan unos cuantos libros de poesía.

He remained shocked by the news.
A few books of poetry remain (are left).

◆ **quedarse** *to remain, stay on or behind*

Se quedó todo el día en la cama.
¿Cuánto tiempo te quedarás allí?

He stayed (remained) in bed all day.
How long will you remain there?

102. *respect*

◆ **respeto** *respect, deference, admiration*

Lo tratábamos siempre con el mayor respeto.

We always treated him with the greatest respect.

◆ **respecto** *respect, aspect, sense*

A este respecto, es un perfecto ignorante.

In this respect, he is a total ignoramus.

◆ **respecto a** *with respect to, concerning*

No sé nada respecto a su decisión final.

I don't know anything with respect to his final decision.

103. *rest*

◆ **el resto, lo demás** *the rest, remainder, balance, what is left over* (applied to objects, ideas, etc., rather than to persons)

El resto (Lo demás) será para Uds., si quieren.

The rest will be for you, if you wish.

> Note, however : **los restos** *(the [mortal] remains)*

◆ **los demás** *the rest, the others* (both persons and things)

Los demás han quedado en volver mañana.

The others (the rest) have agreed to return tomorrow.

◆ **descanso** *rest, respite from fatigue*

Lo que necesitas más que nada es descanso.

What you need more than anything else is rest.

104. *(to) return*

◆ volver   *to return, come back*

¿Cuándo piensan volver sus padres?   When do your parents intend to return?

◆ devolver   *to return* (something)

¡Ay de mí! Se me olvidó devolverle el   Oh my! I forgot to return the money he
dinero que me prestó.   lent me.

105. *right*

◆ el derecho   *right* (lawful, moral), *privilege*

Tengo el derecho de hacer lo que me   I have the right to do anything I feel
dé la gana.   like doing.

    Note:
El derecho also means *law*.

◆ (el) bien, lo bueno   *(what is) right*

Hay gente que no sabe distinguir   There are people who can't distinguish
entre (el) bien y (el) mal (lo bueno   between right and wrong.
y lo malo).

◆ derecho (adj.)   *right* (direction); (adv.)   *right, straight (to)*

a la derecha   on the right
el pie derecho   the right foot
Se fue derecho al alcalde.   He went right to the mayor.

◆ recto (adj.)   *right* (angle); *right* (as opposed to evil)

Tracemos un ángulo recto.   Let's draw a right angle.
Hay que seguir el camino recto.   One must follow the right (good) road.

◆ tener razón   *to be right* (to have reason or logic on one's side)
    Note: This idiom applies only to persons.

Tu papá tiene razón.   Your father is right.

◆ ser justo, estar bien   *to be right, just, fair* (referring to actions, statements, etc.)
Eso no es justo.   That isn't right.
Eso no está bien.

No está bien lo que hizo.   What he did isn't right.

◆ ser correcto   *to be right, correct* (as a calculation, answer, piece of information,
etc.); *to be correct, proper*

Su respuesta no es correcta (no está   Your answer is not right.
bien).
No es correcto comer con las manos.   It is not right (correct, proper) to eat
     with one's hands.

106. *same*

Mismo and **igual** are synonymous when they mean *just like*. Only **mismo** may be used to mean *one and the same*.

Yo tengo los mismos aretes.	I have the same earrings.
Yo tengo unos aretes iguales.	
Tienen la misma cantidad (igual cantidad) que nosotros.	They have the same (equal) quantity as we.
Vive todavía en la misma casa.	He still lives in the same house.
¿El mismo profesor enseña las dos materias?	The same professor teaches both subjects?

107. *(to) save*

◆ salvar   *to save, rescue*

Le salvaron la vida, pero no se mostró nada agradecido.	They saved his life, but he didn't act at all grateful.

◆ ahorrar   *to save* (money, time, trouble, etc.) ; *to hoard*

Ahorra todo su dinero como si pudiera gastarlo allá en el otro mundo.	He saves all his money as if he could spend it in the other world.
A ver si puedo ahorrarte la molestia.	Let's see whether I can save you the trouble.

108. *season*

◆ estación   *season of the year*

La estación del año que me gusta más es el verano.	The season of the year that I like best is summer.

◆ temporada   *season* (period of time in which certain events, etc., take place)

La temporada de las carreras coincide con nuestras vacaciones este año.	The racing season coincides with our vacation this year.

◆ sazón   *season, point of maturity*

Los melones no están en sazón ahora.	Melons aren't in season now.

109. *set*

◆ juego   *a set* (of furniture, tools, etc.)

Juego usually refers to a set of physical, though nonmechanical objects, often of household or personal use, and comprehends most groups of objects that have a joint function.

¡Liquidación! Juegos de cocina. Juegos de salón.	Sale! Kitchen sets. Living room sets.

un juego de botones   a set of buttons

◆ aparato *a mechanical or electrical set* (television, air conditioning, etc.)

El aparato no funciona.   The set isn't working.

    However, specific words have come into use for most appliances: **televisor**
televisión *television set.*

◆ servicio *a set* (of dishes or tableware)

Buscamos un nuevo servicio de   We are looking for a new set of china.
  porcelana.

◆ colección *a set* (of books)

una colección de las obras de Dickens   a set of Dickens' works

◆ terno *a set* (often of three objects, such as jewelry, clothes, etc.)

Me regaló un terno de aretes, pulsera y   He gave me a set of pearl earrings,
  collar de perlas.   bracelet, and necklace.

110. *short*

◆ bajo *short* (in height)

Es un hombre bajo pero fuerte.   He is a short, but powerful man.

◆ corto *short* (in length)

Esas cortinas quedan un poco cortas.   Those curtains are a little short.
Vive a corta (poca) distancia de aquí.   He lives a short distance from here.

◆ breve *short, brief, succinct*

Nos escribió una carta muy breve (or   He wrote us a very short letter.
  corta).
Estuvo muy breve aquella noche.   He was very short (brief) that night.

111. *(to) sign*

◆ señal *a sign, distinguishing mark, marker* (not in writing); *an indication; a*
signal

Cuando llegue a la cima, deje una   When you get to the top, leave a sign
  señal en una piedra.   on a rock.
Te lo doy en señal de nuestra amistad.   I am giving it to you as a sign of our
            friendship.
Hizo la señal de la cruz.   He made the sign of the cross.

◆ muestra, indicio *a sign, an indication, evidence*

¿Qué muestra puede darnos de su   What sign (evidence) can he give us of
  lealtad?   his loyalty?
Esto es un indicio de su gran   This is an indication (a sign) of his great
  conocimiento del campo.   knowledge of the field.

◆ **seña** *a sign, indication; a signal; a distinguishing mark or characteristic* (often of a person)

Daba señas de gran impaciencia.	He gave signs of great impatience.
Descríbalo. ¿Qué señas tenía?	Describe him. What did he look like? (What distinguishing signs did he have?)
Le hacía señas desde lejos.	He would make signs to him from afar.

◆ **signo** *a sign; signal; an indication; a mathematical sign*

el signo ×	the sign ×

◆ **letrero** *a written or printed sign*

El letrero rezaba:	The sign said:
Está prohibido fumar.	Smoking forbidden.

◆ **huella** *a sign, trace, vestige, clue*

Desapareció sin dejar huella.	He disappeared without leaving a sign.

◆ **firmar** *to sign*

Firmó el documento.	He signed the document.

112. *since*

◆ **desde** (prep.) *since* (a certain time)

Estamos casados desde abril.	We've been married since April.

◆ **desde que** (conj.). *since* (a certain time) (+ clause)

Desde que vive en la ciudad, no conoce a sus parientes.	Since he has been living in the city, he doesn't know his relatives any more.

◆ **ya que** (conj.) *since, now that*

Ya que estás aquí, ¿por qué no te quedas toda la semana?	Since (now that) you're here, why don't you stay the whole week?

◆ **puesto que** (conj.) *since, because* (**pues** is used synonymously)

No quiere salir del pueblo, puesto que su familia vive allí.	He doesn't want to leave the town, since his family lives there.

113. *(to) sleep*

◆ **dormir** *to sleep*

No puedo dormir cuando hace calor.	I can't sleep when it is hot out.

◆ **estar dormido** *to be sleeping or asleep*

¿Puedo hablar con María?	May I speak to Mary?
—Ahora no. Está dormida.	—Not now. She is sleeping (or asleep).

◆ **dormirse** *to fall asleep; to go to sleep*

Duérmete, mi nene.	Go to sleep (fall asleep), my baby.

◆ **acostarse** *to go to bed; to lie down; to go to sleep* (but **not** *to fall asleep*)

Me acosté a las diez pero no me dormí hasta las once y media.	I went to bed at ten, but I didn't fall asleep until half-past eleven.

◆ **tener sueño** *to be sleepy*

¿Qué tienes? —Nada. Tengo sueño.	What's the matter with you? —Nothing I'm sleepy.

114. *smooth*

◆ **suave** *smooth, soft* (to the touch, ear, etc.); *gentle, suave*

Es una tela muy suave.	It's a very smooth (soft) fabric.
Tiene una voz tan suave que da gusto oírle hablar.	He has such a smooth (gentle) voice that it's a pleasure to hear him speak.

◆ **liso** *smooth and shiny* (as of a hard surface)

El suelo era tan liso que nos deslizábamos al bailar.	The floor was so smooth that we slid as we danced.
Tiene el pelo muy liso.	She has very smooth (and straight) hair.

◆ **plano** *smooth, flat, level*

Hace falta una superficie más plana.	We need a smoother (more level) surface.

115. *so*

◆ **tan** *so* (tired, tall, busy, slow, quickly, etc.)

Tan always modifies an adjective or an adverb, but never modifies **mucho**.

Estamos tan cansados hoy.	We are so tired today.
Se enoja tan rápidamente que me da miedo.	He gets angry so quickly that it frightens me.

◆ **tanto** *so much;* (pl.) *so many*

Riñen tanto con sus vecinos.	They quarrel so much with their neighbors.
Tengo tantos problemas.	I have so many problems.

◆ **así** *so, thus, in this way; so, true*

El patrón quiere que lo hagas así.	The boss wants you to do it so (in this way).
Dime, ¿es así?	Tell me, is it so?

Así is also used in the colloquial expression **así, así** (*so-so*).

◆ **de modo que** *so (that), and so..., so you say that...*

Note: **De modo que** always introduces a clause; it may also mean *in order that*.

¿De modo que te despidió sin más ni más?	So he fired you just like that?
Se arañó la cara de modo que (para que) todos le tuvieran lástima.	He scratched his face so that everyone would feel sorry for him.

De manera que, which is synonymous with **de modo que,** is used somewhat less frequently.

◆ **para que**   *so that, in order that* (always indicates purpose)

Lo colocó en el estante más alto para que (de modo que) nadie pudiera tocarlo.	He placed it on the highest shelf so that nobody could touch it.

A fin de que may be used with the same meaning, but is less common than **para que.**

◆ **en fin, conque, así que**   *so, well, to sum up*

En fin (Conque, Así que) todo queda resuelto, ¿no?	So everything is settled, isn't it?
En fin, ¿qué me cuentas?	So what do you say?

116. *some*

OMISSION OF THE ARTICLE: Spanish indicates the partitive idea *some, any,* by omitting the article.

¿Quieres café?	Do you want (some) coffee?
No tengo fósforos.	I don't have any matches.

◆ **unos**   *some, a few, several; some, approximately*

Me dio unas (o algunas) ideas muy buenas.	He gave me some very good ideas.
La compañía tiene unos dos mil quinientos empleados.	The company has some 2500 employees.

◆ **algunos**   *some, several, a few*

Algunos, although an indefinite, has a slightly stronger numerical connotation than **unos.** It does not have the meaning *approximately.*

Conocí a algunos amigos tuyos ayer.	I met some (a few) friends of yours yesterday.

◆ **unos cuantos, unos pocos**   *some, a few, a couple of*

¿Te quedan muchos? —Unos cuantos, nada más.	Do you have many left? —Just a few (some).

117. *(to) spend*

◆ **gastar**   *to spend* (money, effort, etc.)

Gastó todo su dinero el primer día de la feria.	He spent all his money the first day of the fair.

◆ **pasar**   *to spend* (time)

Pasamos el verano en el Canadá.	We spent the summer in Canada.

118. *sport*

◆ **deporte** (m.) *an athletic sport*

¿Qué deporte le gusta más?   Which sport do you like best?

◆ **juego, broma** *sport, playfulness, jest*

Lo dijo en broma.   He said it in sport.

◆ **sport** (adj.) *sport* (shirt, etc). The English word is very frequent in this sense.

una camisa sport   a sport shirt

119. *step*

◆ **paso** *a step* (in a certain direction) ; *also used figuratively*

Dio tres pasos hacia adelante y se   He took three steps forward and
   paró.   stopped.
Eso sería un paso definitivo.   That would be a definitive step.

◆ **medida** *a step, measure, act*

Tendrán que tomar unas medidas   They will have to take some stronger
   más fuertes.   steps (measures).

◆ **escalón** (m.), **peldaño** *step* (of a stairway)

Se cayó en el segundo peldaño   He fell on the second step.
   (escalón).

120. *still*

◆ **todavía, aún** (adv.) *still ; yet, as yet*

Todavía (Aún) vive con sus padres.   He is still living with his parents.
No ha hablado todavía (aún) el rector.   The president hasn't spoken yet.
¿Existe aún (todavía) la catedral?   Does the cathedral still exist?

     Notice that **aun** without a written accent usually means *even*.

Aun yo lo sé.   Even I know it.

◆ **callado** (adj.) *still, quiet, not speaking*

Permaneció callado durante toda la   He remained still during the whole
   discusión.   discussion.

◆ **quieto, sereno, tranquilo** *still, not moving, tranquil*

Las aguas quietas (serenas) pueden   Still waters may be deep.
   ser profundas.

121. *(to) stop*

◆ **detener** *to stop* (something) ; *to bring to a halt*

Detuvo el tren al último momento.   He stopped the train at the last moment.

◆ **detenerse**   *to stop* (amidst an action), *come to a stop*
    Note that the implication here is one of an action that has been halted temporarily and will be resumed.

Se detuvo en el umbral.   He stopped on the threshold.

◆ **parar(se)**   *to stop ; to come to a rest*
    Note that **parar** is both transitive and intransitive : to stop (something) ; to come to a stop ; to stop (at a hotel).

Se ha parado el trabajo en todas las   Work has stopped in all factories.
  fábricas.
Paramos en el Hotel Caribe.   We stopped at the Hotel Caribe.

◆ **dejar de**   *to stop* (doing something) ; in the negative, it also means *to fail to*

Deja de preocuparte.   Stop worrying.
No deje de telefonearle.   Don't fail to phone him.

122. *straight*

◆ **recto**   *straight* (as a line, posture, etc.)

Una línea recta es la distancia más   A straight line is the shortest distance
  corta entre dos puntos.   between two points.
Siempre se tenía recto.   He always stood (held himself) straight.

◆ **derecho**   *straight to, right to ; straight ahead*

Dijo que iría derecho a la policía.   He said he'd go straight to the police.
Siga derecho hasta llegar al semáforo.   Go straight until you get to the traffic
                                                   light.

◆ **liso**   *straight and smooth* (as hair, a board, etc.)

Me gusta más el pelo liso que el   I like straight hair better than curly.
  rizado.

123. *strange*

◆ **extraño**   *strange, unusual, curious*

Me dirigió una mirada extraña.   He gave me a strange look.

◆ **extranjero**   *strange, foreign*

¡Cuánto me interesaría viajar a países   How I'd like to travel to strange
  extranjeros!   (foreign) lands!

◆ **desconocido**   *strange, unknown*

Se nos acercó un desconocido.   A strange man approached us.
Van a explorar tierras desconocidas.   They are going to explore strange
                                                   (unknown) lands.

124. *(to) succeed*

◆ **tener éxito** *to be successful, succeed* (in business, in a project, etc.)

Ha tenido tanto éxito en el extranjero que no piensa volver a América.	He has been so successful abroad that he doesn't intend to return to America.
El plan tendrá éxito, sin duda alguna.	The plan will succeed, without any doubt.

◆ **lograr** *to succeed* (in doing something) ; *to accomplish, achieve, fulfill*

Logró escalar la pared.	He succeeded in scaling the wall.
Siempre logran todos sus propósitos.	They always accomplish all their ends.

◆ **suceder** *to succeed* (in order), *follow in succession*

Los Borbones sucedieron a los Hapsburgos.	The Bourbons succeeded the Hapsburgs.

125. *such*

◆ **tal** (adj.) *such a ;* **tales** (pl.) *such*
   Tal is normally used *only* to modify a noun.

Tal libro (Un libro tal) debe ser prohibido.	Such a book should be prohibited.
En tales circunstancias, yo habría hecho lo mismo.	In such circumstances, I would have done the same.

◆ **tan** (adv.) *such a* (used before an adjective)

Es un hombre tan cosmopolita.	He is such a sophisticated man.
Acabo de leer un cuento tan divertido.	I have just read such a funny story.

126. *suggestion*

◆ **sugerencia** *a suggestion, recommendation*

Aquí tiene Ud. una sugerencia interesantísima.	Here is a very interesting suggestion.

◆ **sugestión** (the power of) *suggestion*

La hipnosis obra por medio de la sugestión.	Hypnosis works by means of suggestion.

127. *(to) support*

◆ **sostener** *to support* (a family, etc.) ; *to support, sustain* (a theory, etc.) ; *to support* (in a physical sense)

No puedo sostener a mi familia con tan poco dinero.	I can't support my family with so little money.
Esto sostiene mi teoría.	This supports my theory.
Aquellas vigas sostienen el techo.	Those beams support the roof.

◆ **mantener** *to support* (a family, etc.) ; *to maintain*

Mantiene además a sus padres.	He also supports his parents.

◆ **soportar** *to support* (as a column) *; to tolerate, endure, put up with, stand*

Aquellos débiles palitos no podrán soportar tanto peso.	Those weak little sticks will not be able to support so much weight.
No puede soportar a su mujer.	He can't stand his wife.

128.(a) *(to) take*

◆ **llevar** *to take* (a person) *; to carry from one place to another*

Te llevaré al museo mañana.	I'll take you to the museum tomorrow.

◆ **tomar** *to take, seize, grasp; to take* (food or drink)

Tomó la carta y la hizo trizas.	He took the letter and tore it to bits.
¿Qué toma Ud. —café o té?	What do you take—coffee or tea?

◆ **dar un paso** *to take a step*

El nene acaba de dar su primer paso.	The baby has just taken his first step.

◆ **dar un paseo (o una vuelta), pasearse** *to take a walk*

Demos un paseo esta tarde.	Let's take a walk this afternoon.

◆ **hacer un viaje** *to take a trip*

Hicimos un viaje al Oriente el año pasado.	We took a trip to the Orient last year.

◆ **tener lugar** *to take place*

La reunión tendrá lugar a las tres.	The meeting will take place at three o'clock.

◆ **tardar (en)** *to take long (to) ; to be long; to take* (a certain length of time)

No tardes en volver.	Don't take long to return.
El viaje tarda dos horas.	The trip takes two hours.

(b) *(to) take away*

◆ **quitar** *to take away or off; to remove from* (someone or something)

Me quitó un gran peso del alma.	It took a great burden off my heart (away from me).
No les quiten Uds. lo poco que les queda.	Don't take away from them the little they have left.

◆ **llevarse** *to take away with one ; to make off with*

Se llevó el anillo de oro.	He took the gold ring (away with him).

129. *then*

◆ **entonces** *then, at that time ; then, so*

Vivíamos entonces en la Calle de la Independencia.	We were living then on Independence Street.
Entonces nos vemos mañana, ¿verdad?	Then we'll meet tomorrow, right?

◆ luego   *then, next*

Pensamos pasar la tarde con los
 niños; luego, iremos al cine.

We intend to spend the afternoon with
 the children; then we'll go to the
 movies.

◆ después   *then, next, afterwards, later*

¿Y qué hiciste después?

And what did you do then?

◆ en aquel entonces   *then, in those days, in that period, back then*

En aquel entonces no había
 automóviles.

Then there were no automobiles.

◆ pues bien   *well then* (no implication of time)

Pues bien, si ya se han decidido Uds...

Well then, if you have already decided...

130.(a) *there*

◆ ahí   *there* (near you)
    Ahí corresponds somewhat to the demonstrative **ese** (*that*).

Ahí está.

There it is.

◆ allí   (over) *there*
    Allí corresponds roughly to **aquel**.

Viven allí desde hace muchos años.

They have been living there for many
 years.

◆ allá   (toward) *there; yonder, far off*
    Allá is used primarily with verbs of motion, or to indicate remoteness in either
 time or space.

Se fue para allá.

He headed off yonder.

Se ha establecido un nuevo pueblecito
 allá en el bosque.

A new town has been established way
 off there in the forest.

(b) *there is, are*

◆ hay   *there is (are), there exist(s)*
    Hay makes *no* reference to location.

Hay mucho que ver en todas partes.

There is a great deal to see everywhere.

◆ allí está, ahí está   *there is* (located)

Allí está nuestra casa.

There is our house.

◆ allí es   *there is the place* (where)

Allí es donde trabajo.

There is where I work.

131. *(to) think*

◆ creer   *to think, believe*
    Note: un creyente   *a believer*

Creo que va a llover.

I think it is going to rain.

◆ **pensar**   *to think, meditate, use reasoning processes*

Hay que pensar antes de hacer cualquier cosa.	One must think before doing anything.

◆ **pensar en**   *to think about, occupy one's thoughts with*

Paso todo el día pensando en ti.	I spend the whole day thinking of you.

◆ **pensar de**   *to think of, have an opinion of*

¿Qué piensa Ud. de mi suegra?	What do you think of my mother-in-law?

◆ **pensar** (+ infinitive)   *to think of* (doing something), *intend to, plan to*

Pensamos ir a Caracas el año que viene.	We plan to go (are thinking of going) to Caracas next year.

132. *(to) throw*

◆ **echar**   *to throw* (without special effort or strength); *to throw out, expel* (often a person)

Échalo en la cesta, ¿está bien?	Throw it in the basket, all right?
Lo echaron de casa por haberlos avergonzado.	They threw him out for having shamed them.

◆ **arrojar, lanzar, tirar**   *to throw* (with strength, violence, or for distance)
  Note: el lanzador   *pitcher (baseball)*

Lo arrojaron (tiraron, etc.) por la ventana.	They threw it out of the window.

◆ **botar**   *to throw out*, *expel forcibly* (often an object)

Ya no sirve para nada. Botémoslo.	It's worthless now. Let's throw it out.

133. *time*

◆ **tiempo**   *a period of time; duration of time; time* (as an abstraction)

El tiempo vuela.	Time flies.
¿Tienes tiempo ahora?	Do you have time now?
No voy a quedarme mucho tiempo allí.	I won't stay there long.

◆ **hora**   *time of day, hour; the proper or appointed time*

¿Qué hora es?	What time is it?
Es hora de comer.	It's time to eat.

◆ **vez**   (a single) *time, an instance*

Me llamó dos veces ayer.	He called me twice (two times) yesterday.
Lo hemos leído muchas veces.	We have read it many times.

◆ **ocasión** (f.)   *time, occasion, opportunity*

Habrá otra ocasión.	There will be another time.

◆ **divertirse**   *to have a good time*

Nos divertíamos mucho con ellos.	We used to have a very good time with them.

134. *too*

◆ **también**   *too, also*

Yo le vi también.	I saw him too.

◆ **demasiado**   *too* (followed by an adjective or adverb) ; *too much ;*
  demasiados(as) (pl.)   *too many*

Es demasiado alto.	He is too tall.
Ella fuma demasiado.	She smokes too much.
Tenemos demasiadas deudas.	We have too many debts.

135. *(to) try*

◆ **tratar de, intentar, procurar** (+ infinitive)   *to try to, attempt*

Trataré de acabar a tiempo.	I'll try to finish on time.
Intentó (Procuró) fugarse, pero lo cogieron.	He tried to escape, but they caught him.

◆ **ensayar**   *to try out ; to rehearse ; to try, test*

Mañana ensayan la comedia nueva.	Tomorrow they're trying out (rehearsing) the new play.
Ensayemos la máquina, a ver cómo funciona.	Let's try the machine and see how it works.

◆ **probar**   *to try out, test ; to try on* (clothes, etc.)

Pruebe la puerta. Tal vez esté abierta.	Try the door. Maybe it's open.
¿No te lo vas a probar?	Aren't you going to try it on?

The preterite of **querer** (+ infinitive) also means *tried to,* but the emphasis falls more on the intention than on the attempt.

Quise llamarte, pero la línea estaba ocupada.	I tried to call you, but the line was busy.

136. *(to) turn*

◆ **volver**   *to turn* (a page, one's back, the other cheek, etc.) ; *to turn over ; to turn upside down*

No me vuelvas la espalda cuando te hablo.	Don't turn your back on me when I talk to you.
Ahora vuélvalo al otro lado.	Now turn it over on the other side.

◆ **volverse**   *to turn (oneself) around*

Oyó el silbido y se volvió en el acto.	He heard the whistle and turned around immediately.

◆ **doblar** *to turn* (a corner)

No debes doblar la esquina tan aprisa.   You shouldn't turn the corner so fast.

◆ **dar vuelta** (or **doblar**) **a la derecha** (**a la izquierda**)   *to turn right (left)*

Cuando llegues a la esquina, da   When you get to the corner, turn right.
vuelta a la derecha.

◆ **apagar** *to turn out* (a light, a radio, etc.)

Apagan las luces a la medianoche.   They turn out the lights at midnight.

◆ **poner** *to turn on* (a radio, television set or other apparatus)

¿Se puede poner la radio?   May I turn on the radio?

◆ **rechazar** *to turn down, reject* (an offer, a suitor, etc.)

Lo rechazó sin pensarlo siquiera.   He turned it down without even thinking
it over.

137. *under*

◆ **debajo de** *under, below, underneath*

Hay ríos que corren debajo de la   There are rivers that run under the
tierra.   ground.

◆ **bajo** *under, below, located in a lower position; under* (in a figurative sense)

Estaban sentados bajo el árbol.   They were sitting under the tree.
El pueblo adelantó mucho bajo la   The people advanced a great deal under
dominación islámica.   the Islamic domination.

138. *(to) understand*

◆ **comprender** *to understand* (the surface meaning, a word, phrase, a language,
etc.)

¿Comprendes italiano?   Do you understand Italian?
Muy bien. Te comprendo.   All right. I understand you (what you're
saying).

◆ **entender** *to understand* (a language, etc., as **comprender**); *to understand the
surface meaning and the reason behind it; to be given to understand*

Ya te entiendo perfectamente.   I understand you perfectly (and why
you're doing it.).
Entiendo que no va a ser candidato en   I (am given to) understand that he
noviembre.   won't be a candidate in November.

139. *until*

◆ **hasta** (prep.)   *until* (time); *until, up to a certain place* (used before an infinitive,
a noun, or a number)

Esperemos hasta las tres.   Let's wait until three o'clock.
Le acompañarán hasta la próxima   They will accompany him until (up to)
estación.   the next station.

◆ **hasta que** (conj.)   *until* (must introduce a clause)

Siga Ud. caminando hasta que llegue a la plaza mayor.	Keep walking until you reach the central square.

140. *(to be) used to*

◆ **soler**   *to be used or accustomed to* (doing something); *to do habitually*
Soler is used only in the present and imperfect tenses.

Suelo visitarla todos los domingos.	I usually go to visit her every Sunday.
Solían cenar a las diez.	They used to eat at ten.

The imperfect of **soler** (+ infinitive) corresponds to the simple imperfect (**Cenaban a las diez**), but emphasizes a bit more the habitual nature of the action.

◆ **acostumbrarse a**   *to get used to*

No me puedo acostumbrar al calor.	I can't get used to the heat.
Me he acostumbrado a su mirar.	I've grown accustomed to her face (look).

◆ **estar acostumbrado a**   *to be used to, inured to, trained to*

Ya están acostumbrados a levantarse a las seis.	They're now used to getting up at six.

141. *(to) want*

◆ **querer**   *to want* (something or to do something); *to wish, will;* negative: *to refuse*

Quiero llevarla conmigo.	I want to take her with me.
Quiere que le llamemos en seguida.	He wants us to call him immediately.
Dice que quiere más dinero.	He says he wants more money.
No quieren aceptarlo.	They don't want (wish) to accept it. (They refuse to, will not.)

◆ **desear**   *to want, desire, wish*
Desear is used much less frequently than **querer**. It is somewhat more literary, rhetorical, or impassioned.

Deseamos paz y prosperidad para todos.	We want peace and prosperity for all.
Les deseo un feliz año nuevo.	I wish you (desire for you) a happy new year.
La desea por su esposa.	He desires (wants) her for his wife.

142. *warm*

◆ **caliente, calientito**   *warm, warmish*

Tómese un baño caliente (calientito).	Take a nice warm bath.

◆ **templado**   *warm, temperate* (climate)

Prefieren vivir en un clima más templado.	They prefer to live in a warmer (but not hot) climate.

◆ afectuoso, cariñoso, caluroso *warm, affectionate*

Me dio un abrazo cariñoso (afectuoso).   He gave me a warm embrace.

◆ encarecido, expresivo *warm, heartfelt* (thanks, wishes)

Les ruego aceptar mis más encarecidas   I beg you to accept my warmest thanks.
  (expresivas) gracias.

◆ abrigado *warm, protected, snug; warm* (as clothing)

Busquemos un rincón bien abrigado.   Let's look for a nice warm corner.
Hoy debes ponerte ropa bien   Today you should put on good warm
  abrigadita.   clothes.

143. *(to) waste*

◆ perder *to waste* (time)

Estoy perdiendo tiempo hablando   I'm wasting time talking to you.
  contigo.

◆ desperdiciar *to squander, waste*

Desperdició toda su herencia.   He wasted his whole inheritance.

◆ echar a perder *to waste, spoil, ruin*

Echa a perder todas las oportuni-   He wastes all the opportunities that are
  dades que se le presentan.   presented to him.

144. *way*

◆ manera, modo *way, manner, method*

Su manera de hablar nos impresionó   His way of speaking impressed us very
  mucho.   much.
Voy a mostrarle un modo más fácil de   I'm going to show you an easier way to
  hacer media.   knit.

◆ cómo *how, the way* (to do something)

¿Quién sabe cómo se hace?   Who knows the way it's done?
No comprendo cómo lo hicieron.   I don't understand the way (how) they
    did it.

◆ así, de este modo, de esta manera *in this way*

Primero, hay que cortarlo así (de esta   First, you must cut it this way.
  manera).
Así se hace mejor.   It is done best in this way. (This is the
    way it is done best.)

◆ camino *way, road*

Este es el camino de la ciudad.   This is the way to the city.
Siga el camino de la virtud.   Follow the way (path) of virtue.

◆ dirección   *way, direction*

¿En qué dirección queda la estación?   Which way is the station?

    ¿Por dónde se va a la estación? may also be used.

◆ camino de or a   *on the way to*

Camino del (al) pueblo, perdieron una llanta.   On the way to the village, they lost a tire.

145. *why*

◆ ¿Por qué?   *Why? What's the reason?*

¿Por qué llama a toda hora?   Why does he call at all hours?

◆ ¿Para qué?   *Why? What for? What good will it do? To what end?*

¿Para qué llorar? Eso no remedia nada.   Why cry? That doesn't help anything.

¿Para qué estudias? —Para ingeniero.   What are you studying for? —To be an engineer.

146. *(to) wish*

◆ desear   *to wish* (success, happiness, etc.) ; *to want, wish* (See **141**)

Os deseo toda felicidad.   I wish you both every happiness.
Desea ir, pero no puede.   He wants (wishes) to go, but he can't.

◆ ¡Ojalá (que)…!   *Oh, how I wish* (+ subjunctive)

¡Ojalá (que) venga pronto!   How I wish he comes soon!
¡Ojalá (que) no lo hubiera dicho!   How I wish he hadn't said it!

147. *work*

◆ obra   *a work* (of art, etc.) ; *a deed* (of charity, creation, etc.)

Las buenas obras perduran siempre.   Good works last forever.

◆ trabajo   *work, labor*

El trabajo descansa el alma, si no el cuerpo.   Work rests the soul, if not the body.

◆ labor   *work, labor, effort* (generally used in a figurative or poetic sense)

una labor de caridad humana   a work (an effort, labor of love) of human charity

148. *worker*

◆ obrero   *factory worker, skilled or semiskilled worker*

Los obreros se han declarado en huelga.   The workers have declared a strike.

◆ **trabajador** *worker* (more general classification that includes most types); *member of the proletariat* (in social reference); *workman, artisan, craftsman*

Sindicato de Trabajadores Metalúrgicos	Union of Metallurgical Workers
¡Trabajadores del mundo…!	Workers of the world…!
Es muy buen trabajador.	He is a very good worker (workman, craftsman).

◆ **jornalero** *day laborer; wage earner, hired hand; proletarian*

No hacen falta jornaleros en el invierno.	There is no lack of workers in the winter.

◆ **labrador** *farm worker; farm hand*

Los labradores sembraban bajo un sol calcinante.	The farm laborers were sowing under a scorching sun.

149. *yet*

Yet has two meanings in English: *still* (which refers to an action or state that is continuing after a certain period of time), and *already*.

◆ **todavía** *still*

Note: **Todavía** translates the English *yet* most frequently in negative sentences:

Todavía tenemos que hallar alguien que pueda llenar el puesto.	We have yet to find someone who can fill the position.
¿Han llegado? —Todavía no.	Have they come? —Not yet (still not).

◆ **ya** *yet* (in the sense of "already")

¿Ya está aquí?	Is he here yet (already)?

◆ **ya no** *no longer, not… any longer, not… any more*

Ya no vive con nosotros.	He doesn't live with us any more. (He no longer lives with us).

◆ **por** *yet to be*

La nueva carretera está por concluir.	The new road is yet to be completed.

150. *younger*

◆ **menor** *younger*

Menor establishes a comparative relationship between two persons, irrespective of their actual age.

El hermano menor tenía sesenta años; el mayor casi ochenta.	The youngest brother was sixty; the eldest, almost eighty.

◆ **más joven** *younger, more youthful* (compares the adjective "young")

Ella es aun más joven que mi mujer.	She is even younger than my wife (both are young).

Verbs

REGULAR VERBS

Infinitive

hablar to speak   comer to eat   vivir to live

Present Participle

hablando speaking   comiendo eating   viviendo living

Past Participle

hablado spoken   comido eaten   vivido lived

SIMPLE TENSES

Indicative mood

Present

I speak, am speaking   *I eat, am eating*   *I live, am living*

hablo	como	vivo
hablas	comes	vives
habla	come	vive
hablamos	comemos	vivimos
habláis	coméis	vivís
hablan	comen	viven

Imperfect

I was speaking,   *I was eating,*   *I was living,*
used to speak   *used to eat*   *used to live*

hablaba	comía	vivía
hablabas	comías	vivías
hablaba	comía	vivía
hablábamos	comíamos	vivíamos
hablabais	comíais	vivíais
hablaban	comían	vivían

Preterite

I spoke, did speak	*I ate, did eat*	*I lived, did live*
hablé	comí	viví
hablaste	comiste	viviste
habló	comió	vivió
hablamos	comimos	vivimos
hablasteis	comisteis	vivisteis
hablaron	comieron	vivieron

Future

I shall (will) speak	*I shall (will) eat*	*I shall (will) live*
hablaré	comeré	viviré
hablarás	comerás	vivirás
hablará	comerá	vivirá
hablaremos	comeremos	viviremos
hablaréis	comeréis	viviréis
hablarán	comerán	vivirán

Conditional

I would speak	*I would eat*	*I would live*
hablaría	comería	viviría
hablarías	comerías	vivirías
hablaría	comería	viriría
hablaríamos	comeríamos	viviríamos
hablaríais	comeríais	vivirías
hablarían	comerían	vivirían

Subjunctive mood

Present

(that) I (may) speak	*(that) I (may) eat*	*(that) I (may) live*
hable	coma	viva
hables	comas	vivas
hable	coma	viva
hablemos	comamos	vivamos
habléis	comáis	viváis
hablen	coman	vivan

Imperfect (-*ra* form)

(that) I might speak	*(that) I might eat*	*(that) I might live*
hablara	comiera	viviera
hablaras	comieras	vivieras
hablara	comiera	viviera
habláramos	comiéramos	viviéramos
hablarais	comierais	vivierais
hablaran	comieran	vivieran

Imperfect (-se form)

(that) I might speak	(that) I might eat	(that) I might live
hablase	comiese	viviese
hablases	comieses	vivieses
hablase	comiese	viviese
hablásemos	comiésemos	viviésemos
hablaseis	comieseis	vivieseis
hablasen	comiesen	viviesen

Imperative mood

speak	eat	live
habla	come	vive
hablad	comed	vivid

COMPOUND TENSES

Perfect Infinitive

to have spoken, eaten, lived
haber hablado, comido, vivido

Perfect Participle

having spoken, eaten, lived
habiendo hablado, comido, vivido

Indicative mood

Present Perfect

I have spoken	I have eaten	I have lived
he hablado	he comido	he vivido
has hablado	has comido	has vivido
ha hablado	ha comido	ha vivido
hemos hablado	hemos comido	hemos vivido
habéis hablado	habéis comido	habéis vivido
han hablado	han comido	han vivido

Pluperfect

I had spoken	I had eaten	I had lived
había hablado	había comido	había vivido
habías hablado	habías comido	habías vivido
había hablado	había comido	había vivido
habíamos hablado	habíamos comido	habíamos vivido
habíais hablado	habíais comido	habíais vivido
habían hablado	habían comido	habían vivido

Future Perfect

I shall have spoken

habré hablado
habrás hablado
habrá hablado
habremos hablado
habréis hablado
habrán hablado

I shall have eaten

habré comido
habrás comido
habrá comido
habremos comido
habréis comido
habrán comido

I shall have lived

habré vivido
habrás vivido
habrá vivido
habremos vivido
habréis vivido
habrán vivido

Conditional Perfect

*I would
have spoken*

habría hablado
habrías hablado
habría hablado
habríamos hablado
habríais hablado
habrían hablado

*I would
have eaten*

habría comido
habrías comido
habría comido
habríamos comido
habríais comido
habrían comido

*I would
have lived*

habría vivido
habrías vivido
habría vivido
habríamos vivido
habríais vivido
habrían vivido

Subjunctive mood

Present Perfect

*(that) I (may) have
spoken*

haya hablado
hayas hablado
haya hablado
hayamos hablado
hayáis hablado
hayan hablado

*(that) I (may) have
eaten*

haya comido
hayas comido
haya comido
hayamos comido
hayáis comido
hayan comido

*(that) I (may) have
lived*

haya vivido
hayas vivido
haya vivido
hayamos vivido
hayáis vivido
hayan vivido

Pluperfect (-*ra* form)

*(that) I might have
spoken*

hubiera hablado
hubieras hablado
hubiera hablado
hubiéramos hablado
hubierais hablado
hubieran hablado

*(that) I might have
eaten*

hubiera comido
hubieras comido
hubiera comido
hubiéramos comido
hubierais comido
hubieran comido

*(that) I might have
lived*

hubiera vivido
hubieras vivido
hubiera vivido
hubiéramos vivido
hubierais vivido
hubieran vivido

Pluperfect (-*se* form)

(that) I might have spoken	(that) I might have eaten	(that) I might have lived
hubiese hablado	hubiese comido	hubiese vivido
hubieses hablado	hubieses comido	hubieses vivido
hubiese hablado	hubiese comido	hubiese vivido
hubiésemos hablado	hubiésemos comido	hubiésemos vivido
hubieseis hablado	hubieseis comido	hubieseis vivido
hubiesen hablado	hubiesen comido	hubiesen vivido

STEM- (RADICAL-) CHANGING VERBS

A radical change means a change in the root (stem) of a verb. Specifically, in Spanish, it refers to a change in the *vowel* of the root.

1. The -*ar* and -*er* radical-changing verbs

Radical-changing verbs that end in -**ar** or -**er** change the stressed vowel **e** to **ie**, the stressed **o** to **ue**.

-**ar** or -**er** radical-changing verbs change *only* in the present indicative and present subjunctive. All other tenses are conjugated regularly. (Recall that the imperative singular is the same as the third person singular of the present indicative.)

Pattern of the present indicative

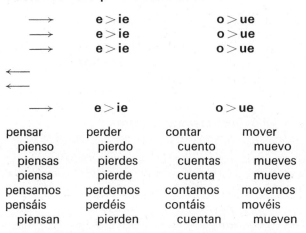

	e > ie	o > ue
⟶	e > ie	o > ue
⟶	e > ie	o > ue
⟶	e > ie	o > ue
⟵		
⟵		
⟶	e > ie	o > ue

	e > ie		o > ue
pensar	perder	contar	mover
pienso	pierdo	cuento	muevo
piensas	pierdes	cuentas	mueves
piensa	pierde	cuenta	mueve
pensamos	perdemos	contamos	movemos
pensáis	perdéis	contáis	movéis
piensan	pierden	cuentan	mueven

The present subjunctive follows exactly the same pattern, except that -**a** endings change to -**e**, -**e** endings to -**a.**

Common verbs of this type

acordarse	empezar	pensar
acostarse	encender	perder
atravesar	encontrar	probar
comenzar	entender	recordar
contar	jugar	mover
costar	llover	sentar(se)
despertar(se)	negar	volver

2. The -ir radical-changing verbs

Radical changing verbs that end in -ir are of two types:

Type I:

Those whose stressed e changes to ie, whose stressed o changes to ue. Common verbs of this type are

advertir	dormir	morir
convertir	mentir	sentir

Type II:

Those whose stressed e changes to i. Common verbs of this type are

concebir	repetir	servir
pedir	seguir	vestir(se)

A. The present indicative of -ir radical-changing verbs

The pattern is exactly the same as that of all other radical changing verbs.

Type I (e > ie, o > ue)   *Type II (e > i)*

sentir	*dormir*	*pedir*
siento	duermo	pido
sientes	duermes	pides
siente	duerme	pide
sentimos	dormimos	pedimos
sentís	dormís	pedís
sienten	duermen	piden

B. The present subjunctive of -ir radical-changing verbs

The pattern of the present indicative is maintained. But a *second* radical change is added. The *unstressed* e of the first and second persons plural becomes i; the unstressed o becomes u:

sienta	duerma	pida
sientas	duermas	pidas
sienta	duerma	pida
sintamos	durmamos	pidamos
sintáis	durmáis	pidáis
sientan	duerman	pidan

C. The preterite of -*ir* radical-changing verbs

In the third person, singular and plural, the unstressed **e** becomes **i**, the unstressed **o** becomes **u** :

sentí	dormí	pedí
sentiste	dormiste	pediste
sintió	durmió	pidió
sentimos	dormimos	pedimos
sentisteis	dormisteis	pedisteis
sintieron	durmieron	pidieron

Remember:

The preterite of -**ar** and -**er** verbs has no radical change.

D. The imperfect subjunctive of -*ir* radical-changing verbs

The **e** > **i**, **o** > **u** change governs the entire imperfect subjunctive.

sintiera (sintiese)	durmiera (iese)	pidiera (iese)
sintieras	durmieras	pidieras
sintiera	durmiera	pidiera
sintiéramos	durmiéramos	pidiéramos
sintierais	durmierais	pidierais
sintieran	durmieran	pidieran

Remember:

The imperfect subjunctive of -**ar** and -**er** verbs has no radical change.

The present participle of -**ir** radical-changing verbs changes the stem vowel **e** > **i**, **o** > **u** : **sintiendo, durmiendo, pidiendo.**

SPELLING-CHANGING VERBS

1. Many verbs undergo a change in spelling in some tenses in order that the sound of the final consonant of the stem or the normal rules of Spanish spelling may be preserved. These are the rules :

1. **g** before **e** or **i** is pronounced like the Spanish **j**.
2. **g** before **a**, **o**, or **u** is hard.
3. **g** before **e** or **i** may be kept hard by placing **u** after the consonant.
4. **c** before **e** or **i** is pronounced like the English *th* (throughout Spain, except Andalusia) or like **s** (in Spanish America and Andalusia).
5. **c** before **a**, **o**, or **u** is pronounced like the English **k**.

6. **c** changes to **qu** before **e** or **i** to keep the sound hard.
7. **z** changes to **c** before an **e** or **i**.
8. Unstressed **i** between vowels changes to **y**.
9. Two consecutive unstressed **i**'s merge into one.
10. Two consecutive **s**'s are reduced to one.
11. A word that begins with a diphthong must be preceded by **h** or the initial **i** of the diphthong changes to **y**.
12. Unstressed **i** before **e** or **o** disappears after **ll**, **ñ**, and **j**.

2. The following are important types of verbs that are regular in their conjugation, but undergo necessary changes in spelling.

A. Verbs ending in *-car* change *c* to *qu* before *e*

sacar   *to take out*

Preterite	*Present Subjunctive*
saqué	saque
sacaste	saques
sacó	saque
etc.	saquemos
	saquéis
	saquen

B. Verbs ending in *-gar* change *g* to *gu* before *e*

pagar   *to pay*

Preterite	*Present Subjunctive*
pagué	pague
pagaste	pagues
pagó	pague
etc.	paguemos
	paguéis
	paguen

C. Verbs ending in *-zar* change *z* to *c* before *e*

gozar   *to enjoy*

Preterite	*Present Subjunctive*
gocé	goce
gozaste	goces
gozó	goce
etc.	gocemos
	gocéis
	gocen

D. Verbs ending in *-cer* or *-cir* preceded by a consonant change *c* to *z* before *o* and *a*

vencer   *to conquer*

Present Indicative	Present Subjunctive
venzo	venza
vences	venzas
vence	venza
etc.	venzamos
	venzáis
	venzan

E. Verbs ending in *-ger* or *-gir* change *g* to *j* before *o* and *a*

coger   *to catch*

Present Indicative	Present Subjunctive
cojo	coja
coges	cojas
coge	coja
etc.	cojamos
	cojáis
	cojan

dirigir   *to direct*

Present Indicative	Present Subjunctive
dirijo	dirija
diriges	dirijas
dirige	dirija
etc.	dirijamos
	dirijáis
	dirijan

F. Verbs ending in *-guir* change *gu* to *g* before *o* and *a*

distinguir   *to distinguish*

Present Indicative	Present Subjunctive
distingo	distinga
distingues	distingas
distingue	distinga
etc.	distingamos
	distingáis
	distingan

G. Verbs ending in -*quir* change *qu* to *c* before *o* and *a*

delinquir   *to be delinquent*

Present Indicative	*Present Subjunctive*
delinco	delinca
delinques	delincas
delinque	delinca
etc.	delincamos
	delincáis
	delincan

H. Verbs ending in -*guar* change *gu* to *gü* before *e*

averiguar   *to ascertain*

Preterite	*Present Subjunctive*
averigüé	averigüe
averiguaste	averigües
averiguó	averigüe
etc.	averigüemos
	averigüéis
	averigüen

I. Verbs ending in -*eer* change unstressed *i* to *y* between vowels

leer   *to read*

Preterite	*Imperfect Subjunctive*		*Participles: Present, Past*
leí	leyera	leyese	leyendo
leíste	leyeras	leyeses	leído
leyó	leyera	leyese	
leímos	etc.	etc.	
leísteis			
leyeron			

J. Verbs ending in -*eír* are radical-changing verbs that lose one *i* in the third person of the preterite, imperfect subjunctive, and in the present participle

reír   *to laugh*

Present Indicative	*Preterite*	*Imperfect Subjunctive*		*Present Participle*
río	reí	riera	riese	riendo
ríes	reíste	rieras	rieses	
ríe	rio	riera	riese	
reímos	reímos	etc.	etc.	
reís	reísteis			
ríen	rieron			

K. Verbs whose stem ends in *ll* or *ñ* drop the *i* of the diphthongs *ie* and *ió*

bullir   *to boil*

Preterite	*Imperfective Subjunctive*		*Present Participle*
bullí	bullera	bullese	bullendo
bulliste	bulleras	bulleses	
bulló	bullera	bullese	
bullimos	etc.	etc.	
bullisteis			
bulleron			

reñir   *to scold* (also radical changing)

Preterite	*Imperfect Subjunctive*		*Present Participle*
reñí	riñera	riñese	riñendo
reñiste	riñeras	riñeses	
riñó	riñera	riñese	
reñimos	etc.	etc.	
reñisteis			
riñeron			

CHANGES IN ACCENTUATION

1. Verbs ending in *-iar*

Some verbs ending in -**iar** bear a written accent on the **i** in all singular forms and in the third person plural of the present indicative and subjunctive, and in the imperative singular.

enviar   *to send*

envío	envíe	
envías	envíes	envía
envía	envíe	
enviamos	enviemos	
enviáis	enviéis	enviad
envían	envíen	

2. Verbs ending in *-uar*

Verbs ending in -**uar** (except those ending in -**guar**) bear a written accent on the **u** in the same forms listed above.

continuar   *to continue*

Present Indicative	*Present Subjunctive*	*Imperative*
continúo	continúe	
continúas	continúes	continúa
continúa	continúe	
continuamos	continuemos	
continuáis	continuéis	continuad
continúan	continúen	

IRREGULAR VERBS

Note: Only the tenses containing irregular forms are given. The conjugation of verbs ending in -**ducir** may be found under **conducir**; those ending in a vowel +**cer** or +**cir** are found under **conocer**; and those ending in -**uir** are under **huir**.

andar   *to walk, go*

Preterite	anduve, anduviste, anduvo, anduvimos, anduvisteis, anduvieron
Imperfect Subjunctive	(-ra) anduviera, anduvieras, anduviera, anduviéramos, anduvierais, anduvieran
	(-se) anduviese, anduvieses, anduviese, anduviésemos, anduvieseis, anduviesen

asir   *to seize*

Present Indicative	asgo, ases, ase, asimos, asís, asen
Present Subjunctive	asga, asgas, asga, asgamos, asgáis, asgan

caber   *to be contained in*

Present Indicative	quepo, cabes, cabe, cabemos, cabéis, caben
Preterite	cupe, cupiste, cupo, cupimos, cupisteis, cupieron
Future	cabré, cabrás, cabrá, cabremos, cabréis, cabrán
Conditional	cabría, cabrías, cabría, cabríamos, cabríais, cabrían
Present Subjunctive	quepa, quepas, quepa, quepamos, quepáis, quepan
Imperfect Subjunctive	(-ra) cupiera, cupieras, cupiera, cupiéramos, cupierais, cupieran
	(se-) cupiese, cupieses, cupiese, cupiésemos, cupieseis, cupiesen

caer   *to fall*

Present Indicative	caigo, caes, cae, caemos, caéis, caen
Preterite	caí, caíste, cayó, caímos, caísteis, cayeron
Present Subjunctive	caiga, caigas, caiga, caigamos, caigáis, caigan
Imperfect Subjunctive	(-ra) cayera, cayeras, cayera, cayéramos, cayerais, cayeran
	(-se) cayese, cayeses, cayese, cayésemos, cayeseis, cayesen

Present Participle	cayendo
Past Participle	caído

conducir *to conduct* (similarly, all verbs ending in **-ducir**)

Present Indicative	conduzco, conduces, conduce, conducimos, conducís, conducen
Preterite	conduje, condujiste, condujo, condujimos, condujisteis, condujeron
Present Subjunctive	conduzca, conduzcas, conduzca, conduzcamos, conduzcáis, conduzcan
Imperfect Subjunctive	(-ra) condujera, condujeras, condujera, condujéramos, condujerais, condujeran (-se) condujese, condujeses, condujese, condujésemos, condujeseis, condujesen

conocer *to know* (similarly, all verbs ending in a vowel + **cer** and + **cir**, except **cocer**, **hacer**, **mecer**, and their compounds)

Present Indicative	conozco, conoces, conoce, etc.
Present Subjunctive	conozca, conozcas, conozca, conozcamos, conozcáis, conozcan

creer (*see* **leer**, p. 314)

dar *to give*

Present Indicative	doy, das, da, damos, dais, dan
Preterite	di, diste, dio, dimos, disteis, dieron
Present Subjunctive	dé, des, dé, demos, deis, den
Imperfect Subjunctive	(-ra) diera, dieras, diera, diéramos, dierais, dieran (-se) diese, dieses, diese, diésemos, dieseis, diesen

decir *to say, tell*

Present Indicative	digo, dices, dice, decimos, decís, dicen
Preterite	dije, dijiste, dijo, dijimos. dijisteis, dijeron
Future	diré, dirás, dirá, diremos, diréis, dirán
Conditional	diría, dirías, diría, diríamos, diríais, dirían
Present Subjunctive	diga, digas, diga, digamos, digáis, digan
Imperfect Subjunctive	(-ra) dijera, dijeras, dijera, dijéramos, dijerais, dijeran (se-) dijese, dijeses, dijese, dijésemos, dijeseis, dijesen
Present Participle	diciendo
Past Participle	dicho
Imperative	di, decid

errar *to err*

Present Indicative	yerro, yerras, yerra, erramos, erráis, yerran
Present Subjunctive	yerre, yerres, yerre, erremos, erréis, yerren
Imperative	yerra, errad

estar   *to be*

Present Indicative	estoy, estás, está, estamos, estáis, están,
Preterite	estuve, estuviste, estuvo, estuvimos, estuvisteis, estuvieron
Present Subjunctive	esté, estés, esté, estemos, estéis, estén
Imperfect Subjunctive	(-ra) estuviera, estuvieras, estuviera, estuviéramos, estuvierais, estuvieran
	(-se) estuviese, estuvieses, estuviese, estuviésemos, estuvieseis, estuviesen
Imperative	está, estad

haber   *to have*

Present Indicative	he, has, ha, hemos, habéis, han
Preterite	hube, hubiste, hubo, hubimos, hubisteis, hubieron
Future	habré, habrás, habrá, habremos, habréis, habrán
Conditional	habría, habrías, habría, habríamos, habríais, habrían
Present Subjunctive	haya, hayas, haya, hayamos, hayáis, hayan
Imperfect Subjunctive	(-ra) hubiera, hubieras, hubiera, hubiéramos, hubierais, hubieran
	(se-) hubiese, hubieses, hubiese, hubiésemos, hubieseis, hubiesen

hacer   *to do, make*

Present Indicative	hago, haces, hace, hacemos, hacéis, hacen
Preterite	hice, hiciste, hizo, hicimos, hicisteis, hicieron
Future	haré, harás, hará, haremos, haréis, harán
Conditional	haría, harías, haría, haríamos, haríais, harían
Present Subjunctive	haga, hagas, haga, hagamos, hagáis, hagan
Imperfect Subjunctive	(-ra) hiciera, hicieras, hiciera, hiciéramos, hicierais, hicieran
	(se-) hiciese, hicieses, hiciese, hiciésemos, hicieseis, hiciesen
Past Participle	hecho
Imperative	haz, haced

huir   *to flee* (similarly, all verbs ending in -uir, except those ending in -guir and -quir)

Present Indicative	huyo, huyes, huye, huimos, huís, huyen
Preterite	huí, huiste, huyó, huimos, huisteis, huyeron
Present Subjunctive	huya, huyas, huya, huyamos, huyáis, huyan
Imperfect Subjunctive	(-ra) huyera, huyeras, huyera, huyéramos, huyerais, huyeran
	(se) huyese, huyeses, huyese, huyésemos, huyeseis, huyesen
Present Participle	huyendo
Imperative	huye, huid

ir *to go*

Present Indicative	voy, vas, va, vamos, vais, van
Imperfect Indicative	iba, ibas, iba, íbamos, ibais, iban
Preterite	fui, fuiste, fue, fuimos, fuisteis, fueron
Present Subjunctive	vaya, vayas, vaya, vayamos, vayáis, vayan
Imperfect Subjunctive	(-ra) fuera, fueras, fuera, fuéramos, fuerais, fueran
	(-se) fuese, fueses, fuese, fuésemos, fueseis, fuesen
Present Participle	yendo
Imperative	ve, id

leer *to read* (and all verbs ending in -eer)

Preterite	leí, leíste, leyó, leímos, leísteis, leyeron
Imperfect Subjunctive	(-ra) leyera, leyeras, leyera, leyéramos, leyerais, leyeran
	(-se) leyese, leyeses, leyese, leyésemos, leyeseis, leyesen
Present Participle	leyendo

oír *to hear*

Present Indicative	oigo, oyes, oye, oímos, oís, oyen
Preterite	oí, oíste, oyó, oímos, oísteis, oyeron
Present Subjunctive	oiga, oigas, oiga, oigamos, oigáis, oigan
Imperfect Subjunctive	(-ra) oyera, oyeras, oyera, oyéramos, oyerais, oyeran
	(-se) oyese, oyeses, oyese, oyésemos, oyeseis, oyesen
Present Participle	oyendo
Past Participle	oído
Imperative	oye, oíd

oler *to smell*

Present Indicative	huelo, hueles, huele, olemos, oléis, huelen
Present Subjunctive	huela, huelas, huela, olamos, oláis, huelan
Imperative	huele, oled

poder *to be able*

Present Indicative	puedo, puedes, puede, podemos, podéis, pueden
Preterite	pude, pudiste, pudo, pudimos, pudisteis, pudieron
Future	podré, podrás, podrá, podremos, podréis, podrán
Conditional	podría, podrías, podría, podríamos, podríais, podrían
Present Subjunctive	pueda, puedas, pueda, podamos, podáis, puedan
Imperfect Subjunctive	(-ra) pudiera, pudieras, pudiera, pudiéramos, pudierais, pudieran
	(-se) pudiese, pudieses, pudiese, pudiésemos, pudieseis, pudiesen
Present Participle	pudiendo

poner *to put, place*

Present Indicative	pongo, pones, pone, ponemos, ponéis, ponen
Preterite	puse, pusiste, puso, pusimos, pusisteis, pusieron

Future	pondré, pondrás, pondrá, pondremos, pondréis, pondrán
Conditional	pondría, pondrías, pondría, pondríamos, pondríais, pondrían
Imperfect Subjunctive	(-ra) pusiera, pusieras, pusiera, pusiéramos, pusierais, pusieran
	(-se) pusiese, pusieses, pusiese, pusiésemos, pusieseis, pusiesen
Past Participle	puesto
Imperative	pon, poned

querer *to wish*

Present Indicative	quiero, quieres, quiere, queremos, queréis, quieren
Preterite	quise, quisiste, quiso, quisimos, quisisteis, quisieron
Future	querré, querrás, querrá, querremos, querréis, querrán
Conditional	querría, querrías, querría, querríamos, querríais, querrían
Present Subjunctive	quiera, quieras, quiera, queramos, queráis, quieran
Imperfect Subjunctive	(-ra) quisiera, quisieras, quisiera, quisiéramos, quisierais, quisieran
	(-se) quisiese, quisieses, quisiese, quisiésemos, quisieseis quisiesen

reír *to laugh* (and all verbs ending in -eír)

Present Indicative	río, ríes, ríe, reímos, reís, ríen
Present Subjunctive	ría, rías, ría, riamos, riáis, rían
Preterite	reí, reíste, rio, reímos, reísteis, rieron
Imperfect Subjunctive	(-ra) riera, rieras, riera, riéramos, rierais, rieran
	(-se) riese, rieses, riese, riésemos, rieseis, riesen
Present Participle	riendo

saber *to know*

Present Indicative	sé, sabes, sabe, sabemos, sabéis, saben
Preterite	supe, supiste, supo, supimos, supisteis, supieron
Future	sabré, sabrás, sabrá, sabremos, sabréis, sabrán
Conditional	sabría, sabrías, sabría, sabríamos, sabríais, sabrían
Present Subjunctive	sepa, sepas, sepa, sepamos, sepáis, sepan
Imperfect Subjunctive	(-ra) supiera, supieras, supiera, supiéramos, supierais, supieran
	(-se) supiese, supieses, supiese, supiésemos, supieseis. supiesen

salir *to go out, leave*

Present Indicative	salgo, sales, sale, salimos, salís, salen
Future	saldré, saldrás, saldrá, saldremos, saldréis, saldrán
Conditional	saldría, saldrías, saldría, saldríamos, saldríais, saldrían,
Present Subjunctive	salga, salgas, salga, salgamos, salgáis, salgan
Imperative	sal. salid

ser   *to be*

Present Indicative	soy, eres, es, somos, sois, son
Imperfect Indicative	era, eras, era, éramos, erais, eran
Preterite	fui, fuiste, fue, fuimos, fuisteis, fueron
Present Subjunctive	sea, seas, sea, seamos, seáis, sean
Imperfect Subjunctive	(-ra) fuera, fueras, fuera, fuéramos, fuerais, fueran
	(-se) fuese, fueses, fuese, fuésemos, fueseis, fuesen
Imperative	sé, sed

tener   *to have*

Present Indicative	tengo, tienes, tiene, tenemos, tenéis, tienen
Preterite	tuve, tuviste, tuvo, tuvimos, tuvisteis, tuvieron
Future	tendré, tendrás, tendrá, tendremos, tendréis, tendrán
Conditional	tendría, tendrías, tendría, tendríamos, tendríais, tendrían
Present Subjunctive	tenga, tengas, tenga, tengamos, tengáis, tengan
Imperfect Subjunctive	(-ra) tuviera, tuvieras, tuviera, tuviéramos, tuvierais, tuvieran
	(-se) tuviese, tuvieses, tuviese, tuviésemos, tuvieseis, tuviesen
Imperative	ten, tened

traer   *to bring*

Present Indicative	traigo, traes, trae, traemos, traéis, traen
Preterite	traje, trajiste, trajo, trajimos, trajisteis, trajeron
Present Subjunctive	traiga, traigas, traiga, traigamos, traigáis, traigan
Imperfect Subjunctive	(-ra) trajera, trajeras, trajera, trajéramos, trajerais, trajeran
	(-se) trajese, trajeses, trajese, trajésemos, trajeseis, trajesen
Present Participle	trayendo
Past Participle	traído

valer   *to be worth*

Present Indicative	valgo, vales, vale, valemos, valéis, valen
Future	valdré, valdrás, valdrá, valdremos, valdréis, valdrán
Conditional	valdría, valdrías, valdría, valdríamos, valdríais, valdrían
Present Subjunctive	valga, valgas, valga, valgamos, valgáis, valgan
Imperative	val(e), valed

venir   *to come*

Present Indicative	vengo, vienes, viene, venimos, venís, vienen
Preterite	vine, viniste, vino, vinimos, vinisteis, vinieron
Future	vendré, vendrás, vendrá, vendremos, vendréis, vendrán
Conditional	vendría, vendrías, vendría, vendríamos, vendríais, vendrían
Present Subjunctive	venga, vengas, venga, vengamos, vengáis, vengan

Imperfect Subjunctive	(-ra) viniera, vinieras, viniera, viniéramos, vinierais, vinieran
	(-se) viniese, vinieses, viniese, viniésemos, vinieseis, viniesen
Present Participle	viniendo
Imperative	ven, venid

ver *to see*

Present Indicative	veo, ves, ve, vemos, veis, ven
Imperfect Indicative	veía, veías, veía, veíamos, veíais, veían
Present Subjunctive	vea, veas, vea, veamos, veáis, vean
Past Participle	visto

Glossary of grammatical terms

Active voice—A construction in which the subject does the action of the verb: *John buys the book.*

Adjective—A word that is used to describe a noun: *high* mountain, *interesting* book.

Adverb—A word that modifies a verb, an adjective, or another adverb. It answers the questions "Where?" "How?" "When?": He will be *there.* They do it *well.* I will see you *soon.*

Agree (agreement)—A term generally applied to adjectives. An adjective is said to agree or show agreement with the noun it modifies, when its ending changes in accordance with the gender and number of the noun. In Spanish, a feminine singular noun, for instance, will require a feminine singular ending in the adjective that describes it: **camisa blanca**; and a masculine plural noun will require a masculine plural ending in the adjective: **zapatos rojos.**

Article. *See* **Definite article** and **Indefinite article.**

Auxiliary verb—A verb which *helps* in the conjugation of another verb: I *have* spoken. We *will* play. They *were* called.

Clause—A group of words that includes at least a subject and a verb and forms part or the whole of a sentence. The following sentence consists of two clauses: We saw the boy *who set fire to the house.*

Comparison—The change in the endings of adjectives and adverbs to denote degree. There are three levels of comparison: the *positive* (warm), the *comparative* (warmer), and the *superlative* (warmest).

Compound tense—A tense formed by the auxiliary verb *have* (Spanish—**haber**) and the past participle: *We will have eaten.*

Conjugation—The process by which the forms of the verb are given in their different moods and tenses: *I am, you are, he is*, etc.

Conjunction—A word which serves as a link between words, phrases, clauses, or sentences: *and, but, that, because*, etc.

Definite article—A word standing before a noun and indicating a definite person and thing: *The* house.

Demonstrative—A word *pointing* to a definite person or object: *this, that, these*, etc.

Dependent (or subordinate) clause—A clause which by itself has no complete meaning, but depends on an independent, or principal, clause: *I did not know that he was ill.*

Diphthong—A combination of two vowels forming one syllable. In Spanish, a diphthong is composed of one *strong* vowel (**a, e, o**) and one *weak* vowel (**u, i**) or two weak vowels: **ai, oi, ui.** Remember: **U** and **I** are weak, and everyone else is strong.

Exclamation—A word used to express emotion: *How* beautiful! *What* grace!

Gender—A distinction of nouns, pronouns, or adjectives, based on sex denoted. In Spanish, there are only two types of nouns, *masculine* and *feminine,* but there are neuter pronouns.

Gerund—In English, a noun which is formed from a verb and shows the ending *-ing: Drinking* is bad for the health. In Spanish, the infinitive takes the place of the gerund in this sense. The present participle in Spanish is also called the gerund, but has different functions from the English.

Indefinite adjective and pronoun—Words which refer to an indefinite person or thing. Important indefinite adjectives are *any* and *some,* and important indefinite pronouns are *somebody, someone, nobody,* and *no one.*

Indefinite article—A word standing before a noun and indicating an unspecified person or object: *A* man, *an* article.

Independent (or principal) clause—A clause which has complete meaning by itself: *I shall tell it to him* when he comes.

Infinitive—The form of the verb generally preceded in English by the word *to* and showing no subject or number: *to speak, to sleep.*

Interrogative—A word used in asking a question: *Who? What? Which?*

Intransitive verb—A verb which cannot have a direct object: The man *goes* away.

Modify—To describe a noun, adjective, or adverb, or the action expressed by the verb: A *good* man (adj.) ; He drives *poorly* (adv.).

Mood—A change in the form of the verb, showing the manner in which its action is expressed. There are three moods: *indicative, subjunctive,* and *imperative.*

Noun—A word that names a person, place, thing, etc.: *Henry, Paris, table,* etc.

Number—Number refers to *singular* and *plural.*

Object—Generally a noun or a pronoun that is the receiver of the verb's action. A direct object answers the question "What?" or "Whom?": I see *him.* Do *it.* An indirect object answers the question "To whom?" or "To what?": Give *Mary* the ball. Nouns and pronouns can also be objects of prepositions: This book is *for Mary* He was speaking *of you.*

Passive voice—A construction in which the subject receives the action of the verb: *The window was broken by Charles.*

Past participle—That form of the verb having in English the endings *-ed, -t, -en,* etc. (*raised, wept, eaten,* etc.), and in Spanish, usually the ending **-do (hablado).**

Person—The form of the pronoun and of the verb that shows the person referred to. There are three persons: *I, we, me, us, mine, our,* etc. (first person) : *you, thou,* *your*, etc. (second person); *he, she, it, they, him, her, their,* etc. (third person). In Spanish, the polite forms **Ud.** and **Uds.** *(you)* are in the third person.

Phrase—A group of two or more words used together to form a part of speech, but not containing a subject and verb. Most phrases are introduced by prepositions: They stayed *in the hotel.*

Possessive—A word that denotes ownership or possession: *My* hat is bigger than *hers.*

Preposition—A word that introduces a noun, pronoun, adverb, infinitive, or present participle, and which indicates their function in the sentence. The groups of words so introduced is known as a prepositional phrase: I plunged *into the water.*

Present participle—In English, an invariable verb form ending in *-ing*; They were *singing.* It may also be used as an adjective or a noun: The *singing* birds. *Singing* is fun. In Spanish, the present participle may be used only as a verb.

Pronoun—A word that is used to replace a noun: *he, us, them,* etc. A subject pronoun refers to the person or thing that is spoken of: *He* eats. *It* is beautiful. An *object pronoun* receives the action of the verb: He sees *us* (direct object pronoun). He spoke to *them* (indirect object pronoun). A pronoun can also be the object of a preposition: They went with *me.*

Reflexive pronoun—A pronoun that refers back to the subject: *myself, yourself, himself,* etc. A reflexive pronoun is the object of a verb (He punished *himself*) or of a preposition (I prepared it for *myself*).

Relative pronoun—A pronoun that introduces a dependent clause and refers back to a previously mentioned noun; I saw the man *who* did it. In this sentence the antecedent is the word *man.*

Simple tense—A tense which is not formed with the auxiliary verb *to have*: I *go*, we *saw*, etc.

Subject—The person, place, or thing that is spoken of: *John* sleeps. The *tree* is old.

Subordinate clause—*See* **Dependent clause.**

Superlative—*See* **Comparison.**

Tense—The group of forms in a verb which serves to show the time in which the action of the verb takes place.

Transitive verb—A verb that may have a direct object: Henry *eats* the apple.

Verb—A word that expresses an action or a state: He *works.* The rose *is* red. In Spanish, *regular* verbs follow a set pattern in which the stem (the infinitive minus the ending) remains unchanged (except for a *patterned* change in the case of radical changing verbs) and only the endings show a change determined by the person and the tense. *Irregular* verbs show deviations from the set pattern in the stem as well as in the endings. In *radical-changing* verbs the stem vowel changes when *stressed* or in certain other situations, but a systematic pattern is always followed. The endings are regular.

Numbers, names, and gender

CARDINAL NUMBERS

0	cero	31	treinta y uno, -a[1]
1	uno (*m.*), una (*f.*)	40	cuarenta
2	dos	50	cincuenta
3	tres	60	sesenta
4	cuatro	70	setenta
5	cinco	80	ochenta
6	seis	90	noventa
7	siete	100	ciento (cien)
8	ocho	101	ciento uno, -a
9	nueve	110	ciento diez
10	diez	200	doscientos, -as
11	once	300	trescientos, -as
12	doce	400	cuatrocientos, -as
13	trece	500	quinientos, -as
14	catorce	600	seiscientos, -as
15	quince	700	setecientos, -as
16	dieciséis (diez y seis)	800	ochocientos, -as
17	diecisiete (diez y siete)	900	novecientos, -as
18	dieciocho (diez y ocho)	1000	mil
19	diecinueve (diez y nueve)	1100	mil ciento
20	veinte	1200	mil doscientos, -as
21	veintiuno, -a (veinte y uno, -a)	2000	dos mil
22	veintidós (veinte y dos)	100,000	cien mil
23	veintitrés (veinte y tres)	200,000	doscientos, (-as) mil
24	veinticuatro (veinte y cuatro)	1,000,000	un millón
25	veinticinco (veinte y cinco)	2,000,000	dos millones
26	veintiséis (veinte y seis)	5,637,215	cinco millones
27	veintisiete (veinte y siete)		seiscientos (-as)
28	veintiocho (veinte y ocho)		treinta y siete mil
29	veintinueve (veinte y nueve)		doscientos (-as)
30	treinta		quince

[1] Above 29, the one-word forms are not used

Note that **uno** becomes **un** before a masculine noun; that **ciento,** which in the plural shows agreement in gender, becomes **cien** before a noun and before **mil** and **millones**; that **millón** is a masculine noun preceded in the singular by the indefinite article and followed by the preposition **de** before a following noun.

treinta y un libros	thirty-one books
ciento dos² mesas	one hundred and two tables
cien mujeres	one hundred women
cien mil hombres	one hundred thousand men
trescientas treinta copias	three hundred and thirty copies
un millón de habitantes	one million inhabitants

Beyond nine hundred the form **mil** must be used:

mil novecientos cincuenta y siete	Nineteen (hundred) fifty-seven
Gana tres mil seiscientos dólares al año.	He earns thirty-six hundred dollars per year.

ORDINAL NUMBERS

1st	primer(o), -a	6th	sexto, -a
2nd	segundo, -a	7th	séptimo, -a
3rd	tercer(o), -a	8th	octavo, -a
4th	cuarto, -a	9th	noveno, -a
5th	quinto, -a	10th	décimo, -a

Note that **primero** and **tercero** drop the **o** before a masculine singular noun, that with dates of the month only **primero** may be used, and that beyond **décimo** cardinal numbers are generally used.

el primer soldado	the first soldier
el tercer presidente	the third president
el primero de abril	April first
el dos de marzo	March second
la Quinta Avenida	Fifth Avenue
la Calle Ochenta y Seis	Eighty-Sixth Street
Carlos Tercero³	Charles the Third
Alfonso Doce	Alfonso the Twelfth

When the ordinal number has a descriptive function, it precedes the noun. When its purpose is to distinguish one thing from another, it follows the noun.

² Note the omission of **y.**
³ Note the omission of the definite article with titles of royalty, rulers, etc.

FRACTIONS

Through *tenth,* ordinal numbers are used, except in the case of *half* and *third,* where **medio** and **tercio** are used respectively. **Medio,** used with a noun, is an adjective[4] and therefore shows agreement. No article appears before it, nor before the accompanying noun. Above *tenth,* -avo is usually added to the cardinal number, though there are some irregular forms. The feminine noun **mitad,** which is preceded by the article **la** and followed by the preposition **de** before a noun, is used to indicate half of a definite amount.

un medio	one-half	**un décimosexto**	one-sixteenth
dos tercios	two-thirds	**un décimonono**	one-nineteenth
tres cuartos	three-fourths	**un veintavo**	one-twentieth
un octavo	one-eighth	**media taza**	half a cup
un décimo	one-tenth	**hora y media**	an hour and a half
siete quinzavos	seven-fifteenths	**la mitad de sus discos**	half of his records

La tercera parte, la quinta parte, la décima parte, etc. may be used when the upper numeral of the fraction is *one* : one-third, one-fifth, one-tenth, etc.

TIME OF DAY

Time of day is expressed by the cardinal numbers preceded by the article **la (las).** The verb *to be* is translated by **ser.**

¿Qué hora es?	What time is it?
¿Qué hora era?	What time was it?
Es la una.	It is one o'clock.
Son las dos.	It is two o'clock.
Era la una.	It was one o'clock.
Eran las cinco.	It was five o'clock.
Es la una y cuarto.	It is a quarter past one.
Son las tres y media.	It is half-past three.
Eran las nueve menos cuarto.	It was a quarter to nine.
Eran las ocho y veinte.	It was twenty past eight.
Son las diez menos diez.	It is ten to ten.
A las siete en punto	At seven o'clock sharp
A las diez de la mañana	At ten o'clock in the morning

[4] **Medio** can also be used as an adverb: **No estaba más que medio despierto.** *He was only half-awake.*

A las cuatro de la tarde	At four o'clock in the afternoon
A las once de la noche	At eleven o'clock at night
Al mediodía	At noon
A la medianoche	At midnight

DAYS OF THE WEEK

lunes	Monday	el lunes	on Monday
martes	Tuesday	los jueves	on Thursdays
miércoles	Wednesday		
jueves	Thursday		
viernes	Friday		
sábado	Saturday		
domingo	Sunday		

MONTHS OF THE YEAR

enero	January	mayo	May	se(p)tiembre	September
febrero	February	junio	June	octubre	October
marzo	March	julio	July	noviembre	November
abril	April	agosto	August	diciembre	December

el primero de febrero	February 1st	el diecisiete de junio	June 17th
el dos de marzo	March 2nd		

SEASONS

la primavera	spring	el otoño	fall
el verano	summer	el invierno	winter

GENDER

All nouns in Spanish are either masculine or feminine. There are no neuter nouns.

1. Masculine nouns

The following types of nouns are generally masculine.

A. Nouns that refer to a male or living thing

el hijo	the son	el padre	the father
el dentista	the dentist	el policía	the policeman

B. Nouns ending o

el fonógrafo	the phonograph	el suelo	the floor

The most common exception is **la mano**   the hand.

C. Certain nouns (of Greek origin) ending in *-ma, -ta, -pa*

el mapa	the map	el poeta	the poet
el clima	the climate	el sistema	the system
el programa	the program	el déspota	the despot

D. Infinitives used as nouns

El vivir aquí cuesta mucho.	Living here costs a great deal.
El comer demasiado es peligroso.	Eating too much is dangerous.

2. Feminine nouns

The following categories are generally feminine.

A. Nouns that refer to a female being

la mujer	the woman	la escritora	the writer
la emperatriz	the empress	la periodista	the newspaperwoman

B. Nouns ending in *-a*, except if they refer to a male being

la barba	the beard	la ropa	the dress
la mejilla	the cheek	la moda	the fashion

The most important exceptions to this rule are the Greek nouns ending in -ma, -pa, -ta, referred to above and **el día** (*the day*).

Note also that **la persona** and **la víctima** are always feminine, even when referring to male beings. Nouns ending in -ista are either masculine or feminine, according to the person to whom they refer.

el turista, la turista	the tourist	**el artista, la artista**	the artist

C. All nouns ending in *-ción, -tad, -dad, -tud* and *-umbre*, and most nouns that end in *-ie* and *-ión*

The endings **-ción** and **-ión** correspond regularly to the English *-tion* and *-ion*, **-dad** and **-tad** to the English *-ty* and **-tud** to the English *-tude*.

la nación	the nation	la libertad	liberty
la unión	the union	la multitud	the multitude
la ciudad	the city	la costumbre	the custom
la serie	the series		

PLURAL OF NOUNS

Nouns are made plural by adding -s to a final vowel, -es to a final consonant or to a stressed final -í or -ú. Nouns that end in -z change the -z to -c before -es.

casa, casas	rubí, rubíes
mujer, mujeres	lápiz, lápices
lección, lecciones	bambú, bambúes

Notice that the addition of another syllable often makes the accent mark on the singular form unnecessary.

ABOUT PREPOSITIONS—WHEN AND HOW TO USE THEM

A. In Spanish, unlike English, prepositions are usually followed by the *infinitive*.

antes de comer   before eating   **al entrar**   upon entering

B. Certain verbs are followed directly by the infinitive, without any intervening preposition. These include:

deber	ought to, should	**permitir**	to permit . . . to
dejar	to let, allow . . . to	**poder**	to be able, can
desear	to desire, wish to	**preferir**	to prefer to
esperar	to hope, expect to	**prohibir**	to forbid . . . to
hacer	to make, force	**prometer**	to promise to
impedir	to prevent . . . from	**querer**	to want to
mandar	to order to	**rogar**	to beg to
oír	to hear	**saber**	to know how to
parecer	to seem to	**sentir**	to feel, sense
pensar	to intend, plan to	**ver**	to see

All impersonal expressions formed with **ser** also are followed directly by the infinitive: **Es importante verlo.**   It is important to see it.

C. Many verbs are followed by **a** before an infinitive. These include all verbs of forward direction and of beginning, learning, and teaching.

acostumbrarse a	to get used to	**enseñar a**	to teach (how) to
aprender a	to learn (how) to	**ir a**	to be going to
atreverse a	to dare to	**obligar a**	to force to
ayudar a	to help to	**venir a**	to come to
comenzar, empezar a	to begin to	**volver a**	to return to

Some verbs use **a** even before a noun or pronoun. For example:

acercarse, dirigirse a   to approach   **asistir a**   to attend

D. Others are followed by **de** before an infinitive, a noun, or a pronoun.

acabar de	to have just	**estar seguro de**	to be sure about
acordarse de	to remember about	**olvidarse de**	to forget about
alegrarse de	to be glad to	**quejarse de**	to complain about
darse cuenta de	to realize	**reírse de**	to laugh at
dejar de	to stop (doing)	**tener ganas de**	to feel like
disfrutar, gozar de	to enjoy	**tener miedo de**	to be afraid to
enamorarse de	to fall in love with	**tratar de**	to try to

E. A few take **en** or **con**. Among them are:

fijarse en	to notice	**casarse con**	to marry
insistir en	to insist on	**contar con**	to count on
pensar en	to think about	**soñar con**	to dream about
tardar en	to take time to		

Punctuation, capitalization, and syllabication

PUNCTUATION AND CAPITALIZATION

1. An inverted question mark is placed at the beginning of the interrogative part of the sentence and an inverted exclamation point is placed at the beginning of the exclamatory part of the sentence:

¿Cómo está Ud.?	How are you?
Es buen estudiante, ¿verdad?	He is a good student, isn't he?
¡Por Dios!	For Heaven's sake!
Está vivo, ¡gracias a Dios!	He is alive, thank God!

2. Instead of quotation marks, a dash is generally used in Spanish to indicate a change of speaker in a dialogue:

—¿Cuánto valen estos zapatos, señor García? —Se los dejo en diez pesos.	"How much are these shoes, Mr. García?" —"I'll let you have them for ten pesos."

3. In Spanish, the names of languages, nationalities, days of the week, and months are not capitalized. The names of countries are.

Hablamos francés.	We speak French.
Es un escritor alemán.	He is a German writer.
La reunión tendrá lugar (el) viernes, dieciséis de marzo.	The meeting will take place on Friday, March 16th.
But:	
La reina de Inglaterra...	The Queen of England...

4. Usted(es), señor(es), and **don** are capitalized only when abbreviated (except, of course, at the beginning of a sentence).

Siéntese Ud. (usted).	Sit down.
Muy señores míos:	Dear Sirs:
Buenos días, Sr. Blanco.	Good morning, Mr. Blanco
Acabo de hablar con D. Fernando Plaza.	I have just spoken with Don Fernando Plaza.
¿Has visto ya a don Enrique?	Have you see Don Enrique yet?

5. Accent marks need not appear on capital letters. The *tilde,* however, because it signals a separate letter, cannot be deleted from capitals.

MEXICO, ESPAÑA   Mexico, Spain

SYLLABICATION

1. A single consonant, including the combinations **ch, ll, rr,** must go with the following vowel: **pa-lo-ma, ca-ba-llo, mu-cha-cho.**

2. Consonant groups between vowels are usually separated: **cas-ta, sal-do, mar-ca.**

3. If the second consonant is **l** or **r,** the combination cannot usually be separated: **Pa-blo, po-tro, o-tra.**

4. In groups of more than two consonants, only the last consonant (or inseparable combination of consonant followed by **l** or **r**) goes with the next vowel: **cons-tan-te, des-pren-der, den-tro.**

5. There are a few historical exceptions to the above rules. Most significant are **nos-otros, vos-otros,** and optionally, words beginning with the prefix **des-**: **des-aparecer.**

Soluciones de la página 74:

1. E. Howard Hunt, espia, novelista y figura importante de Watergate.
2. Laura Horton, distinguida abogada de Pennsylvania.
3. Albert Einstein, matemático y físico genial.
4. Sidney Sachs, conocido abogado criminal.
5. El Rey Carlos Gustavo (Carl Gustaf) de Suecia.
6. La Princesa Anita (Ann) de Inglaterra.
7. Neil Simon, renombrado escritor de comedias, el rey de Broadway
8. Zenia Sacks Da Silva, autora de numerosos textos de espanol.
9. Lee Harvey Oswald, asesino del presidente Kennedy.
10. Bobby Fischer, genio de ajedrez (chess).

Vocabularios

el vestido . . . .

la camisa . . . .

la pelota . . . .

las tijeras . . . .

la camiseta . . . .

la radio . . . .

el anillo . . . .

el lápiz . . . .

la pluma . . . . .

About the Vocabularies

These vocabularies have been designed as a special help to you in both reading and conversation. They include all words and expressions (except for exact or very close cognates) that appear in the text and in the exercises. Many words that are linguistically related have been added as well, so that you can build your vocabulary through associations. They indicate all irregularities and many idiomatic uses and high-frequency phrases that may be of aid to you. And, in the English-Spanish vocabulary, they include hundreds of extra words that you may want to use in your free composition or conversation. Short of being a comprehensive dictionary, these vocabularies attempt to supply you with the great majority of expressions, both in English and in Spanish, that you will need every day, in class and outside.

    Here are some of the abbreviations and symbols we use: The gender of all nouns, except masculine nouns ending in -**o** and feminine nouns ending in -**a**, or nouns that refer to a masculine or feminine person, is indicated by *m.* or *f.* Parts of speech are abbreviated as follows: *n.* noun; *v.* verb; *adj.* adjective; *adv.* adverb; *conj.* conjunction; *prep.* preposition; *pron.* pronoun; *refl.* reflexive; *part.* participle; *rel.* relative; *dem.* demonstrative; *poss.* possessive. Radical- (Stem-) changing verbs are followed by the change that the verb undergoes. The change is placed in parentheses. Thus: **perder** (**ie**), **pedir** (**i**), **contar** (**ue**). Irregular verbs that appear in full in the Verb Reference Guide are marked with an asterisk. Verbs derived from these are also marked with an asterisk. Thus: ***tener**, ***de*tener***, ***com*poner***. The conjugation of verbs ending in -**ducir** may be found under ***conducir**. Thus: ***pro*ducir***, ***tra*ducir***. Verbs of the types of **huir** and **conocer** and those that have a change in accentuation are followed by the ending of the first person singular of the present indicative placed in parentheses. Thus: **destruir** (**uyo**), **merecer**(**zco**), **enviar** (**ío**). Spelling-changing verbs show the affected consonant in italics: **co*g*er**, **sa*c*ar**, **distin*gu*ir**. Verbs ending in -**eer** may be found under **creer**, and those ending in -**eír**, under **reír**.

A

a to, at
abajo *adv.* below; **hacia** — down
abierto open
abogado(a) lawyer
aborto abortion
abrazar(se) to embrace
abrazo *n.* embrace, hug
abrigar to shelter; to house
abrigo (over)coat; —**de pieles** fur coat; — **de visón** mink coat
abrir (*past part.* **abierto**) to open
absolver (ue) (*past part.* **absuelto**) to absolve, acquit
absuelto acquitted
aburrido bored; boring
aburrirse to get bored
acá here (*usually after a verb of motion*)
acabar to finish; — **de** (+ *infin.*) to have just (*present and imperfect only*)
acaso perhaps; **por si** — just in case
acción *f.* action; share of stock;
Acción de Dar Gracias Thanksgiving
accionar to set in motion
aceite *m.* oil
acelerador *m.* accelerator (auto)
aceptación *f.* acceptance
aceptar to accept
acerca de about, concerning
acercarse (a) to approach
acero steel
aclarar to clarify, make clear
acoger to receive warmly; —**se a** to take refuge in, resort to
acompañado de accompanied by
acompañar to accompany
aconsejable advisable
aconsejar to advise
acordarse (ue) de to remember
acostado lying down, in bed
acostar (ue) to put to bed; —**se** to go to bed
actriz actress

actuación *f.* behavior, action
actual current, present
actualidad *f.* present time; **en la** — at present
actualmente nowadays
actuar (úo) to act
acudir to hasten, resort (to)
acuerdo agreement; **de** — agreed, all right; *****estar de** — to agree; *****ponerse de** — to come to an agreement
acuñar to coin
acusado *n.* defendant
acústica acoustics
adelantar to move forward, progress
adelantado ahead, advanced
adelante *adv.* onward, forward; **de aquí en** — from now on; **de ahí en** — from then on
adelanto advance
adelgazar to make or get slim
adentro inward, toward the inside
adivina, adivino fortune teller
adivinar to guess
admirador(a) admirer; admiring
admitir to admit
¿Adónde? ¿A dónde? Where (to)?
adoptivo adopted, foster
advenimiento advent
aeropuerto airport
afectar to affect
afecto affection
afectuoso affectionate
afeitada *n.* shave
afeitar(se) to shave
aferrarse to cling, latch on
aficionado *n.* fan; — **a** *adj.* fond of
afilar(se) to sharpen, get sharp
afinidad *f.* affinity; liking for each other
afirmar to affirm
afortunado lucky, fortunate
afrontar to face
afuera *adv.* outside; *f.pl.* outskirts
agarrar to seize
agitado upset
agonía death throes

agotar to use up, exhaust
agradable pleasant; agreeable
agradecer(zco) to thank (for)
agradecido grateful
agua (el agua, las aguas) water
aguantar to endure, stand (for)
aguardar to await
agudo sharp
agüero omen
aguja needle
ahí there (near you)
ahora now; — **bien** well, now
ahorrar to save (money, etc.)
aire *m.* air; **al — libre** in the open air;
　　— **acondicionado** air conditioning
ajeno alien, belonging to someone
　　else
al to the; — (+ *infin.*) upon or in
　　(doing something)
ala wing
alabar to praise
alcalde mayor
alcaldesa mayor's wife; lady mayor
alcance *m.* reach; **al —** in reach
alcanzar to reach
alcoba bedroom
aldea town
alegar to allege, claim
alegrar to gladden, make happy; **—se**
　　de to be happy
alegre happy, gay
alegría joy, gaiety
alejado far off, removed
alejamiento remoteness, separation
alejarse to move off, go away
alemán German
alfombra rug
algo something
algodón *m.* cotton
alguien someone, somebody
algún (alguno, -a, -os, -as) some
aliento breath
alimentar (ie) to feed
alimento food
alistarse to enlist
alma (el alma, las almas) soul
almacén *m.* store; warehouse
almohada pillow
almorzar (ue) to have lunch
almuerzo lunch
alquilar to rent
alquiler *m.* rent

alrededor *adv.* around; — **de** *prep.*
　　around; **alrededores** *m.pl.* outskirts,
　　environs
alto high, tall; loud
altura height
aluminio aluminum
alumno pupil
allá there (far away), yonder; — **él**
　　that's *his* business
allí (over) there
amable pleasant, amiable (of a person)
amada beloved, sweetheart
amar to love
amargo bitter
amarillo yellow
ambiente *m.* atmosphere
ambos both
amenaza threat
amenazar to threaten
amiga, amigo friend
amistad *f.* friendship
amo master
amontonar to pile up
amor *m.* love
amoroso amorous, affectionate
ampliar (ío) to amplify, increase
amplio full, ample
análisis *m.* analysis
analizer to analyze
anaranjado orange-colored
anárquico anarchical, without social
　　order
anciano old, aged
ancho wide; *****tener ...de** — to be
　　...wide
ángel *m.* angel
angustia anguish, distress
angustiado distressed
anhelar to desire, long for
anillo ring
anoche last night
ante *prep.* before, in the presence of;
　　faced with
antecedentes *m.pl.* previous history
antena antenna
anteojos *m.pl.* eyeglasses
anterior previous
antes *adv.* before; — **de** *prep.* before;
　　— **de que** *conj.* before; **lo —**
　　posible as soon as possible
anticipado in advance
antigüedades *f.pl.* antiques

antiguo cld, former; ancient
anunciar to announce
anuncio announcement
apa*gar* to put out (a fire, etc.) ; to turn off (a light, radio)
aparato set (radio, TV, etc.)
apare*cer* (zco) to appear, put in an appearance
aparecido apparition, ghost
apariencia appearance
apelacíon *f.* (legal) appeal
apelar to appeal
apenas hardly, scarcely
aplausos *m.pl.* applause
apli*car* to apply
apoderarse to take possession
apodo nickname
aportar to contribute, bring to
apoyar to support
apoyo support
aprender to learn
apresurar(se) to hurry
apr*e*tar (ie) to press, squeeze
aprisa in a hurry, hurriedly
apr*o*bar (ue) to approve, pass (in a course)
apropiado appropriate
aprovechar to benefit, take advantage, profit; **—se de** to take advantage of
aproximarse to approach
apuntar to aim, point at
apuro tight spot, difficulty
aquel (aquella) *adj.* that (over there) ; **aquellos (-as)** those ; **aquél**, *etc.* that one
aquello that (*neuter*) ; **— de** that matter of
aquí here ; **— mismo** right here ; **de — en adelante** from now on
árbol *m.* tree
argüir (uyo) to argue (a point)
argumentar to argue (often legal)
armar to arm ; to set up, put together
armario closet
armonía harmony
arran*car* to pull out
arreglar to arrange ; to fix
arrendatario tenant, lessee
arrep*e*ntirse (ie) de to repent
arriba *prep.* above ; ¡ **Arriba** ! Up with ... ! ; **hacia —** upwards
arrodillarse to kneel

arrojar to throw, hurl
arroyo stream
arroz *m.* rice
arruinar to ruin
arte *m.* art ; **Bellas Artes** *f.pl.* fine arts
artista artist ; actor, actress
artículo article
asaltar to assault, attack
asalto assault
ascender (ie) to promote, ascend
ascensor *m.* elevator
asegurador(a) *adj.* insuring, insurance
asegurar to assure, insure, make safe
asesinar to murder, assassinate
asesinato murder, assassination
asesino murderer
así so, thus, like this, this way ; **— como** as well as ; **— que** as soon as ; so
asiduo assiduous, diligent
asiento seat
asistencia attendance
asistir (a) to attend (a function, school)
asociar to associate
asomarse to look out of, peer through (a window, door, etc.)
asombro shock, astonishment
asombroso surprising, shocking
aspecto aspect, appearance
astro star
astuto shrewd
asunto matter, case
asustar to frighten ; **—se** to get scared
ataque *m.* attack
ata*car* to attack
atender (ie) to attend (to someone or something)
aterrizaje *m.* landing
aterrizar to land
atestado crowded
atleta athlete
atónito shocked, stunned
atra*car* to rob, hold up
atraco robbery, holdup
atrás *adv.* behind ; **hacia —** backward, toward the back ; **por —** in the back
atrasado *adj.* backward
atrasar to slow up, delay

atraso delay
atravesar (ie) to cross
atreverse (a) to dare (to)
aula (el aula, las aulas) classroom
aumentar to increase, augment
aumento increase
aun even
aún *adv.* still
aunque although, even though
ausencia absence
ausente absent
auténtico authentic
autobús *m.* bus
autógrafo autograph
automóvil *m.* automobile
autopista highway, parkway
autor(a) author
autoridad *f.* authority
autorizar to authorize
avance *m.* advance
avanzar to advance
ave *f.* bird
avenida avenue
aventurero *n.* adventurer; *adj.*
  adventurous
averiguar (güe) to ascertain, find
  out, verify
aviador aviator
avión *m.* airplane; **en —** by air (as a
  person travels); **por —** by air(mail)
avisar to warn, advise
aviso warning, notice
axioma *m.* axiom, saying
ayer yesterday
ayuda help
ayudante helper, assistant
ayudar to help
azteca Aztec (ancient Mexican
  Indian)
azul blue

B

bachillerato college degree
bailarín (—ina) dancer
bailar to dance
baile *m.* dance
bajar to go down; to lower
bajo *adj.* short (height); *prep.* under
banco bank; bench
balbucear to stammer

bandera banner, flag
bando band
bañar(se) to bathe
baño bath; bathroom; **traje de —**
  bathing suit
barato cheap
barba beard
barbero barber
barco ship; **en —** by ship
barrio neighborhood
barrote, *m.* bar
base *f.* base; basis; **a — de** on the
  basis of
bastante enough; quite, rather
bastar to be enough
basura garbage
batidor *m.* beater
batir to beat
bebé baby
beber to drink
bebida *n.* drink
beca scholarship
belleza beauty
beneficioso beneficial
besar to kiss
beso *n.* kiss
biblioteca library
bicho bug
bien well; **ahora (** *or* **pues) —** well,
  then; **está —** all right; *m.* good;
  welfare; *pl.* goods, possessions
bigote *m.* moustache
billete *m.* ticket; bill (money)
bisabuelo great-grandfather
blanco white; *m.* target
bloque *m.* block
blusa blouse
boca mouth
boda wedding
bodega grocery store (*Sp. Am.*)
boga vogue, fashion
boleto ticket (*Sp. Am.*)
bolsa purse, bag; **Bolsa** Stock Market
bolsillo pocket
bomba bomb; pump; **— de tiempo**
  time bomb
bombardear to bomb(ard)
bombardeo bombing, bombardment
bombero fireman
bonito pretty
bordado de embroidered with; edged
  with

borde *m.* edge ; **al —** at the edge or brink
borrador *m.* eraser
borrar to erase
bosque *m.* forest, woods
bosquejo sketch
botar to launch ; to throw away
bote *m.* boat
botella bottle
botón *m.* button
boxeo boxing
brasileño Brazilian
brazo arm
brecha gap
brillo shine
británico British(er)
broma joke
bronce *m.* bronze
buen(o) good ; **buen mozo** handsome
bufanda scarf
burlar to fool ; **— se de** to make fun of
busca search
buscar to look for

C

caballo horse
cabellos *m.pl.* hair (poetic)
***caber** to fit ; **No cabe duda** There is no doubt...
cabeza head
cacique chief ; political boss
cada each, every
***caer** to fall ; **—se** to fall down
café *m.* coffee ; cafe
cafetera coffee pot
caja box
cajón *m.* drawer
calabozo jail cell
calcetín *m.* sock
calefacción *f.* heating
calentador *m.* heater
calidad *f.* quality
caliente warm ; hot
calor *m.* heat ; ***hacer —** to be hot (out) ; ***tener —** to be (feel) warm
caluroso hot, warm, heated
calvo bald ; bald man
callar(se) to be quiet, hush up

calle *f.* street
cama bed
cámara camera ; bedroom ; chamber
cambiar to change ; to exchange
cambio change, exchange ; **en —** on the other hand
caminar to walk
camino road, path, way
camión *m.* truck ; (*Mex.*) bus
camisa shirt
campesino *n.* farmer ; *adj.* rural
campo country (opp. of city) ; field
canal *m.* canal ; (TV) channel
canción *f.* song
cancha court ; field ; **— de tenis** tennis court
canoa canoe
cansado tired, boring
cansar(se) to tire
cantante singer
cantar to sing
cantidad *f.* quantity
capaz (*pl.* **capaces**) capable
capital *f.* capital (city) ; *m.* capital (money)
capítulo chapter
cara face ; ***tener mala —** to look ill
¡ Caramba ! Well, I'll be... !
caraqueño (from or of) Caracas
cárcel jail
cardíaco cardiac, (of the) heart
carecer (zco) de to lack
carga load
cariño affection
cariñoso affectionate
carne *f.* meat, flesh
carnicería butcher shop ; slaughter
carnicero butcher
carpintería carpenter's shop
carrera career ; race
carretera highway
carro car ; cart
carta letter
cartearse to exchange letters
cartera wallet ; handbag ; brief case
cartón *m.* cardboard ; carton
casa house ; **a —** (going) home ; **en —** at home ; **— solariega** ancestral home
casado married
casamiento marriage
casar(se) to marry
casi almost

caso case ; **en — de que** in case ;
*hacer caso de** or **a** to pay attention to, heed
castigar to punish
castigo punishment
catarro (a) cold
catorce fourteen
caucho rubber
causa cause ; legal matter, case ; **a —
de** because of
ceder to yield, give in
celebrar to celebrate ; **—se** to take
place
celoso jealous
cementerio cementary
cenar to eat supper
censura censorship
centavo cent
centímetro (*abbrev.* **cm.**) centimeter
centro center ; downtown area
cepillar to brush
cepillo brush
cerca *adv.* near(by) ; **— de** *prep.* near
cercanías *f.pl.* environs, outskirts
cercano *adj.* near
cercar to surround, close in on
cerco siege
cerebro brain
cerrar (ie) to close ; **— con llave** to
lock
cerificado certificate
cerveza beer
ciego blind
cielo sky ; Heaven
cien(to) a hundred ; **por —** percent
ciencia science
científico, *n.* scientist ; *adj.* scientific
cierto certain ; a certain
cifra sum, amount
cigarrillo cigarette
cigarro cigar ; cigarette
cincuenta fifty
cine *m.* (the) movies ; movie house
cinta tape ; ribbon
cintura waist
cinturón *m.* belt
circo circus
ciruela plum
cirugía surgery ; **— estética** plastic
surgery
cirujano surgeon
ciudad *f.* city

ciudadano citizen
clamar to appeal for
claridad *f.* clarity
claro clear ; light (skinned or
colored) ; **— está** of course
clase *f.* class ; classroom ; type, kind
cláusula clause
cliente customer ; client
clientela clientele
clima *m.* weather ; climate
clínica clinic ; doctor's office
cobrar to change, collect
cobre *m.* copper
cocer (ue) to cook, boil
cocina kitchen
cocinar to cook
coche *m.* car
cofre *m.* coffer, box
coger to catch ; to seize
cohete *m.* rocket
cojear to limp
cojo lame
cola tail ; line, queue
coleccionista collector
colega colleague
colegio secondary school
colgar (ue) to hang
colmado de overflowing with
colocar to put, place
color *m.* color
colorido colorfulness, color
coma *m.* coma ; *f.* comma
comedia play ; comedy
comentar to comment (on)
comentario comment(ary)
comer to eat ; **—se** to eat up
comerciante businessman
comercio business ; commerce
comida meal ; food
comienzo beginning
como like ; as
¿Cómo? How? ; **¡Cómo!** What! ;
¡ — no! Of course !
compañero companion ; **— de
cuarto** roommate
compañía company
comparación *f.* comparison
comparar to compare
compartir to share
complejo *n.* complex ; *adj.* complicated
cómplice accomplice

*com*poner* to compose ; to put together, fix

comportarse to behave

compositor *m.* composer

compra purchase ; **ir de —s** to go shopping

comprador purchaser

comprar to buy

comprender to understand, include

comprensión *f.* understanding ; comprehension

comprobación *f.* proof ; sounding, test

compr*o*bar (ue) to prove ; to test

comprometerse to agree to ; to compromise oneself

compromiso obligation ; appointment, *date* ; engagement

compuesto *adj.* composed, made up

computadora computer

común common

con with

conceder to concede ; to give

conciencia conscience ; consciousness

concierto concert

concurrido crowded ; well-attended

concurrir to attend

condena (jail) term

condenar to condemn ; to sentence

*conducir to conduct ; to lead ; to drive (a car)

conejo rabbit

conferencia conference ; lecture

conf*e*sar (ie) to confess

confiado confident ; trusting

confianza confidence, trust

confiar (ío) en to trust (in)

confidencia (a) confidence

confitería pastry or sweet shop

confundir to confuse

confuso confused

congelado frozen

conjetura conjecture, guess

conmigo with me

conmoción *f.* commotion, furore

conocer (zco) to know (a person or a place), be familiar or acquainted with

conocido *n.* acquaintance ; *adj.* well-known

conocimiento consciousness ; knowledge (*gen. pl.*)

conque *conj.* so

conquistar to conquer

con*seguir* (consigo) to get, acquire

consejero adviser

consejo (*often pl.*) advice

consentido spoiled

consentir (ie) to consent ; to spoil

conservador(a) conservative

conservar to keep, preserve

consigo with him(self), her(self), etc.

consistir en to consist in or of

cons*o*lar (ue) to console

consonante *f.* consonant ; **— con** *adj.* in accord with

conspiración *f.* conspiracy, plot

construcción *f.* construction ; building

constructor builder

construir (uyo) to build, construct

consultorio office (of a doctor, etc.)

consumir to consume

consumo consumption, using up of products

contador counter ; accountant

cont*ar* (ue) to count ; to tell, relate ; **— con** to count on

contemporáneo contemporary

contento content, satisfied ; glad

conteo count, counting

contestación *f.* answer

contestar to answer

contigo with you

continuar (úo) to continue

contra against

contrabando contraband ; smuggling

*contra*decir* to contradict

*con*traer* to contract

contrario: al — on the contrary

contratar to hire

contrato contract

contribuir (uyo) to contribute

conven*cer* to convince

*con*venir* to be suitable, fitting, wise ; **— en** to agree to

convertir (ie) to convert ; **—se en** to turn into

copiar to copy

corazón *m.* heart

corbata tie

cordón, *m.* cord

corona crown

correo mail ; **(Casa de) Correos** post office ; **echar al —** to mail

correr to run
correspondiente, *adj.* corresponding
corresponsal correspondent
corrida bull fight
corriente current; running
cortar to cut
corte *f.* court; *m.* cut
cortés polite
corteza shell (of a fruit, etc.); bark
cortina curtain
corto short (in length)
cosa thing; **cualquier —** anything
cosecha crop
costar (ue) to cost
costo, coste *m.* cost
costoso costly, expensive
costumbre *f.* custom
crear to create
crecer (zco) to grow
creciente growing
crédulo credulous, gullible, naive
*****creer** to think, believe
cremallera zipper
criada maid
criar (ío) to raise; (a child, crop, etc.)
criatura creature; baby
crimen *m.* crime
Cristóbal Colón Christopher
   Columbus
criterio criterion, standard
crítica criticism
crítico *n.* critic; *adj.* critical
cronista newscaster
cruce *m.* crossing; **— de caminos**
   intersection
crueldad *f.* cruelty
cruz *f.* cross
cruzar to cross
cuaderno notebook
cuadrado square
cuadro painting, picture
cual (el cual), la cual, los cuales,
   las cuales) who, which
¿ Cuál(es) ? which (one or ones) ?
cualidad *f.* quality (of character),
   trait
cualquier(a) any, anyone (at all)
cuando when; **de vez en —** once in a
   while, from time to time
cuanto all that; **en —** as soon as;
   en — a as for; **— mas... tanto**
   menos the more... the less

¿Cuánto ? How much ?; *pl.* How
   many ?
cuarenta forty
cuarto room; quarter; fourth
cuarzo quartz
cubierto de covered with
cubrir (*past part.* **cubierto**) to cover
cuchara spoon
cucharada (a) spoonful
cuchillo knife
cuello neck
cuenta account; bill; *****darse — de**
   to realize; **por su propia —** on
   one's own
cuerda cord, rope
cuero leather
cuerpo body; corps; **C— de Para-**
   caidistas Parachute Corps
cuestión *f.* question, issue
cuidado care; carefulness; **con —**
   carefully; *****tener —** to be careful
cuidadoso careful
cuidar to watch out; **— de** to take
   care of; **—se** to take care of oneself
culebra snake
culpa blame, fault, guilt; **echar la — a**
   to blame
culpable guilty; culprit
culto *n.* cult, religion; *adj.* cultured
cumpleaños *m.sing.* birthday
cumplir to fulfill complete; **— con**
   to fulfill, comply with
cuñada sister-in-law
cura *m.* priest; *f.* cure
cutis *m.* or *f.* skin
cuyo *poss. rel. adj.* whose

CH

chaqueta jacket
charlar to talk, chat
cheque *m.* check
chica, chico girl, boy
chillar to shriek; to squeal
Chipre Cyprus
chiste *m.* joke
chocar (con) to crash (into), collide
   (with), pump; to shock
chofer, chófer driver
chorrear to gush, stream forth

D

dado que granted that

dañar to harm, damage

daño harm, damage; **hacer* — to hurt; *pl.* damages (law)

*dar to give; — **a luz** to give birth to; — **con** to come upon; — **de comer** to feed; — **hambre, miedo**, etc. to make one hungry, afraid; —**se cuenta de** to realize; — **una vuelta** to go around, take a turn around

dato fact; *pl.* information

de of; from; since; as; — **niño** as a boy; — **repente** suddenly

debajo *adv.* underneath; — **de** *prep.* under, below

deber to be obliged to, should, ought; to owe; *m.* duty

debido a due to

débil weak

década decade

decano dean

décimo tenth

*decir to say, tell; **es** — that is to say; ***querer** — to mean

dedicar to dedicate

*de*ducir* to deduce

definir to define

dejar to let, allow; to leave (behind); — **de** to stop (doing something); fail to

delante *adv.* in front, ahead; — **de** *prep.* in front of

delgado slim; thin

delictivo *adj.* criminal

delincuencia crime

delincuente *n.* criminal; delinquent

delito crime

demás: lo the rest (what is left); **los, las** — the rest, the others

demasiado too much; *pl.* too many

demencia insanity; idiocy

demostrar (ue) to show

dentro *adv.* inside; — **de** *prep.* inside (of), within

denunciar to denounce; to accuse; to reveal

dependiente salesperson

deporte *m.* sport

deportivo *adj.* sport(ing)

derecho *n.* right; privilege; law; *adj.* right; **a la derecha** on the right

derramar to shed; to pour

derr*e*tir(se) (i) to melt

derribar to knock down or over

desacuerdo disagreement

desagradable unpleasant, disagreeable

desahogado well-off, comfortable

desaliñado sloppy

desalojar to dislodge

desaparecer (zco) to disappear

desarrollar(se) to develop

desarrollo development

desastre *m.* disaster; mess

desayunar(se) to have breakfast

desayuno breakfast

desbaratar to take apart

descansar to rest

descanso rest

descompuesto out of order

desconfiar (ío) to distrust

desconocer (zco) to ignore; not to know about (something)

desconocido *n.* stranger; *adj.* unknown

descubrimiento discovery

descubrir (*past part.* **descubierto)** to discover

desde *prep.* from; since; — **que** *conj.* since (a certain time)

deseable desirable

desear to desire; to want; to wish

deseo desire

deseoso desirous, wanting

desenganchar to unhook

desesperación *f.* desperation; despair

desesperado desperate

*des*hacer* to undo

deshidratar(se) to dehydrate

desmaterializar(se) to dematerialize

desmayarse to faint

desnudo naked

desocupado unoccupied; idle; indigent

despacio slow(ly)

desparramar to spread about

despedazar to smash to pieces

desp*e*dir (i) to dismiss; — **se de** to take leave of, say goodbye to

despe*g*ar to take off (an airplane)

despegue *m.* takeoff

desperdicio *usually pl.* waste

despertar (ie) to awaken (someone) ; rouse, arouse ; —se to wake
up

despierto awake

después *adv.* afterwards ; then ; later ;
— de *prep.* after ; — de que *conj.*
after

destacado outstanding

desteñido faded

desterrar (ie) to exile

destierro exile

destino destiny ; destination

destreza skill, dexterity

destrozar to ruin

destruir (uyo) to destroy

desván *m.* attic

desviar(se) (ío) to detour, change
course, deviate

detalle *m.* detail

*detener to stop ; to detain ; to arrest ;
—se to stop

detrás *adv.* in back ; — de *prep.* in
back of, behind

devolver (ue) (*past part.* devuelto)
to return, give back (something)

día *m.* day ; hoy en — nowadays

diamante *m.* diamond

diario *n.* newspaper ; diary ; *adj.* daily ;
a — daily

dibujar to sketch, draw

dibujo sketch, drawing

dictador dictator

dictar to dictate ; to rule

dicho (*past part. of* decir) said ;
mejor — rather, I mean ; *n.* saying

diente *m.* tooth

dieta diet

diez ten

difícil difficult, hard

difundir to diffuse, spread about ; to
broadcast

difunto dead, deceased

dígito digit

dignatario dignitary

dilema *m.* dilemma, problem

diligencia errand ; diligence

dinamitar to dynamite, blow up

dinastía dynasty

dineral *m.* (a) fortune

dinero money

Dios God ; ¡ Por —! ¡— mío ! For
Heaven's sake !

dirección *f.* address ; direction

director director ; principal (of a
school)

dirigir to direct ; to conduct ; —se a
to turn to, address

disco (phonograph) record

disculpa apology ; excuse

disculpar to forgive ; —se to
apologize

discutir to argue ; to discuss

disfrutar (de) to enjoy

disgusto displeasure

disparar to shoot

disparate *m.* nonsense

*disponer to ready ; to dispose

dispuesto ready

distar to be a certain distance from

distinguir to distinguish

distinto a different from

*distraer to distract ; —se to enjoy
oneself

distribuir (uyo) to distribute

distrito district

diverso diverse ; *pl.* various

divertido funny, amusing ; enjoy-
able

divertirse (ie) to have a good time

dividir to divide

doblar to turn ; to fold ; to double ;
—se to fold up, curl up

doce twelve

docena dozen

dócil gentle ; tame

dólar *m.* dollar

dolor *m.* pain ; grief ; sorrow

dominar to dominate ; to command (a
language or position)

domingo Sunday

donde where

dormido asleep, sleeping

dormir (ue) to sleep ; —se to fall
asleep

dormitorio bedroom ; dormitory

dosis *f.* dose, dosage

droga drug

duda doubt

dudar to doubt

dudoso doubtful

dueño owner

dulce sweet

durante during
durar to last
duro hard (as a substance)

E

e and (*before words beginning with i or hi, but not hie*)
echar to throw, hurl, cast; — **una carta al correo** to mail a letter; — **una siesta** to take a nap
edad *f.* age; **mayor de** — of adult age
edificio building
editar to publish
efecto effect; **en** — in fact
efectuar (úo) to bring about; **—se** to happen, come about, be realized
eficaz (*pl.* **eficaces**) efficient
egipcio Egyptian
egoísta selfish
ejecución *f.* execution; working out, realization
ejecutivo executive
ejemplar *m.* copy (of a book)
ejemplo example; **por** — for example
ejercicio exercise
el que (la que, los que, las que) the one(s) who, he who, those who; who; which
elegir (i) to elect
elevador *m.* elevator
elevar to raise; **—se** to rise
ello (*neuter pron.*) it; — **es que...** the fact is that...
embarcar(se) to embark, board
embargo: sin — nevertheless
empañar to blur
empezar (ie) to begin
empleado employee
empleador employer
emplear to employ; to use
empleo job
empujar to push
en in; on; at (a certain place)
enamorado in love
enamorarse (de) to fall in love (with)
encantado delighted; enchanted
encantador(a) delightful, charming
encanto charm

encarnación *f.* incarnation
encendedor *m.* cigarette lighter
encender (ie) to light; to turn on (a radio, lights, etc.)
encerrar (ie) to enclose, lock up
encima *adv.* on top; — **de** *prep.* above, on top of
encontrar (ue) to find, meet
encuentro meeting; encounter
enemigo enemy
enfadar to anger; **—se** to get angry
enfermar(se) to make or get sick
enfermedad *f.* illness, disease
enfermera nurse
enfermizo sickly
enfermo sick
enfoque *m.* focus
enganchar to hook up
engañar to fool, deceive; to cheat
engaño fraud; deceit
engendrar to engender
engordar to make or get fat
Enhorabuena Congratulations
enigma *m.* unsolvable puzzle, mystery
enmarcar to frame
enojar to anger; **—se** to get angry
enriquecer (zco) to make or get rich
enroscar(se) to twist or curl up
ensayo essay; effort, attempt
enseñanza education
enseñar to teach
ensuciar to dirty
entender (ie) to understand
enterarse de to find out about
entero entire, whole
entonces then
entrada entrance
entrar (en—*Spain,* **a**—*Sp. Am.*) to enter
entre between, among
entregar to deliver, hand over; **—se** to surrender; **—se a** to devote oneself
entrenamiento training
entresemana: día de — weekday
entretanto meanwhile, in the meantime
*****entretener** to entertain
entretenimiento entertainment
entrevista interview
entrevistar to interview
enumerar to enumerate, count
envasar to wrap, package

envejecer (zco) to get old
envejecimiento aging
enviar (ío) to send
envidia envy
envidioso envious
envolver (ue) (*past part.* **envuelto**) to involve ; to wrap
epidemia epidemic
episodio episode
época epoch, period
equipo team
*equivaler to be the equivalent of
equivocarse to make a mistake
equívoco misleading ; equivocal
esbelto slender
escalera stairway ; — **automática** escalator
escalerilla ladder
escaparate *m.* store window
escape *m.* escape
escena scene ; stage
escéptico skeptic(al)
escoger to choose
escolar *adj.* school
escribir (*past part.* **escrito**) to write
escrito written
escritor(a) writer
escritorio desk ; study
escritura writing ; script
escuadrón *m.* squadron
escuchar to listen (to)
escuela school
esculpir to sculpt
escultor(a) sculptor, sculptress
escultura sculpture
ese (a, os, as) *dem. adj.* that, those near you) ; **ése**, *etc. pron.* that one, those
esforzarse (ue) por to strive to, make an effort or attempt to
esfuerzo effort
eso that (*neuter*) ; **a — de** about (a certain time) ; **por —** therefore
espacial *adj.* space ; **nave —** space ship
espacio space
espalda shoulder ; back
espanto fright
especialidad *f.* specialty ; "major"
especializarse to specialize ; to "major"
especie *f.* species

espectador spectator
espejo mirror
espera wait ; **sala de —** waiting room
esperado hoped for ; expected
esperanza hope
esperar to hope ; to wait for ; to expect
espía spy
espina spine ; thorn ; — **dorsal** spine
esplendoroso splendid; lavish
espontáneo spontaneous
espíritu *m.* spirit
esposa, esposo wife, husband
esquiación *f.* skiing
esquiador skier
esquiar (ío) to ski
esquina (outside) corner
establecer (zco) to establish
estación *f.* station ; season
estacionar to park (a car)
estadio stadium
estadista statesman
estado state ; — **civil** matrimonial status
estadounidense American, (of the) U.S.
estallar to explode ; to break out
estante shelf
estantería shelving
*estar to be (*located or in a certain position, condition or state*)
este (a, os, as) *adj.* this, these ; **éste**, etc. *pron.* this one, these
esterlina sterling
estilo style
estimado esteemed
estimular to stimulate
esto this (*neuter*)
estómago stomach
estrecho narrow
estrella star
estudiantado student body
estudiantil *adj.* student
estudiar to study
estudioso studious
estupor *m.* stupor, bewilderment
etiqueta etiquette ; (sales) ticket
europeo European
eutanasia mercy killing, euthanasia
evacuar (úo) to evacuate
evitar to avoid
exagerar to exaggerate

examen *m.* examination
exhalar to exhale, breathe out
exigente demanding, exacting
exigir to demand, exact, require
existir to exist
éxito success; *****tener** — to be
   successful, succeed
experimentar to experience
explicación *f.* explanation
explicar to explain
 *****exponer** to expose; to explain;
  to espouse a point of view
exportación *f.* export
exposición *f.* exhibition
expresionismo expressionism, a
  highly subjective art form concen-
  trating on inner rather than objective
  reality
expulsar to expel
extender(se) (ie) to extend
extenso extensive
extranjero *n.* foreigner; **en el —**
  abroad; *adj.* foreign
extraño strange, curious, odd
extremado *adj.* extreme
extremo *n.* extreme; end, tip

F

fábrica factory
fabricante manufacturer
fácil easy; likely
facilitar to facilitate, make easier
falda skirt
falsificador(a) forger
falta fault; lack; *****hacer** — to be
  lacking or needed
faltar to be lacking; — **a** to fail in; to
  be absent from
fama fame; reputation
familia family
familiar *n.* relative
fantasía fantasy
fantasma *m.* ghost, phantom
farmacia pharmacy
fascinante fascinating
favor *m.* favor; **por** — please
favorecer (zco) to favor
fe *f.* faith
febril feverish
fecha date (of the month)

felicidad *f.* happiness
felicitaciones *f.pl.* congratulations
felicitar to congratulate
feliz (*pl.* felices) happy
fenómeno phenomenon
feo ugly
feroz (*pl.* **feroces)** fierce
ferretería hardware store
ferretero hardware store owner
ferrocarril *m.* railroad
fertilizante *m.* fertilizer
fetal *adj.* of or like a fetus
fiarse (ío) (de) to trust
fiel faithful
fiesta party; holiday
¡ Figúrese! Imagine!
fijar to affix; **—se en** to notice
fijo fixed; steady
film *m.* movie
filo edge
fiscal prosecuting attorney
física physics
físico *adj.* physical; *n.* physicist
flaco skinny
florecer (zco) to flourish
florero flower vase
fondo bottom; rear; depth
forzar (ue) to force
forzoso forced, forceful
foto *f.* photo
fracasar to fail
fracaso failure
francés French; Frenchman
frase *f.* phrase; sentence
fraude *m.* fraud, gyp
frenético frenzied
frente *f.* forehead; *m.* front; — **a**
  prep. facing
fresco fresh; cool
frío *n.* cold; *****hacer** — to be cold
  (out); *****tener** — to be (feel) cold;
  adj. cold
frívolo frivolous, flighty
fruta fruit(s)
fuego fire
fuera *adv.* (on the) outside; **—de**
  prep. outside of
fuerte strong
fuerza strength; force
fuga flight, escape
fugarse to elope; to abscond; to flee
fumar to smoke

función *f.* function ; performance
fundación *f.* founding
fundar to found, establish
fuselaje *m.* fuselage (of a plane)

G

gabinete *m.* cabinet
gafas *f.pl.* eyeglasses
gana desire, urge ; **tener —(s) de* to feel like (doing something)
ganancia gain, profit
ganar to win ; to earn
ganga bargain
garage *m.* garage
garantía guarantee
garantizar to guarantee
garganta throat
gastar to spend
gasto expense
gato cat
gemelo twin
genial brilliant
genio genius
gente *f. sing.* people
gentileza politeness ; refinement
gestación *f.* gestation, spawning
globo globe ; ball ; balloon
gobernar (ie) to govern
gobierno government
golosina treat (sweet, etc.)
golpe *m.* blow, punch
goma gum ; rubber
gordo fat
gotera drip
gozar (de) to enjoy
gracia wit ; gracefulness
gracioso witty ; funny
grado grade ; degree
graduarse (úo) to graduate
gramática grammar
gran(de) large ; great
granero granary, storehouse
granja farm
grano grain
grave serious, critical, grave
gravedad *f.* gravity
gris gray
gritar to shout
grito shout
grupo group

guante *m.* glove
guapo handsome
guarda *m.* guard
guardar to keep ; **— la lengua** to hold one's tongue
guerra war
guía *m.* guide ; *f.* guidebook
gustarle (algo a alguien) to like (something)
gusto pleasure, taste

H

*haber to have (*auxiliary verb to form compound tenses*) ; **— de** to be supposed or expected to ; must (*probability*)
hábil skillful
habilidad *f.* ability ; skill
habitación *f.* room ; bedroom
habitante inhabitant
hablador(a) *adj.* talkative
hablar to speak, talk
hace (+ *verb in past*) ago ; **— poco** a short while ago
*hacer to make ; to do ; **— calor, frío, viento** to be warm, cold, windy ; **— falta** to be lacking or needed ; **— una pregunta** to ask a question ; **— un viaje** to take a trip ; **— una visita** to pay a visit ; **—se** to become
hacia towards
hallar to find
hambre *f.* **(el hambre)** hunger ; ***tener —** to be hungry
hasta *prep.* even ; until ; **— que** *conj.* until
hay there is, there are ; **— que** it is necessary to
hazaña deed
He aquí... Here is...
hectárea hectare (approx. 2 acres)
hechicero ; hechicera wizard ; witch
hechizo (witch's) spell
hecho *n.* fact, deed ; *past part. of* **hacer** made, done
heredero heir
herencia inheritance
herida wound, injury
herir (ie) to wound, hurt

350

hermana, hermano sister, brother
hermoso beautiful
hermosura beauty
héroe hero
gielo ice
hierro iron
hígado liver
hija, hijo daughter, son
hijastro stepson
hilo thread ; wire
historia history ; story
hogar *m.* home ; hearth, fireplace
hogareño home-loving
hoja leaf ; sheet of paper
homicidio murder, homicide
honra honor
honradez *f.* honesty
honrado honest
hora hour ; time
horadar to perforate
horóscopo horoscope
hoy today ; — **(en) día** nowadays ;
  — **mismo** this very day
hueco hollow
huelo *Cf.* **oler** to smell
huella trace ; track
huésped guest
huída flight ; escape
*huir (uyo) to flee
húmedo humid ; wet
humildad *f.* humility
humilde humble
huracán *m.* hurricane

I

identidad *f.* identity
identificar to identify
idioma *m.* language
idiotez *f.* idiocy
ídolo idol
iglesia church
ignorar not to know, be unaware
igual equal to, like ; same
igualdad *f.* equality
ilimitado unlimited
iluso (a person) filled with illusions,
  dreamer
imagen *f.* image ; picture
imaginarse to imagine
impedir (i) to prevent ; to impede

imperio empire
*imponer to impose
importar to matter, be important ;
  to import ; **¿Le importa?** Do you
  mind? ; **No importa.** It doesn't
  matter.
impresionar to impress
incendio fire
incluir (uyo) to include
incluso including
inconfundible unmistakeable
inconsciencia unconciousness
increíble incredible
indefinidamente indefinitely
indescriptible indescribable
indicar to indicate ; to point out
indio Indian
individual *adj.* individual
individuo *n.* (an) individual
indudablemente undoubtedly
inesperado unexpected
infierno Hell
influenciar to influence
infundado unfounded, baseless
Inglaterra England
inglés English ; Englishman
ingresar (en) to enter ; to enroll
iniciar to initiate, start
injuriar to insult ; to hurt
injusto unjust
inmerso immersed
inolvidable unforgettable
inquebrantable unbreakable
inseguro unsafe ; unsure
insistir (en) to insist (on)
insomnio lack of sleep, insomnia
instalar to install
íntegro whole, intact
intencionado intentional
interés *m.* interest ; *pl.* (bank) interest,
  dividends
interesante interesting
interesar to interest
*introducir to introduce (a subject,
  etc.) ; to move into
intruso intruder
inútil useless
invertir (ie) to invest
inversión *f.* investment
invierno winter
invitado guest
inyección *f.* injection

inyectar to inject
*ir to go; **Vamos a** (+ *infin.*) Let's...
izquierdista leftist
izquierdo left; **a la izquierda** on the left

J

jamás never; ever (*negative implication*)
jamón *m.* ham
jefe chief, boss; leader
jersey *m.* T-shirt; sweater
Jesucristo Jesus Christ
joven (*pl.* jóvenes) *n.* young person, youth; *adj.* young
joya jewel
joyería jewelry store
joyero jeweler
judío Jew(ish)
juego game; gambling
jueves Thursday
juez judge
jugar (ue) to play (a game)
juguete *m.* toy
juicio judgment
juntar(se) to join
junto *adj.* (*generally pl.*) together; **— a** *prep.* near, next to
jurado jury
jurar to swear
justificar to justify
juventud *f.* youth

K

kilo a measure equal to a little more than two pounds
kilómetro approximately 5/8 of a mile

L

laberinto labyrinth, maze
labio lip
lado side; **de al —** neighboring, adjoining
ladrar to bark
ladrido bark(ing)
ladrillo (*generally pl.*) brick(s)

ladrón (ladrona) thief
lámpara lamp
lana wool
lancha motor boat, launch
lanzar to throw, hurl; to launch
largo long (NOT *large*)
lástima pity
lata tin; can; mess (*slang*)
lavar(se) to wash
leal loyal
lealtad loyalty
lector(a) reader
lectura reading (NOT *lecture*); **sala de — (s)** reading room
leche *f.* milk
lechero milkman
lecho bed
*leer to read
legitimidad *f.* legitimacy
lejano *adj.* far off, distant
lejos *adv.* far away; **— de** *prep.* far from; **a lo —** in the distance
lema *m.* motto
lengua language, tongue
lento slow
lesión *f.* lesion, injury; wound
lesionado maimed
letrero sign, poster
levantar to raise, lift up; **—se** to rise, get up
ley *f.* law
libra pound; **— esterlina** pound sterling
libre free (unrestricted); **al aire —** in the open air; **lucha —** wrestling
librería bookstore
librero bookstore
libro book
licenciatura M.A. degree
límite *m.* limit; boundary
limpiar to clean
limpio clean
lío tie-up; mess (*slang*); **— de tráfico** traffic jam
lista list
listo ready; smart
litro liter (liquid measure slightly more than a quart)
loco crazy
locomotora locomotive
lógica logic
lógico logical

lograr to achieve; to succeed in
Londres London
lo que *rel. pron.* what; which
lote *m.* lot
lúcido wide awake, clear-minded
lucha fight
luchar to fight
luego then; next; afterwards
lugar *m.* place, locale; ***tener —** to take place
lujo luxury
lujoso luxurious
luna moon; **Hay —.** The moon is out.
lunes Monday
luz (*pl.* **luces**) *f.* light

LL

llamada call
llamar to call; **—se** to be named or called
llave *f.* key
llegada arrival
llegar to arrive; **— a ser** to become, get to be
llenar to fill
lleno de filled with, full of
llevar to carry, bring; to wear; **—se bien** to get along well
llorar to cry
llover (ue) to rain
lluvia rain
lluvioso rainy

M

madera wood; **de —** wooden
madre mother
madrugada dawn
madurez *f.* maturity; ripeness
maduro mature; ripe
magistrado magistrate, judge
magnífico magnificent, wonderful
mago magician
majestad *f.* majesty
mal *m.* evil; *adv.* badly
mal(o) *adj.* bad
maleta suitcase
maloliente foul-smelling
mandar to send; to order

mandato command; mandate
manecilla little hand
manejar to drive (a car); to manipulate
manera way, manner; **de alguna —** somehow, in some way; **de — que** *conj.* so (that)
maniático lunatic, maniac
manifiesto *adj.* obvious, manifest
mano *f.* hand
***mantener** to maintain; to support (a family, etc.)
mañana tomorrow; morning
máquina machine; **— de escribir** typewriter
mar *m.* sea
maravilla marvel; **¡ Qué—!** How great!
maravilloso marvelous, wonderful
marca brand
marco frame
marcha : ***poner en —** to set in motion
marcharse to go away, walk off
marchitarse to wither
marido husband
martes Tuesday
marzo March
más more; most; **— bien** rather; **por — que** no matter how much
masa mass (of people, etc.)
masaje *m.* massage
mascar to chew
matar to kill
materia subject matter; subject, course (in school); (physical) matter
material *m.* material
matrimonio marriage; married couple
maya Maya (Indian of Yucatán and Guatemala)
mayor older, oldest; greater, greatest; larger, largest
mayoría majority
máximo maximum
mecanógrafa typist
mecer to rock
medalla medal
media stocking
mediados : **a — de** around the middle of
mediano *adj.* average

medianoche f. midnight
mediante by means of
médico n. doctor; adj. medical
medida measure; **a — que**; conj. as (something was progressing, etc.)
medio n. means; middle; **en — de** in the middle or midst of; **por — de** by means of; adj. and adv. half
mediodía m. noon
medir (i) to measure
mejor better, best
mejora improvement
mejorar to improve
mejoramiento improvement, betterment
menor younger, youngest; lesser, least; minor; **— de edad** (a) minor
menos less; minus; **al —, a lo —, por lo —** at least
mente f. mind
mentir (ie) to lie
mentira lie
menudo: **a —** often
mercancía merchandise
merecer (zco) to deserve, merit
mes m. month
mesa table; desk
metafísica metaphysics (a branch of philosophy)
metal m. metal
meter to put (into)
metido involved
método method
metro meter (app. 39 inches); subway
miedo fear; *tener — to be afraid
miembro member
mientras conj. while; **— tanto** adv. meanwhile, in the meantime
miércoles Wednesday
Miguel Angel Michaelangelo
mil a thousand
milagro miracle
milenio 1000 years, millenium
militar n. soldier
milla mile
millón m. million (always followed by **de**)
mínimo n. minimum; adj. least, slightest
minoría minority
mirada look, glance

mirar to look at
mismo itself; same; very; **ahora —** right now; **hoy —** this very day; **lo — que** the same as
misterio mystery
moda style
modificar to modify
modo way, manner, means; **de algún —** somehow; **de — que** conj. so (that)
molestar to annoy, bother
molestia bother, trouble
molesto annoying; annoyed
monarca monarch
monstruo monster
montar to set up; to mount; **— en** to board, get on or in
montón m. mound, pile
morder (ue) to bite
moreno brunet(te); dark-complexioned
morir (ue) (past. part. **muerto**) to die
mostrar (ue) to show
mote m. slogan
mover(se) (ue) to move
móvil movable
movimiento movement
mozo young man; waiter; **buen —** handsome
muchacha, muchacho girl, boy
mucho (very) much; pl. many
mueble m. piece of furniture; pl. furniture
mueblero furniture dealer
muelle m. dock; spring (of a bed, etc.)
muerte f. death
muerto dead
mujer woman; wife
mujercita little woman
multiplicar to multiply
mundial (of the) world; worldwide
mundo world; **todo el —** everybody
muñeca doll; wrist
muro wall
mutuo mutual
muy very

N

nacer (zco) to be born
nacimiento birth

nada nothing, (not ... anything; — **de**... no...; **De —.** You're welcome

nadar to swim

nadie nobody, no one, (not)... anyone

nariz f. nose

narrar to narrate, relate

naturaleza nature

naufragar to become shipwrecked

navaja razor

nave f. ship

Navidad f. Christmas

necesitar to need

negar (ie) to deny; **—se a** to refuse

negociante businessman

negocio business

negro black

nena, nene baby

neoyorquino New York(er)

neurona neuron (physiology)

nevar (ie) to snow

ni not (even); — **siquiera** not even; **ni...ni** neither...nor

nieta, nieto grandchild

nieve f. snow

ningún, ninguno (-a, -os, -as) no, no one or none (of a group); **de ninguna manera** in no way

niña, niño girl, boy; child

niñez f. childhood

nivel m. level; standard

noche f. night; evening

nombramiento appointment

nombre n. name; — **de pila** given name

norte m. North

nota note; grade (school)

noticia (*often pl.*) news

novecientos nine hundred

novela novel; radio serial

noveno ninth

noventa ninety

novia, novio sweetheart; bride, groom

nube f. cloud

nuevo new; **de —** over again

número number

nunca never

nutrir to nourish

nutritivo nutritious

O

o or; **o...o** either...or

obedecer (zco) to obey

objeto object

obligar to oblige, obligate

obra work (often of art)

obrero worker

obstáculo obstacle

***obtener** to obtain

octavo eighth

oculto hidden; occult

ocupado busy; occupied

ocupar to keep busy; to occupy

ocurrir to occur; **ocurrírsele a uno** to occur to someone, get an idea

ochenta eighty

odiar to hate

odio hate

oeste m. West

oferta offer

oficina office

oficio occupation; public office

ofrecer (zco) to offer

oído (inner) ear; **al —** into one's hear (whisper, etc.)

***oír** to hear; — **decir que** to hear (it said) that; — **hablar de** to hear about (someone or something)

¡Ojalá! How I hope...! If only...!

ojo eye

oler (huelo) to smell

olor m. odor, smell

olvidar(se de) to forget (about)

olvido oblivion; forgetfulness

omitir to omit

once eleven

onceno eleventh

***oponerse a** to oppose

opuesto opposed; opposite

oración f. sentence; prayer

orden (*pl.* órdenes) m. order, orderliness; succession; f. order (command); religious order

ordenado orderly

ordenar to order; to put in order

orgullo pride

orgulloso proud

orientar to place; to orient

Oriente m. East; **Extremo —** Far East

origen m. origin

orilla shore ; edge
oro gold
oscuridad *f.* darkness ; obscurity
oscuro dark ; obscure
otoño autumn
otro other, another

P

padecer (zco) de to suffer from
padre father ; *pl.* parents
pa*g*ar to pay
página page
pago payment
país *m.* country
paisaje *m.* countryside, landscape
paja straw
pájaro bird
palabra word
pálido pale
palo stick ; — de Navidad Christmas tree
pan *m.* bread
panadería bakery
panadero baker
pantalón *m.* (*usually pl.*) trouser(s)
pantalla screen
pañuelo handkerchief
papel *m.* paper
paquete *m.* package
para for, in order to, by or for (a time or date), considering, with respect to ; — que *conj.* in order that, so that
paracaídas *m. sing.* parachute
paracaidista *m.* parachutist
parada stop ; stopping
parado standing ; stopped
paraguas *m. sing.* umbrella
paraíso paradise
parar(se) to stop
pardo brown
parecer (zco) to appear, seem, look ; — mentira to be incredible ; —se a to resemble
parecido similar, bien — good looking
pared *f.* wall
pareja couple
parienta, pariente relative
parque *m.* park

parte *f.* part ; gran — a large part ; la mayor — most, the majority ; — de repuesto spare part ; por otra — on the other hand
particular private ; particular
partida departure
partido (political) party ; game (of a sport)
parvada flock (of birds)
pasado *n.* past ; *adj.* past, last ; la semana pasada last week
pasaje *m.* passage
pasajero passenger
pasaporte *m.* passport
pasatiempo pastime, diversion
pasearse to take a walk, stroll or ride
paseo walk ; ride ; *dar un — to take a walk, etc., *irse de — to take a little trip
paso step ; pass ; passage ; *dar un — to take a step
pastilla pill ; stick (of gum) ; candy or cough drop
pata foot (of an animal) ; —s arriba upside down
patente obvious, patent
patético pathetic, pitiful
patria country, fatherland
patriarca patriarch, ruling male of the family or clan
patrón (patrona) boss
paz *f.* peace ; dejar en — to let someone alone
pecado sin
pedazo piece ; *hacerse —s to smash into pieces
pedir (i) to ask for, request ; — prestado to borrow
pe*g*ar to hit, strike ; to stick, paste, affix
peinar(se) to comb
peine *m.* comb
pelea fight
pelear to fight
peletería fur or leather shop
peletero furrier ; leather goods seller
película film ; movie
peligro danger
peligroso dangerous
pelo hair ; tomar el — a alguien to tease someone
pelota ball
peluquería barbershop

peluquero barber
pena pain ; grief ; penalty ; — de muerte death sentence
pensador thinker
pensamiento thought
pensar (ie) to think ; — de to think of (opinion) ; — en to think about, contemplate
peor worse ; worst
pequeño small, little (in size)
percibir to perceive
perder (ie) to lose ; to miss (a train, etc.)
perdonar to forgive, pardon, excuse
pereza laziness
perezoso lazy
perfume m. perfume
periódico n. newspaper
periodista journalist
peripecia danger, adventure
perjuicio harm ; pl. (law) damages
perla pearl
permanecer (zco) to remain
permiso permission
permitir to permit, allow, let
pero but
perro dog
persecución f. pursuit
perseguir (persigo) to pursue ; to persecute
persona (always f.) person ; pl. people
personaje personage ; important person ; character (in a book)
pertenecer (zco) to belong
pertenencias f. pl. belongings
pesado heavy ; boring
pesar to weigh ; to grieve ; m. grief ; spite ; a — de in spite of
pescado fish (food)
peseta Spanish unit of currency
peso weight ; Sp. Am. unit of currency
pez m. fish (alive)
pie m. foot ; a — on foot ; en — standing ; *ponerse de — to stand up
piedra stone
piel f. fur ; skin ; abrigo de pieles fur coat
pierna leg
pieza piece ; part ; room ; — de repuesto spare part
pilotear to pilot
pintar to paint

pintor(a) painter
pintura painting
pirámide f. pyramid
pisada step
piso floor ; story (of a building)
pista track ; lane ; landing strip
plan m. plan
plancha (pressing) iron
planchar to iron
planeación acuática surfing
planear to plan ; to surf
planeta m. planet
planta plant ; floor (of a building) ; — baja ground floor
plata silver
platino platinum
plato plate ; dish (of food)
playa beach
plaza town square ; plaza
plazo term, length of time ; a —s on instalments, on time
pleito lawsuit
plenilunio full moon
pleno full ; obvious
población f. population ; town
pobre poor
pobreza poverty
poco little (in amount) ; a — shortly after ; — a — little by little
*poder to be able, can ; m. power
poesía poetry
poeta, poetisa poet(ess)
policía m. policeman ; f. police (force)
policial adj. police
política politics ; policy
póliza (insurance) policy
pompa pomp, ritual
*poner to put, place ; — en marcha to start up ; —se a to begin to
por by, for, per, during, in (the AM, PM), through, along, for the sake of, on behalf of, on account of, in quest of, instead of, because of, in exchange for ; — que so that ; — más que no matter how much
porcelana porcelain, china
¿Por qué? Why
porque because
portarse to behave
portátil portable
*poseer to possess

poste *m.* post
postura position (on a question)
practicar to practice
precio price
precioso cute, adorable; precious
***predecir** to predict
predominio dominance, predomination
preferir (ie) to prefer
pregunta question; ***hacer una —** to ask a question
preguntar to ask a question, inquire
preguntón(ona) inquisitive
prejuicio prejudice
premio prize
prenda article (of clothing, etc.)
prender to seize; to arrest; to ignite; to turn on (a light, etc.)
prendido turned on (as a light, radio)
prensa press
preocupar(se de) to worry (about)
presentado: bien — nice appearing
presentar to present; to introduce
preso *n.* suspect; convict; *adj.* arrested
prestanombre *m.* false name
prestar to lend; **— atención** to pay attention
pretender to attempt to; to pretend to (something)
prevaleciente prevailing
previsto foreseen
prima, primo cousin
primario primary
primavera springtime
primer(o) first
príncipe prince
principio beginning; principle; **al —** at first
prisa hurry, haste; ***darse —** to hurry up; ***tener —** to be in a hurry
prisionero prisoner
probar (ue) to prove; to try; to taste; **—se** to try on
problema *m.* problem
proceso process
prodigar to lavish
***producir** to produce
productor producer
profundidad *f.* depth; profundity
profundo deep; profound
programa *m.* program

progresista progressive
prohibir to prohibit
promesa promise
prometer to promise
pronombre *m.* pronoun
pronto soon; **de —** suddenly
propiedad *f.* property
propietario owner, proprietor
propina tip
propio own; proper
proporcionar to give; to afford, offer
propósito purpose; **a —** by the way; **de —** on purpose
propuesta proposal
propuesto proposed
proteger to protect
protegido protegé; pet
provecho advantage; profit
***proveer** to provide
provisto de provided with
próximo *adj.* next; **— a** near
prueba proof; test
psicólogo psychologist
psiquiatra psychiatrist
publicar to publish
pudín *m.* pudding
pudrir(se) to rot
pueblo town; people; public
puente *m.* bridge
puerta door; gate
pues well, ...; **— bien** well, then; *conj.* since (because)
puesto post, job; **— que** *conj.* since (because)
pulgada inch
pulgar *m.* thumb
pulmotor *m.* lung machine
pulsera bracelet; **reloj (de) —** wristwatch
punto point; **a — de** about to; **en —** on the dot
puñal *m.* dagger, knife
puñalada stab
puño fist

Q

que *rel. pron.* that, who, which; *prep.* **— (+ *infin.*)** to (do, etc.); **algo — hacer** something to do; **la semana — viene** next week

¿Qué? What? Which?; **¿— tal?** How goes it? Hi

¡Qué! What a...!; **¡— va!** Go on!

quedar to be remaining or left over, to remain in a certain condition; **—le a alguien** to have... left; **—se** to remain, stay on

quejarse (de) to complain (about)

quemar to burn

quepo: *Cf.* **caber** to fit

*querer to want; like, love (a person); **— decir** to mean, imply

querido dear

quesero cheesemaker or seller

queso cheese

químico *n.* chemist; chemical; *adj.* chemical

quinientos five hundred

quinqué *m.* (kerosene) lamp

quirúrgico surgical

quitar to take away; to take off, remove; **—se** to take off (onself)

quizá(s) perhaps, maybe

R

rabieta tantrum, rage

radicarse (en) to be rooted (in), stem (from)

radiografía X-ray

raíz (*pl.* **raíces)** root

rama branch

ramillete bouquet (of flowers)

raptar to kidnap; to rape

rapto kidnapping; rape

rareza rarity

rato little while

rayo ray

raza race (of people)

razón *f.* reason; ***tener —** to be right; **no tener —** to be wrong

realidad *f.* reality; **en —** actually, really

realización *f.* fulfillment; realization

realizar to realize, bring about, fulfill

reanudar to renew, start again

rebelarse to rebel

rebelde rebellious

receta recipe; prescription

recibir to receive

recién, reciente recent; **— casado** newlywed; **— llegado** new arrival

recinto enclosed area

recipiente *m.* receptacle

reclamar to reclaim; to demand

reclamo claim

recoger to pick up; to gather up

recomendar (ie) to recommend

reconocer (zco) to recognize

reconocimiento recognition; deference; gratitude

reconstruir (uyo) to reconstruct

recordar (ue) to remember; to remind of

rector(a) principal (of a school)

recuerdo memory; souvenir

recuperar to get back, recoup

rechazar to reject, refuse

rechazo rejection

red *f.* net; network

redondo round

*reducir to reduce; to capture

reelegir (i) to reelect

reemplazar to replace

referente referring

referir(se a) (ie) to refer to

reflejar to reflect

reflejo reflection

refrescar to refresh; to cool off

refutar to refute, negate

regalar to give as a gift

regalo gift

regañar to scold

regar (ie) to spray; to water; to strew about

regresar to return

regreso return

rehusar to refuse

reina queen

reinar to rule, reign

reino kingdom

*reír (ío) to laugh; **—se de** to laugh at, make fun of

reloj *m.* watch; clock; **— (de) pulsera** wrist watch

relojero watchmaker

remediar to remedy, improve

remedio remedy; alternative; **No hay más —.** There's no other way.

reparar to repair; **— en** to notice

repasar to review

repaso review

repente: de — suddenly
repetir (i) to repeat
reportaje *m.* news report; reporting
representante *n.* representative
representar to represent; to look like
reprimir to repress
***reproducir** to reproduce
repuesto *n.* replacement
resbalarse to slip
resentir(se de) (ie) to resent
residir to reside
resolver (ue) (*past part.* **resuelto**) to resolve, solve; **—se a** to determine to
respaldar to support, back up
respecto respect, aspect; **a este —** in this respect
respetar to respect
respeto respect, admiration
respirar to breathe
responder to reply, respond
respuesta answer
resuelto resolved, determined
resultado result
resultar to turn out; to result
reto challenge
retrasar to slow up, delay
retraso delay
retrato portrait
reunir (úno) to gather; **—se** to meet, get together
reventar (ie) to burst
revés *m.* reverse
revisar to check, inspect; to revise
revista magazine
rey king
rezar to pray
rico rich; ***hacerse —** to get rich
riesgo risk
rincón *m.* corner (inside)
riñón *m.* kidney
río river
riquísimo very rich
robar to rob; to steal
robo robbery
rodar (ue) to roll; to show or make (a film)
rodeado de surrounded by
rodear to surround
rogar (ue) to beg; to pray
rojizo reddish
rojo red

romper (*past part.* **roto**) to break
ropa (*often pl.*) clothing
ropería clothing store
ropero clothier
rostro face
roto broken
rubí *m.* ruby
rubio blond
rueda wheel
ruido noise
ruidoso noisy

S

sábado Saturday
sábana bed sheet
***saber** to know (fact), know how, know thoroughly or by heart; (*preterit*) found out, learned
sabor *m.* flavor
sabroso tasty
saca sack (for mail, etc.)
sacar to take out; to get (a grade); to take (a photo)
saco (suit) coat or jacket
sacrificar(se) to sacrifice
sacudir to shake; to dust (furniture)
sal *f.* salt
sala living room; **— de clase** classroom; **— de lecturas** reading room
salida exit
salido protruding
***salir** to go out; to come out; to leave; **— para** to leave for
salsa sauce
salud *f.* health; **¡ S—!** God bless you!; Cheers!
saludable healthful
saludar to greet; to salute
salvar to save; to bridge (a gap)
salvavidas *m. sing.* life preserver; **lancha —** lifeboat
salvo safe; **— y sano** safe and sound; *prep.* except
San (*abbrev. for* **santo**) saint
sanatorio sanatorium, private hospital
sangre *f.* blood
sangrefría *f.* cold blood
sano healthy
santo saint; holy
satélite *m.* satellite

*satifacer (*Cf.* **hacer**) to satisfy
sátira satire
secar(se) to dry
seco dry
secuestrador kidnapper; hijacker
secuestrar to kidnap; to hijack
secuestro kidnapping; hijacking
sed *f.* thirst; ***tener (mucha)** — to be (very) thirsty
seda silk
seguida en — at once, immediately
seguido immediately following
seguir (sigo) to follow; to continue, keep on (+ *present participle*)
según according to
segundo second
seguridad *f.* security; safety
seguro sure; safe; *n.* (*often pl.*) insurance
sello stamp; seal
semana week
semanal weekly
semejante similar
semestre *m.* semester
sencillo simple
sensible sensitive
sensualidad *f.* sexuality
sentado seated, sitting
sentar (ie) to seat; to set down; —se to sit down
sentido sense
sentimiento sentiment, feeling
sentir (ie) to regret, feel sorry
señal *f.* sign
señalar to point out, indicate
séptimo seventh
*ser to be (characteristically or inherently); to be from, made of, or for; to belong to; to be (something or someone)
serie *f.* series
serio serious; **en** — seriously
serpentoso winding
serpiente *f.* serpent, snake
servicio service; set (of dishes)
servir (i) to serve; — **de** to serve or act as
sesenta sixty
setecientos seven hundred
setenta seventy
sexto sixth
si if; whether

sí *refl. pron. after prep.* himself, herself, etc.; **por** — **solo** by himself
siempre always; **para** — forever
siglo century
significación *f.* meaning; importance
significado meaning
significar to mean, signify
significativo significant; meaningful
siguiente next, following
silencioso silent
silla chair
sillón *m.* armchair, large chair
símbolo symbol
simpatiquísimo very nice
simpático nice, agreeable
simpatizar to sympathize, empathize with
simplificar to simplify
simular to simulate
sin *prep.* without; — **que** *conj.* without
sino but (*on the contrary, and after a negative*), except
sinónimo synonym, word with same meaning
sintonizar to tune in
sinvergüenza cad
siquiera even (*with negative implication*); (not)...even
sistema *m.* system
sitio place
sobras *f. pl.* leftovers
sobre about; over; above; on (a subject); — **todo** above all, especially
sobrenatural supernatural
sobreviviente survivor
sobrevivir to survive
sobrina, sobrino niece, nephew
sociedad *f.* society
sofocante suffocating
sol *m.* sun; **hace** *or* **hay** — it is sunny
soledad *f.* loneliness
soler (ue) to be accustomed to; to be or happen usually
solitario lonely
solo alone
sólo only
soltero unmarried person
solucionar to solve
sombra shadow
sombrero hat

someter to submit
so**nar (ue)** to ring; to sound
***son**re**ír (ío)** to smile
sonriente smiling
sonrisa smile
soñador (a) dreamer
so**ñar con (ue)** to dream of
soñoliento sleepy
sopa soup
soportar to support, hold up; to
stand, endure, put up with
sorprendente surprising
sorprender to surprise; **—se (de)** to
be(come) surprised (at)
sorpresa surprise
sospecha suspicion
sospechar to suspect
sospechoso suspicious
sostén *m.* support, mainstay
***sos**t**ener** to support (a family, theory,
etc.); to sustain
suave soft, smooth; gentle
suavidad *f.* softness; smoothness;
gentleness
subconsciente subconscious
subdesarrollado underdeveloped
subir to go up; to raise up
subjuntivo subjunctive
substituir (uyo) to substitute
subterráneo *adj.* underground; *n.*
subway
suceder to happen; to succeed (*to a
throne or in order—NOT to have
success*)
suceso event, happening
sucio dirty
sudar to perspire, sweat
sudor *m.* perspiration, sweat
suegro father-in-law
sueldo salary
suelo soil; earth; floor
sueño dream; sleepiness, ***tener —** to
be sleepy
suerte *f.* luck; chance
suéter *m.* sweater
sufijo suffix
sufrir to suffer
sugerir (ie) to suggest
suizo Swiss
sujeto subject (*NOT school*)!
sumamente extremely
sumergible *m.* submarine

suministrar to provide, send in
sumir(se) to sink
superficie *f.* surface
supuesto supposed; **por —** of course
sur *m.* south
sureño southern; southerner
surg**ir** to arise, surge forth
suscitar to evoke, arouse
suspender to suspend; to fail (in a
course)
sustancia substance
sustantivo noun
sustituir (uyo) to substitute

T

tabla table, chart
tacaño stingy
tal such a; *pl.* such; **— vez** perhaps;
un — a certain; **con — que**
provided that
talentoso talented
también too, also
tampoco neither (*opp. of also*), not...
either
tan as; so; **— ...como** as...as
tanto as much, so much; *pl.* as (so)
many; **— ...como** as much (many)...
as; **mientras —** in the meantime;
por lo — therefore
tardar (en) to take (a certain length
of time to); to be delayed (in)
tarde *f.* afternoon; *adv.* late
tarea task, chore; homework
tarjeta card
taza cup
té *m.* tea
teatro theater
técnica technique
técnico technician; repairman
techo roof
tela cloth, fabric
telefonear to telephone
televidente TV viewer
televisor *m.* TV set
tema *m.* theme, subject
temer to fear
temor *m.* fear
temprano early
tender (ie) to stretch; to lay; **sin —**
unmade (a bed)

tenedor *m.* fork
*tener to have ; — ...años de edad to be... years old ; — calor, frío to be (feel) hot, cold ; — cuidado to be careful ; — ...de alto, ancho, largo to be... high, wide, long ; — hambre, sed to be hungry, thirsty ; — miedo to be afraid ; — prisa to be in a hurry ; — que (+ *infin.*) to have to ; — que ver con to have to do with ; — razón to be right ; no — razón to be wrong ; — sueño to be sleepy
teoría theory
tercer(o) third
término term ; end ; terminal
tesoro treasure
testigo witness
tía, tío aunt, uncle
tiempo (period of) time ; weather ; tense (*gram.*) ; a — on time, in time ; *hacer buen — to be nice out
tienda store
tierra land
tiesto flower pot
tifus *m.* typhus (a disease)
timbre *m.* buzzer, bell
tipazo guy, "character"
tipo type, class, kind ; "guy"
tirar to throw, hurl ; to shoot
título title
tocar to touch, play (an instrument) ; —le a alguien to be someone's turn
todavía still ; — no not yet
todo *adj.* all ; every ; whole ; — el día the whole day ; todos los días every day ; *n.* all, everything ; del — completely
tomar to take ; to seize ; to eat, drink
tonto silly, foolish
tormenta storm
tornarse to become, turn
torno: en — a around ; about
toro bull ; corrida de —s bullfight
tostado toasted ; browned ; — por el sol, — del sol suntanned
tostar(se) (ue) to brown
trabajador(a) worker ; *adj.* hard-working
trabajar to work
trabajo work ; job

*traducir to translate
*traer to bring
tragar(se) to swallow
traición *f.* treason
traidor(a) traitor ; *adj.* treacherous
traje *m.* suit, outfit ; — de baño bathing suit ; — de novia bridal gown
trampilla trap door
transeúnte pedestrian
tránsito traffic
tra(n)splante *m.* transplant
tranvía *m.* trolley
tras after ; día — día day after day
trascender (ie) to transcend, go beyond
trasero *adj.* (of the) back ; asiento — back seat
trasladar(se) to transfer, move
traslado transfer
tratamiento treatment
tratar to treat ; — de to try to ; to deal with ; —se de to be a matter or question of
través: a — de across, over (a period of time) ; through
trece thirteen
tren *m.* train ; — estafeta mail train
tribunal *m.* court
tripulación *f.* crew
triste sad
tristeza sadness
triunfar to triumph
triunfo triumph, victory
tropa troop ; troupe (theater) ; *pl.* troops (military)
trozo piece, bit ; excerpt
truco trick ; deceit, fraud
túnica tunic

U

u or (before words beginning with *o* or *ho*)
último last
único only, sole
unido united
unir(se) (úno) to unite
universitario *adj.* (of) college
urgir to be urgent
usurpación *f.* illegal seizure

útil useful
utilizar to utilize
uva grape

V

vaca vow
vacaciones *f. pl.* vacation ; **de —** on vacation
vacío empty
vago vague ; lazy ; *m.* loafer
vagón *m.* car (of a train)
vajilla dinnerware
valentía bravery
*****valer** to be worth ; **— la pena** to be worth while ; **Más vale...** It is better...
valiente brave
valioso valuable
valor *m.* courage ; value
Vamos a (+ *infin.*) Let's...
vano vain ; **en —** in vain
vaquero cowboy
varios several, some
vasija vase
vaso (drinking) glass
¡Vaya! Go! Go on!, Come on!
vecina(o) neighbor
vecindad *f.* neighborhood, vicinity
vegetal *m. and adj.* plant ; vegetable
vehículo vehicle
veinte twenty
velar to watch over
velocidad *f.* speed
vencer to conquer, defeat
vendedor(a) seller ; *adj.* vending
vender to sell
vengar to avenge
*****venir** to come
venta sale
ventana window
*****ver** to see ; *****tener que — con** to have to do with ; **a —** let's see
verano summer
verdad *f.* truth ; **¿—?** isn't it, aren't they?, etc.
verdadero true, real
verde green
veredicto verdict
vergüenza shame ; *****tener —** to be ashamed

vestido *n.* dress ; *pl.* clothing ; *adj.* **— de** dressed in or as
vestir (i) to dress ; **—se** to get dressed, dress oneself ; **el —** *m.* dressing, way of dress
vez (*pl.* **veces**) *f.* (a) time, instance, occasion ; **a su —** in his or their turn ; **a veces** at times ; **cada — más** more and more ; **por primera —** for the first time ; **rara —** rarely ; **tal —** perhaps
vía way ; canal ; road
viajar to travel
viaje *m.* trip ; *****hacer un —** to take a trip
viajero traveler
vicio vice
víctima (*always f.*) victim
vida life
vidrio glass (substance)
viejo old
viento wind ; *****hacer —** to be windy
viernes Friday
vigilar to watch over
vinculación *f.* merger ; relationship, marriage (*fig.*)
vincular to join
vino wine
visita visit ; visitor
visitante visitor
vista sight ; view ; **en plena —** in full view
visto seen ; **por lo —** apparently
viuda widow
viviente living (being)
vivir to live
vivo alive ; lively ; bright, vivid
volador(a) *adj.* flying
volar (ue) to fly
voltear to turn over
voluntad *f.* will
volver (ue) (*past part.* **vuelto**) to return ; **— a** (+ *infin.*) to do (something) again ; **—se** to turn around ; to turn, go (crazy, etc.)
votante voter
votar to vote
voz *f.* voice ; **en — baja, alta** in a loud or soft voice
vuelo flight

vuelta return; turn; turnaround; *__dar
una —__ to take a turn around something or somewhere; to take a stroll
or a ride; **estar de vuelta** to be
back
vuelto (*past. part. of* **volver)** returned

Y

y and

ya already; **— no** no longer, not any
more; **— que** *conj.* since
yacer (zco) to lie (at rest, near death,
etc.)

Z

zapatería shoestore
zapatero shoe store man
zapato shoe; **— de goma** rubber
zumbar to whirr, buzz

A

able capaz (*pl.* capaces) ; **to be —**
*poder

about sobre, de ; más o menos, cerca
de ; acerca de (*concerning*) ; a eso de
(*time*) ; alrededor de (*time and
location*)

above *prep.* sobre, encima de

according to según

address *n.* dirección (*f.*) ; *v.* dirigirse a

afraid : to be — *tener miedo (de *or*
a), temer

after *prep.* después de ; *adv.* después,
más tarde

afternoon tarde (*f.*)

again otra vez, de nuevo ; **to do
(something) —** volver (ue) a (+
infin.)

against contra

age edad (*f.*) **to be... years of —**
*tener... años de edad

ago hace (+ *period of time*)

agree *estar de acuerdo

all todo ; **(not) at —** nada ; **Not at —**
De nada ; **— right** está bien

allow permitir, dejar

almost casi

already ya

also también

although aunque

aluminum aluminio

always siempre

among entre

and y, e (*before a word beginning with
i or hi—but not hie*)

Andrew Andrés

angry enojado, enfadado ; **to get —**
enojarse, enfadarse

Ann Anita

announce anunciar

annoy molestar

another otro

answer *n.* contestación (*f.*) respuesta ;
v. contestar, responder

any algún, alguno, etc. ; **— at all**
cualquier(a) ; ningún, ninguno, etc.
(*negative*)

anybody (cualquiera ; cualquier
persona ; alguien (*in a question*) ;
nadie (*negative*)

anyone (*see* **anybody**)

anything cualquier cosa ; nada
(*negative*)

anyway *adv.* de cualquier modo ; de
algún modo ; de todos modos ; en
fin (*well, so, in short...*)

anywhere en *or* a cualquier parte,
,dondequiera ; en *or* a ninguna parte
(*negative*)

appear parecer (zco) (*seem*) ;
aparecer (zco) (*to put in an
appearance*)

approach *v.* acercarse a

Argentinian argentino

arm brazo ; arma (*weapon*)

army ejército

around alrededor de ; a eso de
(*number or hour*)

arrive llegar

article artículo

artist artista (*m. and f.*).

as *conj.* como ; *adv.* tan ; **— ... —** tan...
como ; **— many —** tantos, **— much**
tanto

ask preguntar (*a question*) ; pedir (i)
(*a request*) ; **to — for** pedir

asleep dormido ; **to fall —**
dormirse(ue)

at en (*in a place*) : **— home** en casa ;
— school en la escuela ; **— that
moment** en ese momento ; a (*up to
a certain point, but not within it*) :
— the table a la mesa ; **— the
door** a la puerta ; de (*during*) :
night de noche

attend asistir (*a function*) ; atender
(ie) a (*a matter or person*)

author autor(a)

awaken despertar(se) (ie)

away fuera ; **to go —** *irse,
marcharse ; **to take —** quitar ;
right — ahora mismo, en seguida

B

baby nene, nena ; criatura
bad mal(o)
badly mal
bank banco
be *ser, *estar (*see Chap. IX*) ; **to —
  supposed to** *haber de ; **to —...
  years old** *tener... años de edad ;
  — cold, warm, hungry, etc. *tener
  frío, calor, hambre, etc. (*see idioms
  with tener*) ; **to — warm, cold
  (out), windy** *hacer calor, frío,
  viento
beam *n.* viga (*arch.*) ; rayo (*sun, light*)
beautiful hermoso ; bello (*poet.*)
beauty belleza, hermosura ; **my
  proud —** mi bella orgullosa
because porque ; **— of** a causa de ;
  por (+ *infin.*)
become *hacerse ; llegar a ser ;
  *ponerse (*sick, angry, etc.*) ; **to — of**
  *ser de, *hacerse de
bed cama ; **to go to —** acostarse
  (ue) ; **put to —** acostar (ue)
before *prep.* antes de ; delante de (*in
  front of*), ante (*faced with*) ; *adv.*
  antes, primero
beg rogar (ue)
begin empezar (ie), comenzar (ie)
beginning principio
behind *prep.* detrás de
believe *creer
belong *ser de, pertenecer (zco) a
below *prep.* debajo de, bajo
belt cinturón (*m.*)
bench banqueta, banco
besides *adv.* además ; *prep.* además
  de
best mejor
better mejor
between entre
big grande
bird pájaro
black negro
blond rubio
blood sangre (*f.*)
blue azul
body cuerpo
book libro
boring cansado, aburrido, pesado
born : to be — *nacer

both los dos, ambos
box caja
boy muchacho, niño, chico
bracelet pulsera, brazalete (*m.*)
brain cerebro
break romper (*past part.* roto)
breakfast *n.* desayuno ; *v.* desayunar-
  (se)
brick *n.* ladrillo ; *adj.* de ladrillos
bridge puente (*m.*)
brilliant brillante, genial
bring *traer
broken roto
brother hermano
brown pardo, castaño, moreno
build contruir (uyo)
building edificio
bulb : electric bombilla, bombillo
burn quemar(se) ; arder
business negocio, comercio
busy ocupado
but pero ; sino
buy comprar
by por, de, para (*a certain time*), (*see
  Chap. XIV*) ; **— the way** a propósito

C

café café (*m.*)
call *v.* llamar ; **— on the telephone**
  llamar por teléfono, telefonear ; **to be
  —ed** llamarse ; *n.* llamada
can (to be able) *poder, *saber
capable capaz (*pl.* capaces) ; **to be —
  of** *ser capaz de, *poder
car coche (*m.*)
careful : to be *tener cuidado ; **Be —!**
  ¡Cuidado !
carry llevar
case caso ; **in —** *conj.* en caso de que
catch coger
century siglo
certain cierto ; **a —** cierto
chair silla ; **large —** sillón (*m.*)
chance oportunidad (*f.*)
change *v.* cambiar ; *n.* cambio
charge cobrar (*money*)
charming encantador(a) ; precioso
cheap barato
chief jefe (*m.*)
child niño

choose escoger
church iglesia
city ciudad (*f.*)
class clase (*f.*)
clean *v.* limpiar ; *adj.* limpio
client cliente
close cerrar (ie)
closed cerrado
clothes ropa(s), vestidos
coat abrigo ; americana (*lightweight*) ;
  suit — saco ; **fur** — abrigo de
  pieles
coffee café (*m.*)
coin moneda
cold frío ; **to be (feel)** — *tener frío ;
  to be — **out** *hacer frío
come *venir ; — **back** volver (ue) ;
  — **in** entrar ; — **out** *salir
comfortable cómodo
company compañía, empresa
complain quejarse de
conduct *n.* conducta ; *v.* con*du*cir
congratulations felicitaciones (*f. pl.*) ;
  ¡Enhorabuena !
continue se*gu*ir (i), continuar (úo)
contract *n.* contrato
contribute contrib*u*ir (uyo)
cook cocinar ; — **book** libro de
  cocina
cool fresco ; **to be** — *hacer fresco
copper cobre (*m.*)
cost costar (ue)
cotton algodón (*m.*)
count contar (ue)
country país (*m.*) campo (*opp. of
  city*)
courage valor (*m.*)
course curso ; materia (*subject in
  school*) ; **of** — por supuesto, desde
  luego, claro (está)
court corte (*f.*), tribunal (*m.*) ;
  Supreme — la Corte Suprema
cousin primo, prima
cover cubrir (*past part.* cubierto)
cow vaca
crazy loco
create crear
crime crimen
cross atravesar (ie), cruzar
cry llorar
cup taza
cut cortar

D

dance *v.* bailar ; *n.* baile (*m.*)
dancer bailarín, bailarina
danger peligro
dangerous peligroso
dare atreverse (a)
darling amor mío, mi cielo, mi
  corazón
daughter hija
day día (*m.*)
dead muerto
dean decano
dear querido
death muerte (*f.*)
decide decidir(se a)
decision decisión (*f.*)
deep profundo
delighted encantado
deliver entregar
deny ne*g*ar (ie)
depend depender (de)
deserve merecer (zco)
design *v.* diseñar
desk mesa ; **large** — escritorio
destroy destr*u*ir (uyo)
develop desarrollar(se)
diamond diamante (*m.*)
die morir(se) (ue) (*past part.* muerto)
difficult difícil
dinner comida, cena
dirty sucio
discover descubrir (*past part.* descubierto)
dish plato
distance distancia ; **in the** — a lo
  lejos, en la distancia
distant lejos
district barrio, distrito
disturb molestar, estorbar
do *hacer ; **to have to** — **with** *tener
  que ver con
doctor médico ; doctor (*title*)
document documento
dog perro
door puerta ; **back** — puerta de
  atrás ; **next** — la casa de al lado
doorknob botón (*m.*) de la puerta ;
  tirador de puerta, manija
doubt *v.* dudar ; *n.* duda ; **there's no
  — that...** no cabe (hay) duda de
  que...

down abajo ; **— the street** calle abajo ; **to go —** bajar ; **to sit —** sentarse (ie)

downtown (en) el centro ; **to go —** *ir al centro

drama drama (*m.*)

draw dibujar (*art*)

dream *v.* soñar (ue) ; **to — of** soñar con ; *n.* sueño

dress *v.* vestir(se) (i) ; *n.* el vestir (*in general*) ; ropa, vestido

drink *v.* beber

drive *v.* *ir en coche ; manejar, *con*ducir*

drop dejar caer

dry seco

due to debido a

during durante, por

dust polvo

E

each cada ; **(to) each other** (*use reflexive pron. +*) uno a otro, unos a tros

ear oreja (*outer*) ; oído (*inner*)

early temprano

earn ganar

earth tierra

East este (*m.*) ; *adj.* oriental

easy fácil

eat comer

effort esfuerzo, intento

either o ; **— ... or** o... o

electric eléctrico

employ emplear

employee empleado

empty vacío

end *v.* terminar, acabar ; *n.* fin (*m.*) ; **toward the — of** a fines de

enemy enemigo

engineer ingeniero

English inglés (*m.*) *adj.* inglés (esa)

enjoy gozar de, gustarle mucho (a alguien) ; **— oneself** divertirse (ie)

enough bastante

enter entrar(en—*Sp.* ; a—*Sp. Am.*)

entire entero

equal igual

especially sobre todo

establish establecer (zco)

even hasta, aun ; **not —** ni siquiera ; **— though** aunque

evening noche (*f.*) ; **early —** tarde (*f.*)

ever alguna vez ; nunca, jamás (*negative implication*)

every cada, todos los, todas las

everybody, everone todo el mundo, todos

everything todo

everywhere en todas partes

evil *n.* mal (*m.*) ; *adj.* pernicioso, malévolo

exam(ination) examen (*m.*)

exchange cambiar

exhausted rendido, agotado

expect esperar, confiar (ío) en

expensive caro, costoso

expert perito

explain explicar

eye ojo

eyeglasses gafas, anteojos, lentes (*m. pl.*)

F

face *n.* cara ; *v.* *dar a (*location*) ; encararse con (*a situation*)

fact hecho ; **in —** en efecto ; **the — that** el hecho de que (*gen. followed by subj.*) ; **the fact is that...** ello es que...

fail fracasar ; **— (in a subject)** suspender ; ser suspendido

fair justo ; así-así, regular

faith fe (*f.*)

fall *v.* *caer ; **to — asleep** dormirse (ue) ; **to — down** *caerse ; **to — in love** enamorarse

family familia

famous famoso

far lejos ; **— from** lejos de

farm granja

fashion moda, boga ; **in —** de moda, en boga

fast rápido

fat gordo

father padre

favor favor (*m.*)

fear *v.* temer, *tener miedo (de *or* a) ; *n.* miedo, temor (*m.*)

feel sentir (ie) ; sentirse (+ *an adjective*) ; **to — like (doing something)** *tener ganas de (+ *infin.*) ; **to — sorry** sentir (i)

feeling sentimiento

fellow hombre, tipo, fulano

fence cerca

festival fiesta, festival (*m.*)

few pocos ; **a —** unos pocos, unos cuantos

field campo

fifteen quince

fifty cincuenta

fight *v.* luchar, pelear ; *n.* lucha, pelea

figure figura ; cifra (*number*)

fill llenar(se) ; **— (a position)** desempeñar

filled (with) lleno (de)

finally al fin ; por fin (*at last*)

find hallar, encontrar (ue), descubrir (*past part.* descubierto)

finger dedo

finish acabar, terminar

fire fuego, incendio ; **— hydrant** boca de riego (para incendios)

first primer(o) ; **at —** al principio ; **the — thing** lo primero

fish pescado (*food*) ; pez (*alive*)

flag bandera

flee h*uir* (uyo)

flight vuelo (*airplane*)

floor suelo ; (*of a building*) piso

flower flor (*f.*)

fly *v.* volar (ue) ; *ir en avión

follow se*guir* (i)

food alimento(s), comestible(s) (*m.*)

fool tonto, necio

foot pie (*m.*)

for *prep.* por, para (*see Chap. XIV*) ; *conj.* porque, pues

force fuerza

foreign(er) extranjero

forest bosque (*m.*)

forget olvidar(se de)

forgive perdonar

former antiguo, viejo ; **the — pron.** aquél, aquélla, etc.

forward (hacia) adelante

fountain fuente (*f.*)

France Francia

free libre ; **— of charge** gratis, gratuito

freedom libertad (*f.*)

French francés (*m.*) ; *adj.* francés (esa)

frequently con frecuencia, frecuentemente, a menudo

friend amigo(a)

friendship amistad (*f.*)

from de ; desde

front frente (*m.*) ; **in — of** delante de ; en frente de **(facing)** ; ante

full lleno

fun : to have — divertirse (ie) ; **to make — of** burlarse de, *reírse de (me río)

fur piel (*f.*) **— coat** abrigo de pieles

furious furioso, rabiando, fuera de sí

furniture muebles (*m.pl.*)

G

game juego, deporte (*m.*) ; partido (*match*)

genuine genuino, auténtico

gay alegre

get *ob*t*ener*, conse*guir* (i) ; coger ; **to — angry** enfadarse, enojarse ; **to — married** casarse ; **to — sick** *ponerse enfermo ; **to — up** levantarse ; **to — to** lle*gar* a, alcanzar

girl muchacha, niña, chica moza

give *dar ; **to — up** (*surrender*) rendirse (i)

glad contento, alegre ; **to be — that** alegrarse de que ; **I'm glad.** Me alegro.

glass vaso (*drinking*) vidrio (*substance*) ; **(eye)glasses** anteojos, gafas, lentes (*m.pl.*)

glove guante (*m.*)

go *ir ; **to — aboard** subir (a) ; **to — away** *irse ; **to — down** bajar ; **to — for a walk** *dar un paseo ; **to — home** *ir(se) a casa ; **to — in** entrar (en—*Sp.*, a—*Sp. Am.*) ; **to — off** marcharse, alejarse ; estallar (*a gun, etc.*) **to — out** *salir ; **to — to bed** acostarse (ue) ; **to — to sleep** dormirse (ue) ; **to — up** subir ; **Go on!** ¡Vaya! ¡Qué va!

God Dios

gold oro ; *adj.* de oro

good buen(o) ; **— looking** guapo, buen mozo

goodness bondad (*f.*) **My —!** ¡Dios mío! ; **Thank —!** ¡Gracias a Dios!

government gobierno

grade grado ; nota (*mark*)

grandchild nieta, nieto

grandfather abuelo

grass hierba, césped (*m.*)

great gran(de)

green verde

greet saludar

grow crecer (zco)

guest invitado, huésped

H

hair pelo

half *n.* mitad (*f.*) ; *adj. and adv.* medio

hand mano (*f.*)

handsome guapo, buen mozo

hang colgar (ue) ; ahorcar (*execute*)

happen ocurrir, pasar, suceder

happiness felicidad (*f.*)

happy feliz, contento ; alegre ; **to be — that** alegrarse de que

hard duro (*substance*) ; difícil ; **to work —** trabajar mucho *or* fuerte ; **too —** demasiado ; demasiado difícil

hat sombrero

hate odiar

have *tener ; *haber (*only as auxiliary in compound tenses*) ; **to — a good time** divertirse (ie) ; **to — left (over)** quedarle a alguien ; **to — to** *tener que (+*infin.*)

head cabeza

health salud (*f.*)

hear *oír, oír decir ; oír hablar de ; escuchar

heart corazón (*m.*)

heat calor (*m.*) (*in a house*) calefacción (*f.*)

heaven cielo

heavy pesado

help ayudar ; **not to be able to —** no *poder menos de

her su(s)

here aquí ; acá (*toward me*) ; **— is** aquí tiene Ud. ; he aquí ; aquí está

herself se ; (ella) misma ; **by —** por sí misma, por su propia cuenta, por sí sola (*Also see Reflexive Pronouns, Chapter V.*)

hide esconder

high alto ; subido (*price*)

highway carretera

him lo, le ; él (*after a prep.*) **to —** le

himself se ; (él) mismo ; **by —** por sí mismo, por sí solo, por su propia cuenta. (*Also see Reflexive Pronouns, Chapter V.*)

his su(s)

holiday día (*m.*) de fiesta, día feriado

home casa ; **at —** en casa ; **to go —** *ir(se) a casa

hope *v.* esperar ; *n.* esperanza

horse caballo

hot caliente ; **to be — out** *hacer mucho calor ; **to be (feel) —** *tener mucho calor

hotel hotel (*m.*)

hour hora

house casa

how como, cómo

How? ¿Cómo? , ¿ Qué tal? ; **— much?** ¿Cuánto? **— many?** ¿Cuántos?

How...! ¡Qué... !, ¡Cómo...! ; **— I wish... !** ¡Ojalá (que)...!

however sin embargo

human humano ; **a — being** un ser humano

hundred cien(to) ; 500 quinientos ; 700 setecientos ; 900 novecientos

hunger hambre (*f.*)

hungry : **to be very —** *tener mucha hambre

hurry *v.* *darse prisa

hurt *v.* herir (ie), *hacer daño ; **— onself** *hacerse daño

husband marido

hydrant boca de riego (para incendios)

I

I yo

ice hielo

idea idea

if si

ill enfermo ; **to take —** *ponerse enrfermo

immediately en seguida, inmediatamente

important importante

in en ; durante ; por (*the afternoon, evening, morning*)

including incluso

inside *adv.* (por) dentro ; **— of** *prep.* dentro de

insist insistir (en)

intelligent inteligente

interesting interesante

into en

introduce presentar (*a person*) ; *introducir (*a topic*)

iron *n.* hierro ; *adj.* de hierro

it *obj. pron.* lo, la ; **to —** le ; *obj. of prep.* él, ella, ello ; *subj.* ello

its su(s)

itself mismo (*intensifying*) ; **to —** *obj. pron.* se ; *obj. of prep.* sí, a sí mismo

J

jacket saco (*of suit*) **sports —** chaqueta

job empleo, puesto, trabajo

joy alegría

judge juez

jump saltar

June junio

jury jurado

just justo ; sólo ; **to have —** acabar de + *infin.* (*used only in present and imperfect tenses*)

K

keep guardar ; **to — on (doing something)** *segu*ir (i) (+ *pres. part.*)

key llave (*f.*)

kind *n.* tipo, clase (*f.*) ; *adj.* bueno, bondadoso

kitchen cocina

knock llamar (a la puerta) ; **to — down** derribar

know conocer (zco) (*to be acquainted or famliar with*) ; *saber (*to know a fact, know how*)

L

lamp lámpara

land tierra ; *v.* aterrizar (*an airplane*)

language lengua, idioma (*m.*)

large grande

larger más grande, mayor

last último, pasado ; **— night** anoche ; **— week** la semana pasada ; **— year** el año pasado

late tarde

later más tarde, después

latter: the éste, ésta, éstos, éstas

laugh *v.* *reír (ío) ; **to — at** *reírse de

law ley (*f.*) ; derecho (*profession*)

lawyer abogado

lazy perezoso, holgazán (ana)

learn aprender (a)

least menos ; menor (*slightest*) ; **at —** al menos, a lo menos, por lo menos

leather cuero

leave *salir (de) (*go out*) ; **to — behind** dejar

left izquierdo ; **on the —** a la izquierda

leg pierna

lend prestar

less menos

lesson lección (*f.*)

let dejar, permitir

Let's... Vamos a (+ *infin.*) or *1st pers. pl. of pres. subj.*

letter carta ; letra (*alphabet*)

level nivel (*m.*)

library biblioteca

lie *n.* mentira ; *v.* mentir (ie) ; **to — down** acostarse (ue), recostarse (ue)

life vida

light *v.* encender (ie) ; *n.* luz (*pl.* luces) (*f.*) *adj.* ligero

like *v.* querer (*a person*) ; gustar (le algo a alguien) ; *adv. and prep.* como ; **— that** así

listen escuchar ; *oír

literature literatura

little pequeño (size: *small*); poco (quantity: *not much*)

live *v.* vivir; *adj.* vivo

lock cerrar (ie) con llave

lonely solitario; a solas

long largo (*length*); **— time** mucho tiempo; **to take — to** tardar en, tardar mucho

longer *adj.* más largo; *adv.* más tiempo; **no —** ya no

look *v.* (*seem, appear*) parecer (zco), *estar; **to — at** mirar; **to — for** buscar; **to — like** (*resemble*) parecerse (zco) a

lose perder (ie)

lost perdido

loud alto; en voz alta

love *v.* amar; *querer; *n.* amor (*m.*); **to be in —** *estar enamorado (de)

low bajo

luck suerte (*f.*)

lucky afortunado; **to be —** *tener suerte

M

made hecho; **to be — of** *ser de

magazine revista

magnificent magnífico

mail *v.* echar al correo; *n.* correo

make *hacer; ganar (*money*); **to — fun of** *reírse (ío) de, burlarse de

man hombre

manufacture fabricar

many muchos; **How —?** ¿Cúantos?

married casado; **to get —** casarse

marry casarse con

marvelous maravilloso

matter *v.* importar; *n.* asunto, cosa, caso, cuestión (*f.*) **What's the matter?** ¿Qué tiene(s)?; ¿Qué pasa?; **no — how much** por mucho que

may poder (*can or is allowed to*); (*Use subjunctive of a subordinate clause verb after a conjunction of uncertainty or indefiniteness.*)

me (*obj. of verb*) me; **to —** me; (*obj. of prep.*) mí

mean significar (*to have a certain meaning*); *querer decir (*to intend*)

means medio; **by no —** de ninguna manera, ni mucho menos

meet *reunirse (úno), encontrar (ue). conocer (zco) (*meet for the first time—usually in preterite*)

meeting reunión (*f.*)

middle centro, medio; **in the — of** en medio de

midnight medianoche (*f.*); **at —** a (la) medianoche

mile milla

milk leche (*f.*)

million un millón (de)

mine *poss. adj. and pron* mío; **of —** mío

mirror espejo

miss perder (ie), faltar a (*a function*); echar de menos (*a person*); **to be —ing** faltar

mistaken equivocado; **to be —** *estar equivocado, equivocarse, no *tener razón

mix *v.* mezclar

moment momento

money dinero; plata (*colloq.*)

monkey mono

month mes (*m.*)

monumental monumental, colosal

moon luna

more más; **— and —** cada vez más

morning mañana

most *adv.* más; *adj. and n.* los más

mother madre

mountain montaña

mouth boca

move *v.* mover(se) (ue)

movement movimiento

movie película; *adj.* cinematográfica; cine (*m.*) (*theater or art*); **the movies** el cine

much mucho; **as — as** tanto... como; **so —** tanto; **too —** demasiado; **very —** muchísimo

murder homicidio, asesinato

museum museo

must *tener que (+ *infin.*); *future of probability* deber

my mi(s)

myself me; (yo) mismo; **by —** por mí mismo, por mi propia cuenta. (*Also see Reflexive Pronouns, Chapter 5.*)

N

nail uña (*finger*) ; clavo (*hardware*)
name *v.* llamar, nombrar ; *n.* nombre (*m.*) **What's your —?** ¿Cómo se llama ?
narrow estrecho
nature naturaleza
near *adv.* cerca ; *prep.* cerca de
necessary necesario ; **it is —** es necesario, hay que (+ *infin.*)
need necesitar, *hacerle falta a uno
neighbor vecino
neither ni ; **—... nor** ni... ni
nephew sobrino
never nunca, jamás
new nuevo
news nuevas (*f.pl.*) ; noticias (*f.pl.*)
newspaper periódico
next próximo, siguiente, que viene ; **the — day** al día siguiente ; **— week** la semana que viene
nice simpático
niece sobrina
night noche (*f.*) **last —** anoche
no *adj.* ningún, ninguna
nobody nadie
noise ruido
nor ni
nose nariz (*f.*)
notebook cuaderno
nothing nada
notice *v.* fijarse en, notar, observar
now ahora ; **— that** ya que ; **right —** ahora mismo
nowadays hoy (en) día
number número ; **to call a —** pedir (i) un número
nylon nilón (*m.*)

O

occur ocurrir
o'clock: It is one —. Es la una ; **It is two —.** Son las dos.
off apagado (*a light, etc.*) ; **to go —** marcharse, *irse ; **to take —** despegar (*a plane*) ; quitar(se) (*clothes, etc.*)
office oficina (*place*) ; oficio (*occupation*) ; **post —** (Casa de) Correos

often a menudo, con frecuencia, frecuentemente
old viejo ; anciano ; antiguo (*former*) ; (*aged*)
older mayor ; más viejo
oldest mayor ; más viejo
olive aceituna
on en ; sobre ; de, acerca de (*a subject*)
once una vez, un día ; **at —** en seguida
one uno ; se (*impersonal*) ; **at — o'clock** a la una
only solamente, sólo
open *v.* abrir (*past part.* abierto) ; *adj.* abierto
opportunity oportunidad (*f.*)
oppose *oponerse a
or o, u (*before a word beginning with o or ho*)
orange (*n.*) naranja ; *adj.* anaranjado
order *v.* mandar ; pedir (i) (*merchandise*) ; *n.* orden (*m.*) (*orderliness, succession*) ; orden (*f.*) (*command*) ; **in — to** *prep.* para, por (*see Chapter XIV*) ; **in — that** *conj.* para que
other otro
our nuestro (a, os, as)
ours (el) nuestro
outside fuera, afuera ; **— of** fuera de
over *adj.* terminado ; *prep.* sobre, (por) encima de ; **— there** *adv.* allí ; allá (*more distant*)
own *v.* *poseer, *tener ; *adj.* propio
owner dueño, propietario

P

package paquete (*m.*)
page página
paint pintar
painter pintor(a)
painting cuadro, pintura
pair par (*m.*)
pal amigo, compadre
pale pálido
pan sartén (*m. and f.*)
paper papel (*m.*)
pardon *v.* perdonar
parents padres, (*m.pl.*)
Paris París ; *adj.* parisiense, de París
park *v.* estacionar ; *n.* parque (*m.*)

part n. parte (f.) ; pieza ; **spare —** pieza de repuesta

party fiesta, tertulia ; partido (*political*)

pass pasar ; (*a course*) aprobar (ue) *salir aprobado

passenger pasajero

past pasado ; **half — one** a la una y media

pay v. pagar ; **to — attention** prestar atención ; *hacer caso de *or* a ; **to — for** pagar

peace paz (f.)

pen pluma

people personas (f.pl.), gente(s), pueblo (*public, race of people*)

perhaps tal vez, quizá(s)

perish perecer (zco)

pet (animal) protegido

piece pedazo, trozo ; pieza (*part of something, a machine*)

pink rosado

pity lástima ; **It's a —.** Es lástima.

place v. colocar, *poner ; n. lugar (m.), sitio ; **to take —** *tener *or* tomar lugar

plane avión (m.) ; **by —** en *or* por avión

plastic plástico ; **— surgery** cirugía estética, plástica o cosmética

play v. jugar (ue) ; tocar (*an instrument*) ; **to — a role** *hacer *or* desempeñar un papel ; n. comedia, drama (m.) ; juego

please por favor, Haga el favor de (+ *infin.*) ; v. gustar

pleasure placer (m.)

pocket bolsillo

poem poema (m.) poesía

poet poeta (m.)

poetess poetisa

point punto ; **— of view** punto de vista ; **on the — of** a punto de

police (force) policía (f.)

policeman policía (m.)

politics política

poor pobre

portion porción (f.) ; ración (f.) (*of food*)

position posición (f.), puesto, empleo, trabajo

possibility posibilidad (f.)

pot olla

power poder (m.) potencia

powerful poderoso

pray rezar, rogar (ue)

prefer preferir (ie)

present adj. actual, presente ; n. regalo ; v. presentar

pretend fingir

pretty bonito, hermoso

prevent impedir (i)

price precio

pride orgullo

prize premio

probably probablemente ; es probable que... (*Also see Future of Probability, Chapter VI.*)

problem problema (m.)

produce *producir

professional profesional

profit provecho

program programa (m.)

promise prometer

protect proteger

proud orgulloso

provided (that) con tal (que)

psychological psicológico

public público

publish publicar

pupil alumno

put *poner, colocar ; **— on** *ponerse ; **— out** apagar (*a light*) ; **— to bed** acostar (ue)

Q

quarrel riña

quarter cuarto ; **at a — to five** a las cinco menos cuarto (*or* quince)

question n. pregunta ; cuestión (f.) (*issue, matter*) ; **to be a — of** tratarse de

quiet callado, silencioso

quite bastante

R

rabbit conejo

rain llover (ue)

rainy lluvioso

raise levantar ; subir (a price, etc.)

Ralph Raúl, Rafael

rather bastante ; algo, más bien ; **— than** antes que

reach v. alcanzar

read *leer

ready listo, dispuesto

real verdadero

realize *darse cuenta de ; realizar (*put into effect, make real*)

really de veras, verdaderamente ; ¿verdad?, ¿de veras ?

reason razón (*f.*)

receive recibir

recent reciente

reception recepción (*f.*)

recognize reconocer (zco)

recommend recomendar (ie)

record *n.* disco (*phonograph*)

red rojo

refrigerator nevera, refrigerador (*m.*)

refuse v. rehusar, rechazar ; **to — to** negarse (ie) a, no *querer (*preterit*)

relative *n.* parienta, pariente

remain quedar(se)

remember recordar (ue), acordarse (ue) de

remind (of) recordar (ue) (*no preposition follows*)

rent *n.* alquiler (*m.*)

repeat repetir (i)

resign renunciar, dimitir

respect v. respetar ; *n.* respeto ; respecto (*aspect, sense*)

rest v. descansar ; *n.* resto, lo demás ; los demás (*others*) ; descanso (*from fatigue*)

restaurant restorán (*m.*) restaurante (*m.*)

result *n.* resultado

return volver (ue), regresar (*come back*) ; devolver (ue) (*give back*)

reward *n.* premio, recompensa

rich rico

right *n.* derecho ; razón (*f.*) ; **to be —** *tener razón, *ser justo *or* correcto, *estar bien ; *adj.* derecho, **all —** está bien, muy bien, bueno ; **on the —** a la derecha ; **that's —** así es, eso es ; **— away** en seguida ; **— now** ahora mismo

ring *n.* anillo

rise subir ; levantarse

river río

road camino, carretera

robe bata

rock v. mecer (zco), sacudir ; *n.* roca, piedra

role papel (*m.*) ; **to play a —** *hacer un papel

roof techo

room cuarto, habitación (*f.*), pieza ; **living —** sala (de estar)

root raíz (*f.*) (*pl.* raíces)

roommate compañero de cuarto

round redondo

royal real

rubber caucho ; goma

ruby rubí (*m.*)

rule v. gobernar (ie)

run v. correr ; **— over** atropellar

S

sad triste

safe seguro

same mismo

satisfied (with) contento, satisfecho (de)

save salvar ; ahorrar (money)

say *decir

school escuela

science ciencia

scientist hombre de ciencia, científico

sea mar (*m.*)

seat asiento

second segundo

security seguridad (*f.*) ; *pl.* valores (*m.*) (*commercial*)

see *ver

seek buscar

seem parecer (zco)

seize coger

sell vender

send mandar, enviar (ío)

sentence *n.* frase (*f.*) oración, (*f.*) pena, sentencia

serious serio

seriously en serio

servant criado, sirviente, criada, sirvienta

serve servir (i)

several algunos, varios

share compartir

shave afeitar(se)

ship barco, vapor (*m.*) ; **by —** por mar

shirt camisa

shoe zapato

short bajo (*height*) ; corto (*length*) ; breve ; **a — time ago** hace poco (tiempo), no hace mucho ; **a — while** un rato

should deber

shout *v.* gritar ; *n.* grito

show *v.* mostrar (ue), enseñar

sick enfermo, malo ; **to get —** enfermar, *ponerse enfermo

side lado

sight vista

sign *v.* firmar ; *n.* señal (*f.*) ; letrero, cartel, (*m.*) (poster)

silent silencioso

silk seda

silly tonto, necio

silver plata ; *adj.* de plata

since *prep.* desde ; *conj.* ya que, puesto que, pues (*because*) ; desde que (*time*)

sing cantar

single solo ; **not a — word** ni una sola palabra

sister hermana ; **— -in-law** cuñada

sit (down) sentarse (ie)

sitting, seated sentado

situation situación (*f.*)

sixty sesenta

skirt falda

sky cielo

sleep dormir (ue) ; **to go to —** acostarse, dormirse (ue)

sleeping *adj.* dormido

slight ligero

slightest menor

slim delgado

slowly lentamente, despacio

small pequeño

smart inteligente, listo

smile *v.* *sonreír (ío) ; *n.* sonrisa

smoke fumar

snow, *n.* nieve (*f.*) ; *v.* nevar, (ie) ; **It is snowing.** Nieva. Está nevando.

so *adv.* tan, así ; *conj.* de modo que, de manera que ; **— that** para que, a fin de que, de modo que ; **— much, many** tanto(s) ; **so-so** así, así

soldier soldado

some algún, alguno (a, os, as) ; unos, unos cuantos

somebody alguien, alguna persona ; **— else** otra persona

someone alguien

something algo

sometimes a veces

somewhat algo

somewhere en algún lugar, en alguna parte

son hijo ; **— -in-law** yerno

soon pronto ; **as — as** tan pronto como, así que, en cuanto ; **as — as possible** cuanto antes, tan pronto como sea posible

sorry : **to be —** sentir (ie)

sound *v.* sonar (ue) ; *n.* sonido

south sur (*m.*)

space *n.* espacio ; *adj.* espacial

speak hablar

spend gastar

spite : **in — of** a pesar de

spoon cuchara ; **tea —** cucharita

sport deporte (*m.*)

spring primavera

staircase escalera

stamp sello

stand *estar de pie, levantarse ; **to — out** destacarse ; **to — up** *ponerse de pie, levantarse

star estrella

start empezar (ie), comenzar (ie)

state estado

station estación (*f.*)

stay quedarse

steal robar

steel acero

step *n.* paso ; peldaño (*of a staircase*) ; **to take a —** *dar un paso

still todavía ; no obstante, sin embargo

stocking media

stop *detenerse, parar(se)

store tienda ; almacén (*m.*) (*Sp. Am.*)

storm tormenta

story cuento ; piso (*of a building*)

stove estufa

strange extraño, curioso

stranger forastero ; extranjero (*foreigner*)

straw paja

street calle (*f.*)

strength fuerza

strong fuerte
student estudiante
study *v.* estudiar ; *n.* estudio
subject materia (*in school*) ; tema
  (*m.*), sujeto
succeed *tener éxito ; lograr (*manage
  to, achieve*)
successful: to be — *tener éxito
such tales ; *adv.* tan ; **— a** tal
suddenly de repente, de pronto
suffer sufrir
suggest sugerir (ie)
suit traje (*m.*)
suitcase maleta
summer verano
sun sol (*m.*)
sunny: to be — *hacer sol ; *haber
  sol
Sunday domingo ; **on —** el domingo ;
  on —s los domingos
supper comida, cena
supposed: to be — to *haber de
sure seguro
surely seguramente
surprise *v.* sorprender ; *n.* sorpresa
surrender rendir(se) (i)
surround rodear
surrounded (by) rodeado (de)
swear jurar
swim nadar
Swiss suizo

T

table mesa
take tomar ; coger ; llevar (*a person*) ;
  to — advantage of aprovecharse
  de ; **to — a trip** *hacer un viaje ;
  to — away quitar ; **to — long (to)**
  tardar (en) ; **to — off** quitar(se)
  (*clothing, etc.*) ; **to — out** sacar ;
  to — sick *ponerse enfermo
talk *v.* hablar
tall alto
task tarea
taste *v.* probar(*ue*) ; *n.* gusto, sabor
  (*m.*)
tax impuesto
tea té (*m.*)
teach enseñar
tear *n.* lágrima (*weeping*)

telephone *v.* telefonear, llamar por
  teléfono ; *n.* teléfono
tell *decir, contar (ue)
temperature temperatura
tennis tenis (*m.*) ; **— court** cancha
  de tenis
tenth décimo
than que ; del que, de la que, etc. ; de
  (*before a number*)
thank *v.* agradecer (zco), *dar las
  gracias
that *dem. adj.* ese, esa, aquel(la) ;
  pron. eso ; **— one** ése, etc. ; *conj.* que
their su(s)
theirs suyo
them *obj. pron.* los, las ; les ; *obj. of*
  prep. ellos, ellas ; **to —** les
themselves se, a sí (mismos)
then luego, después ; entonces
there allí ; ahí (*near you*) ; allá
  (*yonder*) ; **— is, are** hay
therefore por eso, por lo tanto
these *adj.* estos, estas ; *pron.* éstos,
  éstas
thief ladrón (*m.*)
thin delgado
thing cosa
think pensar (ie), creer ; **to — of,**
  about pensar en
third tercer(o)
thirst sed (*f.*)
thirsty: to be — *tener sed
this *adj.* este, esta ; *pron.* esto (*neuter*) ;
  éste ; ésta
those *adj.* esos, esas ; aquellos,
  aquellas ; *pron.* ésos, etc. ; **— who**
  los que, las que
thousand mil
throat garganta
through por, por medio de, a través
  de
ticket billete (*m.*) (*Sp.*) ; boleto (*Sp.*
  Am.)
tie *n.* corbata
time tiempo ; hora ; vez (*f.*), época ;
  at a — a la vez ; **at all —s** a todas
  horas, siempre ; **at the same —**
  a la vez, al mismo tiempo ; **at —s** a
  veces ; **on —** a tiempo ; **to have a**
  good — divertirse (ie)
tin lata ; estaño (*substance*)
tired cansado

to a ; para (*in order to*)
today hoy
together junto(s)
tomorrow mañana
tongue lengua, idioma (*m.*)
tonight esta noche
too demasiado ; también (*also*) ;
  —much, many demasiado(s)
tooth diente (*m.*), muela
top cima ; **on —** (por) encima
topic tema (*m.*), tópico
touch tocar
toward hacia
town pueblo, población (*f.*)
toy juguete (*m.*)
trade comercio ; oficio (*occupation*)
train tren (*m.*)
translate *traducir
travel *v.* viajar
tree árbol (*m.*)
trip viaje (*m.*) **to take a —** *hacer un
  viaje
trouble pena, molestia, dificultad (*f.*)
truck camión (*m.*)
true verdadero ; verdad ; **it is not —**
  no es verdad
trunk baúl (*m.*) ; tronco (*tree*)
truth verdad (*f.*)
try tratar (de) ; ensayar, probar (ue) ;
  to — on probarse ; **to — to** tratar
  de ; **to — out** ensayar
turn volver (ue) ; doblar (*a corner*) ;
  to — around volverse ; **to — into**
  convertirse (ie) en ; **to — on**
  encender (ie) (*lights, radio*) ; *poner
  (la radio ; **to — off** *or* **out** apagar ;
  to — out (to be) resultar ; **to —
  pale** *ponerse pálido
turtle tortuga

U

unable: to be — no *poder
uncle tío
under bajo, debajo de
understand comprender, entender
  (ie)
unfortunately desafortunadamente
unhappy infeliz, descontento
unless a menos que
until *prep.* hasta ; *conj.* hasta que

up arriba
upon en, sobre ; **— entering** al
  entrar
us *obj. pron.* nos ; *obj. of a prep.*
  nosotros, nosotras ; **to —** nos
USA Estados Unidos de América
  (*abbrev.*) EEUU, EU
use *v.* usar, emplear ; *n.* uso
used (to) soler (ue) (*Use imperfect
  tense of verbs*)
useful útil
usefulness utilidad
usual de siempre ; **as —** como
  siempre, como de costumbre

V

vase vasija, florero
very muy ; **to be — hungry, cold**
  *tener mucha hambre, mucho frío
view vista
village pueblecito, aldea
visit *v.* visitar ; *n.* visita
voice voz (*f.*) ; **in a loud (soft) —** en
  voz alta (baja)

W

wait (for) esperar
wake (up), waken despertar (ie),
  despertarse
walk caminar, *andar
want *querer, desear
warm caliente ; caluroso (*day*) ; **to be
  very — out** *hacer mucho calor
warn advertir (ie), avisar
wash lavar(se)
waste perder (ie), echar a perder
watch *n.* reloj (*m.*)
water agua
way modo, manera ; camino
we nosotros, nosotras
wealth riqueza
wealthy rico, riquísimo
wear llevar
weather tiempo ; clima (*m.*)
wedding boda
week semana
well *adv.* bien, pues bien ; **(both) as
  — as** (tanto)... como

West oeste (*m.*)
Western occidental
what *rel. pron.* lo que
What? ¿Qué?; ¿Cuál(es)?
What! ¡Cómo!
wheat trigo
when cuando; **When?** ¿Cuándo?
where donde; **(to) —** adonde;
  Where? ¿Dónde? ¿Adónde? ¿A
  dónde?
whether si (*not foll. by subjunctive*);
  que (*may be foll. by subj.*)
which *rel. pron.* que, el que, el cual;
  lo cual, lo que
Which? *pron.* ¿Cuál(es)?; **— one(s)**
  ¿Cuál(es)?; *adj.* ¿Qué...?
while *conj.* mientras (que); **a long —**
  mucho tiempo; **a short —** un rato
white blanco
who *rel. pron.* quien, que, el que, el
  cual, etc.
whole entero, todo (el)
whose *poss. rel.* cuyo
Whose? ¿De quién(es)?
Why? ¿Por qué?, ¿Para qué?
wide ancho
wife mujer, esposa
will *v.* *querer; *n.* voluntad (*f.*)
willing dispuesto
win ganar
winding tortuoso
wine vino
wing ala
winter invierno
wish *v.* desear; *n.* deseo
with con; **— me** conmigo; **— you**
  (*fam.*) contigo
within dentro (de)
without *prep.* sin; *conj.* sin que
woman mujer, señora

wonder *v.* preguntarse; *Also use
future of probability.* **I wonder who
he is?** ¿Quién será?; *n.* maravilla;
milagro
wonderful maravilloso
won't *Use future tense of* no *querer
wood madera; *adj.* de madera
wooden de madera
wool lana; *adj.* de lana
word palabra
work *v.* trabajar; funcionar, marchar
  (*a machine, etc.*); *n.* trabajo; obra
  (*of art, etc.*)
worker trabajador(a)
world mundo
worry preocupar(se)
worse peor
worst peor
worth valor (*m.*); **to be —** *valer; **to
be — the trouble** *valer la pena
write escribir (*past. part.*) escrito)
written escrito
wrong incorrecto, equivocado;
  injusto; **to be —** no *tener razón,
  *estar equivocado; *ser malo,
  *estar mal

Y

year año
yellow amarillo
yesterday ayer
yet todavía; ya; **not —** todavía no
you *subj. pron.* Ud(s)., tú, vosotros;
  obj. pron. lo, la, le, te, os; *obj. of
prep.* Ud(s)., ti, vosotros; **to —**
le(s), te, os
young joven (*pl.* jóvenes)
your su(s), tu(s), vuestro (a, os, as)
yours (el) suyo, tuyo, vuestro, etc.

Índice

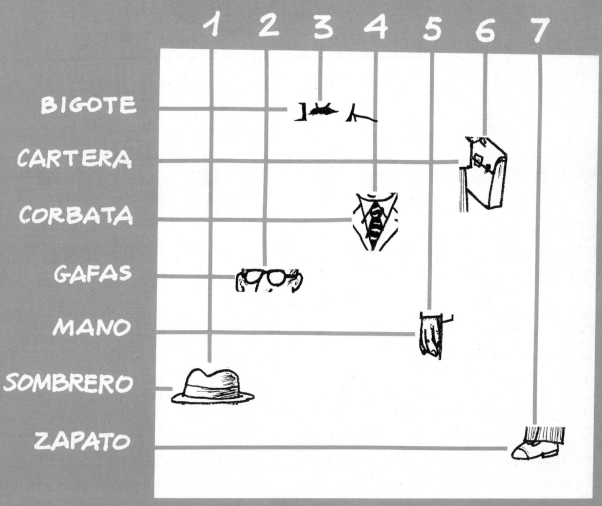

	1	2	3	4	5	6	7
BIGOTE			✦				
CARTERA						✦	
CORBATA				✦			
GAFAS		✦					
MANO					✦		
SOMBRERO	✦						
ZAPATO							✦